Der Bulle *von Korfu*

W0470540

HSB
VERLAG

Die Kalte Sophie hat zugeschlagen: Nicht als Eisheilige mit einem Kaltwettereinbruch, sondern als drei Meter große Plastik aus Edelstahl ist sie ihrem Schöpfer, dem pensionierten Kunstprofessor Xaver Hintermooser, in einem Sturm auf den Kopf gefallen. Für die griechische Polizei ist der Tod des Professors ein Unfall, doch Roberto Bardéz, der gerade in einer Krise steckt und der darüber mit dem fleißigen, aber erfolglosen Künstler diskutiert hat, glaubt an Selbstmord. Harko hat eine dritte Theorie: Er sagt, es war Mord. Wie sogar Roberto zugeben muss, hat er dafür allen Grund. Es beginnt eine verzwickte Suche nach dem Täter, bei der Harko und Roberto zu ungewöhnlichen Mitteln hart am Rande der Legalität greifen.

Der Autor

Roberto Bardéz lebt seit Anfang 2000 als Journalist und Autor auf Korfu. Weitere Informationen zu den Büchern finden Sie im Web unter www.korfu-krimi.com.

Der Bulle von Korfu

Roberto Bardéz, gebürtiger Argentinier, ist Autor und Figur zugleich: Als multisprachlicher Ich-Erzähler berichtet er in der Krimi-Reihe *Der Bulle von Korfu* mit Witz und viel Selbstironie, wie er mit seinem Freund und Partner Hartmut Kolbe, genannt Harko, einem ehemaligen Kommissar aus Deutschland, schwierige Kriminalfälle löst. Ihr Vorgehen ist nicht immer konventionell, und die Beiden sind auch nicht immer einer Meinung: Roberto hat als Schriftsteller eine blühende Phantasie und hält (fast) alle Menschen für Engel, Harko richtet sich streng nach Fakten und weiß um die kriminellen Energien, die in vielen Menschen schlummern. Gemeinsam mit Georgos Katsatopoulos, dem Reviervorsteher von Karousades, Manousos, einem lokalen Bauunternehmer, und vielen Anderen erleben sie in Afionas, einem kleinen Dorf im Nordwesten Korfus, spannende Abenteuer, die sie gelegentlich auch in die weite Welt führen.

Eine Rose ist eine Rose ist eine Rose.
Gertrude Stein

I

Das Leben

Georgos Katsatopoulos, der Reviervorsteher der kleinen Polizeistation in Karousades, hatte schlechte Laune. Sogar so schlechte Laune, dass er den vor ihm stehenden Heleniko, den starken, schwarzen griechischen Kaffee, den er von morgens bis abends trank, noch nicht einmal angerührt hatte. Der Grund für Georgos Mißstimmung war Vassilis Bardis, der Ortsvorsteher von Afionas, der gerade seinem Ärger Luft machte. Und Vassilis war in dieser Woche bereits der fünfte.

»Bekniet hat er mich, zwei Monate lang hat er buchstäblich gebettelt, bis ich nachgegeben habe. Was ist schon dabei, habe ich mir gedacht. Und ihm auch noch den Traktor der Gemeinde zur Verfügung gestellt. *Ein* Kunstwerk, hat er gesagt, ein einziges. Ausnahmsweise sogar eines, das gefällt. Wir haben noch gemeinsam den Standort ausgesucht: Unten am Strand von Agios Georgios, an einer Stelle, an der es auffällt, aber nicht stört. Doch was macht er? Während ich zu wichtigen Besprechungen in Athen bin, verunstaltet er die ganze Straße mit seinem Müll, von seinem Haus bis zum Strand. Jetzt behauptet er steif und fest, erst alles zusammen sei ein Kunstwerk und ich habe die Aufstellung genehmigt. Sie müssen ihn zur Vernunft bringen, er muss dieses schreckliche Zeug wieder entfernen.«

Er, das war Professor Xaver Hintermooser, bis vor fünf Jahren ordentlicher Professor in München und seitdem engagierter, bislang jedoch regelmäßig missverstandener freischaffender Künstler, außerdem Einwohner von Afionas, einem kleinen Ort an der Nordwestküste Korfus. Und das schreckliche Zeug, über das sich neben Vassilis Bardis auch die anderen Einwohner von Afionas aufregten, war das, was Professor Hintermooser als *Kunst* bezeichnete.

Seine Liebe galt in erster Linie dem Edelstahl. Bereits ein Stück eigenwillig verbogenen rostfreien Stahls, das er auf einem Schrottplatz fand, schien ihm wert, der Nachwelt als von ihm entdecktes Kunstobjekt erhalten zu bleiben. In zweiter Linie galt seine Liebe dem Holz; regelmäßig suchte der Professor am Strand nach Treibholz. Ein von den Wellen geschliffenes und von der Sonne gebleichtes Stück Olivenholz konnte ihn zu stundenlangen kontemplativen Versenkungen anregen. Treibholz in Verbindung mit einem Edelstahlrest war für ihn die perfekte Symbiose aus Natur und Zivilisation, gleichermaßen dazu geeignet, den Betrachter in ehrfürchtiges Staunen zu versetzen wie ihn durch Provokation zum Nachdenken zu zwingen.

Als Intellektueller, der sich niemals in die profanen Niederungen der kommerziellen Verwertung seiner Kunstobjekte begeben hätte, konnte der Professor nur wenige Werke verkaufen. Sein großes Grundstück, anfangs nur mit wenigen, ausgesuchten Objekten dekoriert, glich inzwischen mehr und mehr einem Warenlager für Edelstahlschrott und Feuerholz. So war der Professor, ob aus Überzeugung oder der schlichten Notwendigkeit heraus, Platz zu schaffen, auf die Idee gekommen, eines seiner Kunstwerke der breiten Öffentlichkeit zugänglich zu machen. Was in diesem Fall hieß: Den Bewohnern von Afionas und den Touristen, die in der Bucht von Agios Georgios Urlaub machten.

Das Problem mit den Werken des Professors war: Seine Kunst war nicht wirklich schlecht. Ganz im Gegenteil – einige seiner Plastiken strahlten etwas Faszinierendes aus. Doch diese Werke entstanden, genau wusste das niemand, entweder aus Versehen oder in einer schwachen Stunde des Professors. Denn eine seiner Lieblingsmaximen lautete: Kunst muss provozieren.

Was sie denn auch tat. Diesmal jedoch war der Professor einen Schritt zu weit gegangen. Er hatte die ganze Straße von seinem Haus bis zur Bucht von Agios Georgios zu einem Kunstwerk umgewandelt. Oder, wie die Bewohner von Afionas fanden, er hatte unerlaubt seinen Müll auf der Straße abgeladen.

»Die Touristen, die zu uns in die Bucht kommen,« sagte Vassilis Bardis, ein im allgemeinen ruhiger Mann Anfang 60, »die kommen wegen der unberührten Natur. Und dem Flair, den wir ihnen in Afionas und in Agios Georgios bieten. Erst vor einem Jahr haben wir viel Geld ausgegeben, um den Weg von Afionas nach Agios Georgios mit Straßenlaternen zu beleuchten. Doch was sehen die Touristen jetzt am Abend? Scheußliche Monstrositäten. Sie müssen etwas dagegen unternehmen.«

Die Bucht von Agios Georgios, im Nordwesten von Korfu gelegen, lockte mit zwei Kilometern weißem Sandstrand und kristallklarem Wasser im Sommer viele Touristen an. Im Osten und Westen von zwei mächtigen Felsen begrenzt, war sie ein Paradies für Segler und Windsurfer. Auf dem westlichen Felsen lag Afionas, ein kleines, trotz der sommerlichen Touristenströme noch immer verträumtes Dorf. Die Straße, die Professor Xaver Hintermooser für seine Kunstausstellung gewählt hatte, war die Verbindung zwischen Afionas und dem Strand, eine kleine, gewundene Straße, die das Pech hatte, direkt am Haus des Professors vorbeizuführen.

Georgos Katsatopoulos kannte den Stolz der Dorfbewohner auf die neue Straßenbeleuchtung. Er konnte auch ihren Ärger verstehen, wenn die Straße nun durch die Kunst des Professors verschandelt wurde. Doch was konnte er dagegen tun? Hilflos zuckte er die Schultern. »Was erwarten Sie von mir? Soll ich die Kunstwerke entfernen?«

»Wenn es sein muss,« antwortete Vassilis Bardis.

»Das kann ich nicht,« bekannte der Reviervorsteher offen und strich sich bedächtig über seinen mächtigen Schnauzbart. »Ohne Gerichtsbeschluss wäre das Sachbeschädigung.«

Vassilis Bardis schnaufte wütend und hieb zur Bekräftigung seiner Entschlossenheit mit der Faust auf den Tisch. »Wenn Sie nichts unternehmen wollen, muss ich mich eben an die Polizei in Korfu-Stadt wenden. Oder gleich nach Athen.«

Georgos zuckte zusammen, diese Drohung war ernst. Es war seine Welt hier im Norden Korfus, Einmischung von außen duldete er nur, wenn Spezialisten benötigt wurden. Bekamen seine Vorgesetzten in der Insel-Hauptstadt den Eindruck, er könne nicht einmal ein kleines lokales Problem lösen, warf das kein gutes Licht auf ihn.

»Ich kümmere mich darum,« sagte er deshalb zum Ortsvorsteher von Afionas, »in ein paar Tagen sind die Objekte entfernt.«

»Das will ich hoffen,« sagte Vassilis Bardis und verabschiedete sich mit einem flüchtigen Gruß.

Georgos nippte an seinem Heleniko, stellte ihn aber sofort wieder auf den Tisch: Der griechische Mokka war kalt geworden. Georgos überlegte, ob er sich zuerst einen neuen kochen oder gleich mit dem Professor sprechen sollte. Er entschied sich für zweiteres – einen Heleniko musste man genießen und Georgos war nicht in der Stimmung dazu.

Missmutig setzte er sich in den Polizei-Jeep und fuhr nach Agios Georgios. Unberührte Natur, dachte er grimmig, als er wenig später die kleine Straße am Strand entlangfuhr, das Flair erhalten. Die Bucht selbst war ein Traum, weißer Strand, tiefblaues Wasser. Doch am Ufer stand eine Taverne an der anderen, unterbrochen nur von Supermärkten und Appartementhäusern, viele Bauten schwarz errichtet oder zumindest schwarz erweitert. Wer hierher kam, wollte sich erholen, suchte Ruhe, gutes Essen und freundliche

Menschen. Genau das fanden die Urlauber in Agios Georgios und Afionas. Aber Flair?

Georgos Katsatopoulos fuhr die ganze Bucht entlang, bis kurz vor ihrem westlichen Ende die kleine Straße nach Afionas abzweigte. Er hielt an und stieg aus, um sich das erste – und laut Vassilis Bardis einzige genehmigte – Kunstwerk zu betrachten.

Mitten aus dem Sand, nur wenige Meter vom Meer entfernt, ragte ein mächtiger Olivenstamm in die Höhe. Hätte er noch Äste und Blätter, dachte Georgos, würde er sich in nichts von den Millionen anderen Olivenbäumen unterscheiden, die Korfu ganzjährig mit ihrem Grün überzogen. Und läge der Stamm auf der Seite, wäre er schlicht Brennholz. Immerhin wurde das aufgerichtete Brennholz von einem Stahlreif geziert. Das war Kunst? Georgos Katsatopoulos schüttelte verständnislos den Kopf.

Er ging zurück zu seinem Wagen, fuhr langsam den Hügel hinauf. Es war genau so, wie Vassilis beschrieben hatte: Am linken Straßenrand stand alle 50 Meter eine Straßenlaterne, akkurat in der Mitte zwischen den Laternen jeweils ein *Kunstwerk*. Jedes Stück bestand aus Holz und Stahl, Fundstücke aus den Olivenwäldern der Insel, vom Strand und von Schrottplätzen aus halb Europa, vom Künstler zu eigenwilligen Kreationen zusammengefügt.

Georgos fuhr den halben Hügel hinauf, dann hielt er erneut an und stieg aus. Zunächst neben dem Wagen stehend, ließ er seinen Blick über die Kunstobjekte schweifen. Schön war keines davon, zumindest nicht nach den Maßstäben, die Georgos an Kunst anlegte. Die Vollkommenheit des Parthenon, das Ebenmaß antiker Statuen – Georgos konnte in den Werken des Professors nichts vergleichbares erkennen.

Und doch: Das war nicht einfach Müll. Das Monument, das ihm am nächsten stand, war wie das erste am Strand aus Holz und Stahl gefertigt, doch beide Materialien waren nun gleichwertig genutzt. Das Holz, wieder ein alter Olivenstamm, wies deutliche Spuren von Bearbeitung auf. Georgos legte den Kopf zur Seite, ging einige Schritte nach links, dann nach rechts, musterte das Objekt aus unterschiedlichen Blickwinkeln. Ihm schien, als könne er eine Figur darin erkennen: Die Andeutung eines Kopfes, das Mittelstück vielleicht ein Körper, ein Spalt am unteren Ende mochte Füße darstellen. Sollten gar die an der Seite befestigten Edelstahltrümmer Arme symbolisieren?

Zu Fuß ging Georgos weiter den Hügel hinauf. Tatsächlich: Je weiter er vorankam, desto plastischer wurden die Gebilde, desto stärker waren sie bearbeitet. Der Anteil von Holz wurde weniger, der Stahlanteil nahm zu.

Als Georgos vor dem letzten Kunstwerk stand, grinste ihn ein Koloss aus Stahl an – fast vier Meter hoch, doch eindeutig mit menschlichen Zügen: Mächtige Augenbrauen über dunklen Höhlen, ein höhnisch lächelnder Mund, riesige Arme. Und ein Penis, auf den sogar ein Elefant neidisch gewesen wäre.

Georgos stand jetzt vor der Einfahrt zum Grundstück des Künstlers, und sah sich einem auffälligen Schild gegenüber: KIR ART.

Erst stutzte Georgos, dann schmunzelte er: Ein Teil von *Kerkira*, dem griechischen Namen Korfus, und *Art*, dem englischen Wort für Kunst, zu einem neuen Begriff kombiniert. Das Ganze in Edelstahl gefräst, mit blauem Glas hinterlegt, in der Mitte die Umrisse der Insel, ebenfalls aus dem Stahl herausgearbeitet und anschließend leicht erhöht wieder eingefügt. Man mochte über die Kunst des Professors denken, was man wollte: Als Designer war er jedenfalls gut.

Dann verstand Georgos, was der Professor mit seinem angeblichen Kunstwerk beabsichtigte: Es sollte Besucher auf sein Grundstück locken, wie ein gewaltiger Wegweiser, mehr als einen halben Kilometer lang.

Nachdenklich strich sich Georgos Katsatopoulos über seinen Schnauzbart. Die Idee war gut, da gab es keinen Zweifel. Selbst wenn einem Betrachter die Kunstobjekte nicht gefielen: Die Neugier wurde auf jeden Fall geweckt. In einer Stadt, dachte Georgos, würden die Objekte für Aufsehen sorgen und sicher Besucher in Scharen anlocken. Doch hier auf dem Land? In Afionas?

Vassilis hätte niemals seine Einwilligung zu dieser riesigen Werbe… – ja, was denn eigentlich? Werbe-Kunst? Georgos überlegte, ob bereits ein Wort für diese Objekte existierte, doch er bezweifelte es – vermutlich war vor Professor Hintermooser noch niemand auf die Idee gekommen, seine Werke derart massiv ins rechte Licht und, dessen war sich Georgos sicher, des Nachts sogar in die rechte Beleuchtung zu setzen.

Doch es half nichts, wenn er versuchte, Verständnis für den Professor zu entwickeln: Die Einwohner von Afionas wollten nichts wissen von dieser Vergewaltigung durch Kunst und der Professor hatte das Vertrauen des Ortsvorstehers missbraucht. Da es sich hier um eine öffentliche Straße und nicht um einen Privatweg von Professor Hintermooser handelte, hatte die Forderung der Afioniten Vorrang.

Innerlich schmunzelnd, äußerlich um ein möglichst seriöses Aussehen bemüht, ging Georgos zurück zum Wagen. Im Rückspiegel kontrollierte er, ob auch nicht das kleinste Anzeichen von Lächeln in seinem Gesicht zu finden war. Als er mit seinem grimmigen Gesichtsausdruck zufrieden war, startete er den Motor und fuhr den Rest des Weges hoch zur Einfahrt.

Oben am Haus, das wie ein Krähennest mitten in den steilen Hang gebaut war, stand der Professor auf der Terrasse und winkte Georgos zu. Georgos fuhr die steile Zufahrt hoch und stellte den Jeep auf einem kleinen Parkplatz ab.

Er war neugierig auf das Domizil des Künstlers, er kannte es nur von der Straße her und da war außer einigen imposanten weißen Wänden nicht viel zu sehen. Jetzt erkannte Georgos, dass es nicht nur eines, sondern in Wahrheit drei Häuser waren – reichlich viel für einen allein lebenden Mann. Das linke Gebäude, zugleich das größte, war offensichtlich das Wohnhaus, das rechte, deutlich kleiner und durch ein großes Rolltor wie eine Garage wirkend, schien die Werkstatt zu sein: Georgos sah durch das halb geöffnete Tor viel Stahl, viel Holz und viele Maschinen. Nur mit dem mittleren Gebäude konnte Georgos nichts anfangen – ein Flachbau mit großen Fenstern. Die Fensterläden waren zugeklappt, weshalb der Blick ins Innere verwehrt war. Auch die große, zweiflügelige Tür war geschlossen.

Aus dem linken Gebäude trat jetzt der Professor, lächelnd kam er auf Georgos Katsatopoulos zu.

»Kali mera sas,« sagte er mit einer tiefen, wohltönenden Stimme, »ti kanete?[1]«

»Ochi kala,« antwortete Georgos, »ochi katholou kala.[2]«

Der Professor stutzte und gab Georgos damit Zeit, ihn genauer zu mustern. Professor Hintermooser war groß und schlank, trotz seines hohen Alters strahlte er Kraft und Energie aus. Wie ein alter, knorriger Olivenbaum, dachte Georgos. Sein braungebranntes Gesicht kontrastierte stark mit dem schlohweißen Haar, das zusammen mit den Falten in seinem Gesicht etwas vom wahren Alter des Künstlers verriet. Gekleidet war er in eine einfache, graue

---

[1] Griechisch: Guten Tag, wie geht es Ihnen?

[2] Griechisch: Nicht gut, gar nicht gut.

Arbeitshose und ein weißes T-Shirt. Es war bereits Anfang Oktober, der Herbst ließ jedoch noch auf sich warten, das Thermometer stand noch immer auf 30 Grad.

»Ich habe Sie beobachtet, wie Sie mein neuestes Kunstwerk angesehen haben,« sagte der Professor. »Gefällt es Ihnen?«

Georgos warf den Kopf zurück und schnalzte mit der Zunge: Ein unmissverständliches Nein.

»Ich fürchte,« sagte er, »es gefällt mir nicht. Deswegen bin ich hier: Sie müssen Ihre Kunstwerke wieder entfernen. Und zwar schnellstens.«

Der Professor lächelte. »Die Aufstellung ist ordentlich genehmigt. Vassilis Bardis, der Ortsvorsteher, hat mir persönlich die Erlaubnis gegeben.«

Georgos schüttelte bedächtig, und wie er hoffte, auch würdevoll sein mächtiges Haupt. »Vassilis sagt, er habe Ihnen die Aufstellung *eines* Kunstwerks genehmigt. Von einem Dutzend sei keine Rede gewesen.« Georgos hatte sie gezählt: Zwölf Skulpturen waren es. »Das erste Werk am Strand darf stehen bleiben, die anderen elf müssen verschwinden.«

»Kommt nicht in Frage!« entgegnete der Professor heftig. »Ich habe die Genehmigung für die Aufstellung eines Kunstobjekts bekommen und dieses eine Objekt besteht aus zwölf Skulpturen – den zwölf Aposteln. Ein einzelner Apostel macht doch keinen Sinn.«

Für einen Moment verschlug es Georgos die Sprache: Die alten Olivenstämme mit Stahlringen sollten Apostel sein? Darauf wäre er im Leben nicht gekommen. Dann dämmerte es ihm: Wenn die Bildnisse Apostel waren, dann war der Professor… Das war Blasphemie!

»Die Dinger müssen weg!« sagte Georgos heftig und diesmal musste er sich nicht erst um einen ernsten Gesichtsausdruck bemühen – jetzt war er wirklich wütend.

»Auf keinen Fall!« protestierte der Professor, drehte sich um und ging zurück ins Haus. Georgos sah nur noch einen weißen Pferdeschwanz auf und ab wippen.

Aufgebracht stieg er in seinen Jeep und fuhr den steilen Weg hinunter. Die zwölf Apostel, dachte Georgos grimmig. Wütend fuhr er an den Statuen vorbei. Diesmal regte sich kein Kunstverständnis in ihm, diesmal sah er nur noch Brennholz und Stahlschrott.

Den ganzen Weg nach Karousades zurück überlegte Georgos, was im Kopf des Professors vor sich gehen mochte. Waren alle Künstler so verrückt? Oder lag es daran, dass der Professor Deutscher war? Stammte er gar aus einer Kultur, in der Olivenbäume eine besondere Hochachtung genossen?

In Karousades angekommen, hatte Georgos noch immer keine Vorstellung davon, was der Professor denken mochte. Dafür hatte Georgos eine Idee. Er hielt nicht an der Polizeistation, sondern machte kehrt und fuhr zurück nach Agios Georgios.

Hätte sich die Tragödie verhindern lassen? Im Nachhinein lässt sich diese Frage leicht stellen und vielleicht sogar mit ja beantworten. Denn anders als Katastrophen kündigen sich Tragödien gerne vorher an. Ich jedenfalls nahm keine Vorzeichen wahr, ich hatte mit eigenen Problemen genug zu tun.

Jeremy Byron, mein Verleger aus New York, hatte mich anfang September angerufen. Hollywood interessiere sich für die Verfilmung meines letzten Krimis, mit meinem Einverständnis wolle er die Verhandlungen führen.

Hollywood! Vor Aufregung hatte ich eine ganze Nacht nicht schlafen können, hatte stattdessen überlegte, welche Schauspieler für die Besetzung in Frage kamen, natürlich nur Top-Stars. Jeremy rief täglich an, berichtete von der Begeisterung; der Vertrag sei reine Formsache. In der Woche, in der Professor Hintermooser zum Leidwesen der Afioniten seine Objekt-Kunst installierte, war ich nach New York geflogen, im Koffer eine Flasche Champagner, für Jeremy eine Flasche Metaxa, den guten mit den sieben Sternen.

Jeremy hatte mich auf JFK abgeholt, dem internationalen Flughafen von New York, in einer Limousine waren wir zu seinem Büro in der 5th Avenue gefahren, hatten den Vertragsentwurf noch einmal durchgesprochen und die Vorgehensweise für das Gespräch am nächsten Tag festgelegt. Müde, aber sehr mit mir zufrieden, war ich abends ins Bett gegangen.

Waren Jeremy und ich blind gewesen? Kein Vertreter eines großen Hollywood-Studios, sondern ein freier Agent, der für mehrere Studios arbeitet, war am nächsten Tag in Jeremys Büro erschienen, hatte sich von mir zwei Stunden lang das Konzept für den Roman, der Teil einer ganzen Serie werden sollte, erklären lassen, und dann abgewinkt. Nicht geeignet. Keine Begründung, keine Erklärung, nur eine Absage.

Den Metaxa hatte ich bei Jeremy gelassen, den Champagner seiner Sekretärin geschenkt, es gab nichts mehr zu feiern. Jeremy hatte mich zu trösten versucht, bei den Lesern käme das Buch gut an, die Verkaufszahlen sprächen eine deutliche Sprache. In Hollywood aber gälten eigene Gesetze, da wäre eben mehr Action gefragt. Ob ich den Roman vielleicht noch einmal überarbeiten könne?

Was wollen die eigentlich? Das fragte ich mich, seit ich Jeremys Büro verlassen hatte, um die nächste Maschine zurück nach Athen zu nehmen. Alle fünf Minuten einen Mord oder eine Verfolgungsjagd?

Ich hatte schon schlechte Laune beim Einsteigen in die Maschine gehabt, oder besser gesagt, meine miese Stimmung hatte sich seit dem Ende der unerfreulichen Besprechung kein bisschen gebessert. Ich wollte schlafen, alles verdrängen und am liebsten vergessen, doch mein Sitznachbar, ein alter Grieche aus Kreta, bestand darauf, mir alles über seinen Besuch in New York zu erzählen. Er zeigte mir Unmengen von Bildern seiner Enkel und beglückte mich mit den Lebensgeschichten jedes Einzelnen. Nicht einmal beim Essen hörte er auf zu reden, er verzichtete lediglich auf die erklärenden Fotos.

Nach dem Essen zeigte Olympic Airways einen Film: Troja. Na prima, dachte ich, das passt ja wie die Faust auf's Auge: Rambo mit Schwert, der die griechische Mythologie auf den Kopf stellt und die Mauern von Troja sicher im Alleingang bezwingt.

Bereits die erste Szene bestätigte meine Befürchtungen. Ein Massenaufgebot an Statisten, wie es nur Hollywood zustande bringt, mit Hilfe des Computers noch zusätzlich aufgeblasen. Doch in den folgenden zwei Stunden musste ich ein Vorurteil nach dem anderen beiseite legen – der Film war gut. Sogar sehr gut.

Na schön, so gut dann auch wieder nicht. Den trojanischen Krieg von zehn Jahren auf knappe zwei Wochen zu reduzieren, war schon gewagt. Historiker würden sicher entsetzt die Hände über dem Kopf zusammenschlagen und wahrscheinlich taten sie das auch. Mein Sitznachbar jedenfalls war darüber ziemlich ungehalten. Doch war Homer nicht eher ein Geschichtenerzähler als ein Historiker gewesen? Ich jedenfalls war mir sicher, er hätte an dem Film seinen Spaß gehabt. Die Actionszenen waren, das musste ich neidlos anerkennen, perfekt gemacht, doch sie bildeten nur den

Rahmen für die Figuren: Achilles, der unbezwingbare griechische Held; Hector, der tragische trojanische Prinz; Agamemnon, der machtgierige griechische König und Odysseus, der listige Krieger. Sie alle waren extrem fein gezeichnet und durchwegs gut gespielt.

Vor allem Achilles beeindruckte mich: Kein Superheld, der immer nur draufhaut, sondern ein von den Göttern verwöhnter Krieger, selbstbewusst, aber sensibel, dem es vor allem um Unsterblichkeit geht und der bereit ist, sein Leben für dieses Ziel zu geben.

Ich wunderte mich, wie Amerikaner einen solch feinfühligen Film zustande brachten, und fand die Erklärung im Abspann: Wolfgang Petersen, ein deutscher Regisseur, hatte Troja gemacht und der Versuchung widerstanden, mit Hilfe des Computers, der Komparsen und vieler Stuntleute einen Action-Thriller zu drehen – für ihn standen eindeutig die menschlichen Konflikte im Vordergrund.

Wenn das die neue Linie im amerikanischen Kino war, dann stand ich voll dahinter. Dann würde auch mein Krimi alle Kriterien erfüllen: Spannung, gepaart mit menschlichen Problemen. Trotzdem hatte der Agent den Film abgelehnt. Warum?

Wir landeten am frühen Morgen in Athen und der Anschlussflug von Olympic war natürlich schon weg, der nächste ging erst am Abend. Ich hatte nicht geschlafen und deshalb nicht die geringste Lust, den ganzen Tag auf dem Flughafen zu verbringen. Kurzentschlossen buchte ich den nächsten Flug mit Aegean.

Nun hatte ich noch drei Stunden Aufenthalt. Ich schlenderte durch die große Einkaufspassage des neuen Flughafens, warf einen Blick in einige Zeitschriften und Bücher, war aber nicht bei der Sache. Roberto, sagte ich mir, du machst einen Denkfehler. Du siehst die Welt mit den Augen eines Schriftstellers, aber nicht mit denen eines Filmemachers. Was weißt du denn davon, wie man einen Film gestaltet? Nichts, gestand ich mir ein.

Und beschloss sofort, dies zu ändern. Germanos, ein Elektronik-Shop, hatte auch Kameras im Schaufenster. Ich ging hinein, um eine Videokamera zu erstehen, und kam wenig später mit einer winzigen Digitalkamera wieder heraus: Der Verkäufer, der Verkaufen noch mit Beratung gleichsetzte, hatte mich nach meinen Wünschen gefragt und mir dann zu diesem Modell geraten – gleichermaßen dazu geeignet, die Grundlagen des Filmens zu erlernen wie auch Schnappschüsse zu machen, dazu so klein, dass ich das Gerät überallhin mitnehmen konnte.

Im Flugzeug nach Korfu begann ich meine Studien. Die Stewardess, die den Kaffee servierte, eine attraktive Blondine mit geheimnisvollen blauen Augen und einer faszinierenden Frisur aus einem dreifach in sich verflochtenen Pferdeschwanz, wurde die Hauptdarstellerin meines ersten Kriminalfilms. Wie sie den Kaffee in die Plastikbecher einschenkte, diese zusammen mit Milch und Zucker den Passagieren reichte – das hatte… gar nichts. Wieder und wieder sah ich mir meinen ersten Kurzfilm an. In einem Buch hätte ich der jungen Dame mit den kunstvoll arrangierten Haaren Profil verleihen können: Frisch verliebt und gut gelaunt, schenkte sie jedem Passagier ein fröhliches Lächeln. Im Film blickte sie eher lustlos und gelangweilt drein.

Hatte Jeremy doch recht? Musste ein Stoff, der sich für eine Verfilmung eignet, voller Action sein? Nachdenklich sah ich aus dem Fenster. Unter mir erstreckte sich das Ionische Meer, der Teil der Welt, der mir seit fünf Jahren Heimat war und den ich so liebte. Ich drehte meinen nächsten Film: Ionische Inselwelt aus 10.000 Metern Höhe. Kein Action-Thriller, sondern ein Dokumentarfilm: Tiefes Blau, das sich bis zum Horizont erstreckt, dazwischen grüne Inseln und kleine Schiffe, die auf ihrer Fahrt weiße Streifen auf dem Wasser hinterlassen. Jede Insel barg tausend Geschichten, jedes Schiff war Stoff für einen neuen Roman.

Ich war derart fasziniert von meinem neuen Spielzeug, dass ich die Welt um mich herum vergaß; ich erschrak, als mich die Stewardess freundlich bat, meinen Sicherheitsgurt anzulegen, wir befänden uns im Landeanflug auf Korfu.

Wie oft ich in den letzten Jahren auf der Insel gelandet bin, weiß ich nicht, an diesem Morgen erlebte ich die Landung jedenfalls sehr bewusst. Die Maschine aus Athen fliegt ab Patras die Westküste Griechenlands nach Norden, geht kurz vor Korfu in den Sinkflug und landet dann, nur knapp über dem Wasser schwebend, auf der kurzen, einem ehemaligen Sumpf abgerungenen Piste. An diesem Tag drehte der Kapitän jedoch eine große Schleife und flog die Insel von Norden her an. Ich sah unter uns das Gebirge, das den Norden Korfus prägt, in der Ferne den Pantokratoras, mit 900 Metern über dem Meeresspiegel die höchste Erhebung Korfus. Wir flogen direkt über Afionas, den kleinen Ort, in dem ich nach vielen unruhigen Jahren in Südamerika endlich eine Heimat gefunden hatte; ich sah die Bucht von Agios Georgios unter uns, erkannte sogar Harkos umgebaute Ölmühle: Ihre Steinmauern leuchteten weiß in der Sonne.

Die Landung auf dem Flughafen selbst war, aus Sicht des Kameramanns, der zu werden ich versuchte, höchst unspektakulär: In rascher Folge zogen die Häuser am Flugzeug vorbei, es gab einen Ruck, als die Boeing 737 aufsetzte, dann hatte ich nur noch das Flughafengebäude im Sucher.

Nach der obligatorischen Viertelstunde, die ich auf mein Gepäck warten musste, ging ich zu meinem BMW-Cabrio, öffnete das Verdeck und versuchte, die Erinnerungen an New York abzuschütteln. Mochten die in ihrer Weltstadt tagtäglich mit Mord und Totschlag konfrontiert werden, hier auf Korfu war es friedlich.

Beschwingt fuhr ich durch die Stadt, wählte dabei nicht den direkten Weg, sondern fuhr durch die Altstadt am alten Fort und am neuen Hafen vorbei. Ich durchfuhr das Gebirge, das ich kurz zuvor aus dem Flieger nur mit den Augen wahrgenommen hatte, nun mit allen Sinnen; spürte jedes Schlagloch mit meinem Allerwertesten, hörte die Zikaden mit meinen Ohren und roch den Duft von Zitronen und Orangen. Das war Korfu, ich war wieder daheim.

Wie ich heute weiß, kam ich gerade rechtzeitig, um das Leben und das Sterben von Professor Xaver Hintermooser aus nächster Nähe mitzuerleben.

Harko, Ex-Kommissar aus Stuttgart, der vor einigen Jahren seinen Dienst quittierte und seitdem mit seiner Frau Marianne und seinen zwölfjährigen Zwillingstöchtern Tina und Sina auf Korfu lebt, stand in seinem Garten. Die Bruchsteinmauern, die seine zu einer schmucken Villa umgebaute ehemalige Olivenpresse vor den im Winter heftigen Südwinden schützen sollten, waren fertig. Jetzt wollte Harko den Grund dahinter mit Erde auffüllen, doch der fruchtbare, aber schwere Lehmboden erwies sich als Problem.

Als durchtrainierter Sportler in der Blüte seiner Jahre – Harko war gerade 43 – hatte er geglaubt, zwei Wagenladungen Lehm in den Garten zu schaufeln, sei nur eine kleine Aufwärmübung. Doch nach einem Tag harter Arbeit, bei der Harko kräftig ins Schwitzen geraten, der Dreckhaufen aber kaum kleiner geworden war, hatte Harko kapituliert und meinen Nachbarn Manousos Bardis gebeten, der Quälerei mit seinem Bobcat ein Ende zu bereiten.

Ich hatte noch während der Fahrt beschlossen, nicht gleich nach Hause zu fahren, sondern erst Harko einen Besuch abzustatten, und traf nun Harko und Manousos bei der Arbeit an. Harko stand in der Zufahrt zu seinem Haus, mit nacktem Oberkörper, die stahlharten Muskeln vor Schweiß glänzend. Schweiß auch in seinem halblangen, schwarzen Haar, Schweiß auf seinem obligatorischen Dreitage-Bart, der mindestens seit einer Woche nicht mehr gestutzt worden war. Harko nickte mir, Schweißperlen versprühend, kurz zu, gerade so, als käme ich nur eben auf einen Kaffee vorbei, nicht aber von der anderen Seite des Atlantiks. Seine Aufmerksamkeit galt Manousos und dessen Bobcat.

Ich kannte und fürchtete dieses Gerät. Manousos hatte es vor zwei Jahren gekauft, einen weißen, kaum drei Meter langen Spielzeugbagger mit Schaufel, mit dem man, so glaubte ich damals, nur kleinere Gartenarbeiten erledigen konnte. Neugierig wie ich nun einmal bin, bat ich Manousos, selbst mit dem niedlichen Bagger fahren zu dürfen. Lachend hatte er mir meinen Wunsch erfüllt. Dass dieses fröhliche Lachen in Wirklichkeit ein äußerst boshaftes homerisches Gelächter gewesen war, hatte ich erst später gemerkt.

Zunächst hatte ich vergeblich das Lenkrad gesucht: Es gab keines. Gesteuert wurde das Gefährt mit Hilfe zweier Hebel für die linken und rechten Räder. Ich hatte mir keine Blöße geben wollen und es trotzdem versucht. Was mich zwei Palmen gekostet und mir viel Spott eingebracht hatte: Tagelang rissen die Afioniten Witze über mich und meine Fahrkünste. Seitdem war der Bobcat für mich nur noch Manousos kleiner Panzer.

Jetzt erlebte ich den Panzer in Aktion. Und war beeindruckt. Manousos schien mit dem Bobcat verwachsen zu sein: Nur auf den Vorderrädern balancierend, grub sich die Schaufel in den Lehmberg; wie der Hals eines kleinen Dinosauriers schoss sie in die Höhe, triumphierend, weil sie geschafft hatte, was ihr niemand zutraute. Sich flink wie ein Wiesel auf der Stelle drehend, schoss der Mini-Bagger im nächsten Moment vorwärts, hoppelte wie ein Hase den Hang hinunter, warf seine Ladung Erde lässig in eine Ecke. Im einen Moment schwankte das Heck unkontrolliert einen Meter nach links, im nächsten donnerte das Gefährt nur wenige Zentimeter von einer Mauer entfernt nach vorn.

Was müsste geschehen, fragte ich mich, um diese Szene für Hollywood aufzubereiten? Im Geiste sah ich den Bobcat gegen eine der Steinmauern krachen, in einem Olivenbaum hängenbleiben oder schlicht den Hang hinunterpurzeln, zur Freude des Filmagenten. Doch gleichgültig, wie stark das Gefährt auch schwankte: Manousos hatte es die ganze Zeit voll unter Kontrolle. In der Realität beeindruckend, im Film sicher uninteressant. Da hätte jetzt die Polizei auftauchen und den Bobcat den Hang hinunter verfolgen müssen.

Ich staunte nicht schlecht, als genau in diesem Moment tatsächlich ein Polizei-Jeep auf uns zufuhr. Doch lieferte er sich keine Verfolgungsjagd mit dem Mini-Panzer, sondern blieb einfach vor uns stehen. Georgos Katsatopoulos, der Reviervorsteher von Karousades, kam auf uns zu, blickte aber nicht streng, sondern trug, neben seinem imposanten Schnauzbart, eine sorgenvolle Miene zur Schau.

»Gia sas,« begrüßte er uns, »ti kanete?[3]«

»Kala,« antwortete Harko, »poli kala.[4] Aber Du siehst aus, als hättest Du auf eine Zitrone gebissen. Hast Du Kummer?«

Georgos stöhnte und sagte: »Ich habe ein Problem. Du bist der Einzige, der mir helfen kann.«

Wir warteten, bis Manousos seine Arbeit beendet hatte, und trotz der Anstrengung ohne das geringste Zeichen von Ermüdung und behende wie ein Affe aus seinem Bobcat geklettert war, dann gingen wir zum Haus. Harko hatte die alte Olivenpresse entkernt und zu einem großen Wohnzimmer ausgebaut, daneben mit altem Bruchsteinmauerwerk ein neues, zweistöckiges Wohnhaus gebaut und als Krönung einen zehn Meter hohen Turm mit Dachterrasse errichtet. Die Aussicht von dort war phantastisch, doch genutzt werden konnte dieser Aussichtspunkt nur, wenn kein Wind wehte. Das Zentrum des Familienlebens bildete der Innenhof zwischen Turm und Olivenpresse, dank einer darunterliegenden Zisterne ebenfalls in luftiger Höhe. Wir setzten uns in diesen Innenhof, Harko holte vier Bier aus der Küche, Manousos drehte sich eine Zigarette, und Georgos schüttete sein Herz aus.

»Du bist doch ein Freund des Professors,« begann Georgos.

Professor Xaver Hintermooser war der einzige Professor an der Nordwestküste von Korfu. Da die meisten Griechen Schwierigkeiten hatten, seinen Namen auszusprechen, wurde er allgemein nur *Der Professor* genannt.

»Hast Du gesehen, was er angestellt hat?«

---

[3] Griechisch: Hallo, wie geht es Euch?

[4] Griechisch: Gut, sehr gut.

Die Frage war an Harko gerichtet, doch Manousos antwortete: »Er will uns alle für dumm verkaufen. Stellt seinen Müll auf die Straße und behauptet, es wäre Kunst.« Sein Naserümpfen verriet, was er von dieser sogenannten *Kunst* hielt.

Georgos zupfte seinen Bart. »Weißt Du, wie er seine Kunstwerke nennt? Die zwölf Apostel! Das ist ein Affront gegen die Kirche. Und ein Affront gegen Vassilis. Der fühlt sich hintergangen. Er hat die Aufstellung eines Kunstwerks am Strand genehmigt und der Professor behauptet nun, die Genehmigung gelte für all seine Figuren. Wenn ich nicht dafür sorge, dass diese Monster verschwinden, will Vassilis Athen einschalten. Du kannst Dir vorstellen, was das bedeutet.«

Harko konnte es. Die Korfioten legen großen Wert auf ihre Unabhängigkeit, was Athen natürlich ein Dorn im Auge ist. Wurden nun einflussreiche Leute aus Athen eingeladen, sich auf der Insel einzumischen, konnte das äußerst unangenehme Folgen haben: Man würde die Geister, einmal gerufen, nur schwer wieder los.

»Sag dem Professor, er soll seine Kunstwerke wieder abbauen,« schlug Harko vor.

Georgos ließ ein empörtes Schauben hören. »Das habe ich gerade versucht. Er weigert sich.«

Harko schmunzelte. »Du willst mir doch nicht erzählen, ein gesetzestreuer Professor aus Deutschland widersetzt sich der Anordnung eines griechischen Polizisten?«

Georgos holte tief Luft und blies sie geräuschvoll durch den Mund wieder aus. »Juristisch ist die Abmachung zwischen dem Professor und Vassilis leider in Ordnung. Der Professor hat Vassilis ausgetrickst.«

Diesmal schmunzelte ich. Einen anderen bei einem Geschäft über den Tisch zu ziehen, gilt auf Korfu – wie vermutlich in ganz Griechenland – als legitim: Wer den Schaden hatte, bekam den Spott noch gratis dazu und der Gewinner hatte die Lacher auf seiner Seite. Ich war gespannt, ob diese Einstellung auch galt, wenn ein Grieche von einem Ausländer hinters Licht geführt worden war.

»Lacht man in Afionas nicht über diesen Streich des Professors?« fragte ich. »Ich meine, Vassilis zu überlisten, ist doch eine reife Leistung.« Der Ortsvorsteher galt nicht gerade als einfältig.

»Es geht nicht darum, dass der Professor Vassilis einen Streich gespielt hat,« sagte Manousos überraschend heftig und drückte seine Zigarette so kräftig im Aschenbecher aus, dass der Stummel zerbröselte. »Das kann er gerne tun, wenn die Beiden privat ein Geschäft miteinander machen. Doch mit dieser Aktion macht er den ganzen Ort lächerlich!« Dass die Situation während meiner Reise in die USA derart eskaliert war, überraschte mich – die bisherigen Aktionen des Professors hatten eher für Heiterkeit gesorgt.

Georgos schien Manousos Ansicht zu teilen. »Das ist kein juristisches Problem, das ist ein Politikum. Die Gemeinde könnte eine Verordnung erlassen und den Professor zwingen, seine Werke abzubauen. Aber was gäbe das für einen Skandal? Die ganze Insel würde über Afionas lachen.«

Manousos heftiger Reaktion nach zu schließen lachten die ersten bereits. Dem Professor käme der Skandal sicher gelegen, vielleicht hatte er es mit seiner Aktion sogar bewusst darauf angelegt. Ich kannte ihn nur flüchtig, doch was ich über ihn gehört hatte, deutete für mich darauf hin, dass er Publicity sehr zu schätzen wusste. Würde er dafür den Unwillen aller Dorfbewohner in Kauf nehmen?

Harko stand auf und sagte: »Ich rufe ihn gleich an. Wahrscheinlich hat er die Folgen seiner Aktion überhaupt nicht bedacht.«

Das folgende Telefonat war bemerkenswert. Harko stand in seinem Arbeitszimmer im Turm, wir konnten ihn durch ein Fenster sehen. In der Ferne war auch der Professor zu erkennen, wie er mit einem Telefon in der Hand auf seiner Terrasse auf und ab ging. Verstehen konnten wir nichts – Harko sprach leise und das Haus des Professors war weit entfernt. Dann wurde Harko plötzlich laut – er schrie fast in den Hörer: »Du kannst Dir doch nicht den ganzen Ort zum Feind machen.«

Im gleichen Moment kam ein leichter Wind auf und die Antwort des Professors war so klar zu verstehen, als stünde er nur wenige Meter von uns entfernt: »Hier geht es nicht darum, was die Leute im Ort denken, hier geht es um Kunst. Kunst muss provozieren und je mehr sie das tut, desto besser ist sie.« Dann war nur noch Harkos Stimme zu hören: »Sei doch vernünftig.« Vom Professor war nichts mehr zu vernehmen, ich sah nur noch, wie er das Telefon in die Tasche steckte.

»Was war das?« fragte ich Harko, als er auf die Terrasse zurückkam.

»Was war was?« entgegnete er aufgebracht.

»Ich dachte, ich würde den Professor hören. Er sagte, Kunst müsse provozieren. Bin ich so überdreht, dass ich mir das nur eingebildet habe?« Schlafmangel wirkt sich bei mir gelegentlich in Sinnestäuschungen aus.

»Hat er das gesagt?« fragte Manousos.

»Hast Du ihn auch gehört?« wollte ich wissen.

»Nur verstanden habe ich nichts.« Konnte Manousos auch nicht, da der Professor deutsch gesprochen hatte.

Georgos sah Harko neugierig an. »Hat der Professor eine solch kräftige Stimme, dass man ihn bis hierher hört?«

»Ach das.« Harko deutete auf die Bucht. »An manchen Tagen wirkt das Tal wie ein großes Amphitheater und wir verstehen, was in weiter Entfernung gesprochen wird. Allerdings tritt dieses Phänomen meist abends auf.«

Es war jetzt früher Nachmittag.

»Was hat der Professor nun gesagt?« drängte Georgos, der wie Manousos kein deutsch verstand. »Entfernt er seine Werke?«

Harko brummte. »Ihm ist egal, was die Leute von ihm denken, solange sie nur seine Kunst bewundern. Und wenn seine Kunst die Leute ärgert, findet er das gut.«

»So ein Idiot,« sagte Manousos.

Georgos hatte einen deftigeren Ausdruck für den Professor. Er nannte ihn »Malakas« – die griechische Bezeichnung für einen Mann, der gern mit seinem kleinen Freund spielt…

Von Manousos erfuhr ich, wie explosiv die Stimmung im Ort während meiner Reise nach New York wirklich geworden war. Im Three Brothers, der Stammkneipe der Afioniten, wurde heftig über die Aktion diskutiert: Von Kunst war keine Rede, das Ganze wurde als offener Affront angesehen. Manousos wollte auch von mir wissen, wie ich dazu stünde, doch ich hatte keine Meinung. Ich hatte ein Problem.

Den Schlafmangel zu beheben, war einfach gewesen. Die Absage des Filmagenten zu verarbeiten, war unmöglich. Bei allem, was ich schrieb, hatte ich das Gefühl, er stünde hinter mir und würde meine Arbeit monieren. Ich hatte einen Fehler gemacht, das musste ich mir eingestehen.

Es gibt eine hauchdünne Grenze zwischen Selbstsicherheit und Selbstzufriedenheit. Beim Schreiben gestatte ich mir nie, diese Grenze zu überschreiten: Ich bin mir sicher bei dem, was ich schreibe, doch ich bin nie damit zufrieden – es gibt immer Möglichkeiten, etwas besser zu machen und ich will mich weiterentwickeln, meine Leser mit immer neuen Ideen überraschen. Doch in New York war ich nicht selbstsicher, da war ich selbstzufrieden gewesen. Nun hatte auch meine Selbstsicherheit darunter gelitten.

Es war nicht so, als würden mir die Ideen ausgehen. Einfälle hatte ich genug. Ich brachte sie nur nicht mehr zu Papier. Jedenfalls nicht so, wie ich das wollte. Vor mir entstanden Worte und Sätze, doch wenn ich sie las, dann waren es Worte und Sätze, aber keine Geschichte. Sie hatten kein Leben, keine Seele, keinen Esprit.

Hatte man als Schriftsteller nur ein begrenztes Potential zum Schreiben? Hatte ich meines aufgebraucht? Ich dachte an Ernest Hemingway, an seine Meisterwerke und an sein Ende. Soweit war ich – hoffte ich zumindest – noch nicht. Ich erinnerte mich an einen Trick, den Hemingway beim Schreiben benutzt hatte: Eine halbe Flasche Whisky und alle Schreibblockaden lösen sich in Wohlgefallen auf. Schreibblockaden und hoffentlich auch Filmagenten, die einem beim Schreiben über die Schulter sehen. Um sicherzugehen, dass der Trick auch wirkt, trank ich eine ganze Flasche. Das Ergebnis war ernüchternd: Mehrere Seiten unleserliches Gekrakel und ein ordentlicher Kater.

Ich war gerade dabei, den Kater mit einem dreifachen Espresso zu vertreiben, als Harko zu mir kam.

»Kommst Du mit?« fragte er.

Mir war nicht danach, irgendwohin mitzukommen. In meinem Magen kämpfte der Espresso mit den Resten des Whiskys, in meinem Kopf hatten sich tausend Ameisen versammelt, um diesen Kampf zu verfolgen. Und diese tausend ungebetenen Zaungäste waren noch das kleinste Übel. Am ganzen Körper kribbelte es, mir wurde abwechselnd heiß und kalt, und damit mir bei diesem Spektakel nicht langweilig wurde, hielt mein Körper regelmäßige Panikattacken für mich bereit.

»Kommst Du nun oder kommst Du nicht?« drängte Harko.

»Wohin denn?« fragte ich, selbst über meine Neugier erstaunt. Eigentlich wollte ich nur ins Bett. Ameisen zählen.

»Zum Professor. Georgos hat mich gebeten, ihm noch einmal ins Gewissen zu reden.«

Woher ich die Kraft nahm, Harko zu begleiten, weiß ich nicht mehr. Das nächste, woran ich mich erinnere, ist die Fahrt mit Harko in seinem Land-Cruiser die steile Auffahrt zum Anwesen des Professors hoch.

Der Professor begrüßte uns überschwenglich, ließ seine Arbeit und seinen Helfer, einen älteren Mann in einem Kleidungsstück, von dem ich inzwischen wusste, dass es ein deutscher Blaumann war, im Stich und bat uns ins Haus.

Während er Tee für uns zubereitete, versuchte ich, sein Wohnzimmer mit den Augen eines Schriftstellers zu sehen – der Agent aus Hollywood sah mir, das fühlte ich leider deutlich, auch dabei wieder über die Schulter. Deshalb hielt ich mir im Geiste meine Kamera vors Auge und ließ den Blick durch den imaginären Sucher schweifen. Ein großer Raum, mit Naturstein ausgelegt, durch verschiedene Ebenen in unterschiedliche funktionale Bereiche gegliedert. Das Zentrum bildete eine offene Küche, Edelstahlfronten, darüber eine riesige Lampe aus Edelstahl. Etwas tiefer der Wohnbereich, dominiert von einer riesigen Ledercouch.

Ein imposanter Kameraschwenk, dachte ich nüchtern, doch nie und nimmer für die Beschreibung in einem Krimi geeignet. Mir fiel jedoch nichts ein, um das Zimmer lebendig zu schildern; jeder Versuch, die Atmosphäre des Raums wiederzugeben, endete mit einer nüchternen Aufzählung von Details. Sogar die Sofakissen zählte ich: Genau fünf Stück. Fünf Kissen in den Farben rot, grün, blau, gelb und weiß auf einer mit dunklem Wildleder bezogenen, halbrunden Couch.

Ich schleppte mich zu der Couch, um mich zu setzen – und stieß mir den Fuß am Couchtisch an: Eine riesige Glasplatte, die ich, im Geiste noch auf den Blick durch den imaginären Kamerasucher konzentriert, schlicht übersehen hatte. Halb frustriert, halb genervt, schnappte ich mir alle fünf Sofakissen und drapierte sie um mich herum, als könne ich mich dadurch vor der Welt – und ganz besonders vor unwillkommenen Über-die-Schulter-Guckern –schützen.

Der Schmerz in meinem Bein ließ nach und ich setzte meine Musterung des Raumes fort, diesmal ohne Sucher. Edelstahl und Stein, wohin ich blickte: Ein Bücherregal aus Edelstahl, ein Kamin aus Stein, eine Stehlampe aus Edelstahl, ein Wandregal aus Stein. Sogar der Unterbau des Couchtisches bestand aus einer Kombination von Stein und Edelstahl.

Holz, das einem Zimmer Wärme verleiht, gab es nur in Form von Kunstobjekten: totes, graues Olivenholz, in Edelstahl gefasst, mit Edelstahl kombiniert, durch Edelstahl zusammengehalten. Meine Augen lieferten mir Informationen, doch ich konnte sie nicht zu einem vernünftigen Bild umsetzen. Ich schloss die Augen, versuchte den Raum akustisch zu erfassen.

Ich konzentrierte mich auf den Professor, wie er in der offenen Küche stand, Tee zubereitete. Wasser brodelte in einem Topf, der Professor hantierte mit Tassen und Löffeln. Doch diese Geräusche, die Leben signalisierten, wurden überlagert von Musik. Klassischer Musik. Brahms, ein Violinkonzert. Getragen, schwer, melancholisch. Düster. Mir brach Schweiß aus, ich riss die Augen auf, schüttelte benommen den Kopf.

Und plötzlich hatte ich Angst, Todesangst. Da war keine Gefahr, nicht einmal den Geist des Agenten konnte ich spüren, ich empfand nur Angst. Der Raum war kalt, entsetzlich nüchtern; ein Kunstwerk, kein Lebens-Raum. Was natürlich Ansichtssache war – dem Professor schien er zu gefallen. Ich konnte mir meine Angst nicht erklären: Es war, als würde etwas von mir Besitz ergreifen, etwas Dunkles, das meine Energie in sich aufsaugt; ein schwarzes Loch, das sich von Lebensfreude nährt.

Oh Ernest, dachte ich, die Sache mit dem Whisky war keine gute Idee – in Zukunft bleibe ich bei meinem Kaffee.

»Der Tee ist fertig,« rief Professor Hintermooser. »Ich habe auch Kekse dazu.«

Auf einer Edelstahlschale brachte er eine Auswahl von Keksen zum Tisch – runde harte Kekse mit dunkelbraunen Schokoladestückchen, quadratische helle Kekse ohne dunkelbraune Schokoladestückchen, ovale weiche Kekse ohne irgendwas. Dekoriert war das Arrangement mit kleinen Ästen abgestorbenen Olivenholzes.

Harko nahm sich einen Keks, ich glaube, es war einer von den runden harten mit Schokolade, trank einen Schluck Tee. Während meiner ganzen Karriere als Schriftsteller war ich noch nie auf die Idee gekommen, eine Teetasse zu beschreiben, doch auf den Tassen, in denen uns der Professor den Tee servierte – und die ausnahmsweise nicht aus Edelstahl oder Olivenholz gefertigt waren – prangte groß die Zahl 13. Ich bin kein abergläubischer Mensch, aber die 13 gehört für mich nicht zu den Glückszahlen.

»Xaver,« begann Harko, »Georgos Katsatopoulos war vor einigen Tagen bei mir.«

»Bei mir auch,« antwortete der Professor fröhlich. »Der hat doch tatsächlich von mir verlangt, ich solle meine Kunstwerke entfernen. Genau wie Du am Telefon. Seid ihr jetzt von allen guten Geistern verlassen?«

Harko drehte seine Tasse verlegen hin und her. »Ich weiß, wie sehr Dir Deine Kunst am Herzen liegt… Doch wie es scheint, teilen hier nicht alle Deine Meinung. Um den Frieden im Dorf nicht zu gefährden, möchte ich Dich als Dein Freund bitten, die Kunstwerke wieder abzubauen.«

Der Professor sah Harko neugierig an. »Du meinst, die Einwohner von Afionas fühlen sich durch meine Kunst gestört?«

Harko hielt dem Blick des Professors stand. »So ist es.«

In einem Roman hätte ich genau gewusst, wie der Professor nun reagieren würde: Ein entsetzter Schrei, die glatte Weigerung, auch nur ein einziges seiner Werke zu entfernen. Dann ein langer Vortrag über die Kunstbanausen von Afionas, die einen Olivenbaum nur zu würdigen wussten, wenn er auch Oliven trug. Es wäre die Fortsetzung des Telefonats gewesen, das ich auf Harkos Terrasse gehört hatte, ergänzt um die Erklärung, warum eine Räumung auf gar keinen Fall in Frage komme, doch am Ende ein Sieg der Vernunft: Der Professor hätte sich Harkos Argumenten schließlich gebeugt.

Meine Fähigkeit, den Professor einzuschätzen, war, gelinde gesagt, dürftig. Er strahlte, als wäre seine Kunst mit einem Preis ausgezeichnet worden.

»Wunderbar,« sagte er, »das ist ja wunderbar.«

Harko sah den Professor erstaunt und, wie mir schien, auch etwas erschrocken an. Ich sagte nichts.

»Kunst muss provozieren,« erklärte Professor Xaver Hintermooser zum wiederholten Mal, »sie darf nicht einfach nur gefallen wollen. Wenn sich Georgos, ach, was sage ich, wenn sich der ganze Ort über meine Kunst aufregt, dann fühlen sie sich angesprochen. Die Menschen setzen sich damit auseinander. Etwas besseres kann mir überhaupt nicht passieren.«

»Die Menschen hier fühlen sich durch Deine Kunst nicht angeregt, sie gefällt ihnen nicht,« entgegnete Harko heftig. Und fügte, fast schon beschwörend, hinzu: »Du musst die Plastiken entfernen.«

Wenigstens in einem Punkt hätte ich recht behalten: Professor Hintermooser weigerte sich rundweg. »Es war viel Arbeit, diese Kunstwerke zu schaffen, und noch mehr Arbeit, sie aufzustellen. Die bleiben, wo sie sind.«

Harko versuchte es mit dem gesetzlichen Weg. »Du hast sie illegal aufgestellt – jedenfalls die meisten davon.«

»Na und?« Der Professor freute sich, als sei ihm ein besonders guter Streich gelungen. »Corriger la fortune. Die Griechen tricksen doch auch, wo sie nur können. Jetzt habe ich sie überlistet.« Seine Augen blitzten schalkhaft. »Die können sich nur nicht mit ihrer Niederlage abfinden, das ist alles. Meine Kunst ist denen vollkommen gleichgültig. Aber dass ich Vassilis übertölpelt habe – das ärgert sie.«

»Du hast es darauf angelegt?« Harko war fassungslos.

»Natürlich. Oder glaubst Du, Vassilis hätte mir die Erlaubnis für mein Gesamtkunstwerk erteilt?«

»Willst Du Dich denn mit dem ganzen Ort anlegen?«

»Wenn es sein muss?« Nun bekamen wir etwas zu hören, was der Professor vor seinen früheren Studenten bis zur Perfektion geübt haben mußte. Zumindest klangen seine Worte wie ein gründlich einstudierter Vortrag: »Die Entscheidung, Künstler zu sein, beinhaltet die Konfrontation mit der Gesellschaft. Ein Künstler hat die Aufgabe, den Menschen einen Spiegel vorzuhalten, sie an ihre eigenen Schwächen zu erinnern und ihnen Denkansätze zu vermitteln.« Sichtlich zufrieden fügte er hinzu: »Das scheint mir gelungen zu sein.«

Er schloss die Augen, lächelte versonnen und wiegte seinen Oberkörper langsam vor und zurück.

»Bitte Harko, lass uns gehen,« sagte ich, »ich fühle mich nicht wohl.« Um den Professor nicht zu brüskieren, fügte ich schnell hinzu: »Vermutlich die Nachwirkungen der letzten Nacht.«

Wir verabschiedeten uns vom Professor. Harko war enttäuscht, weil er wieder nichts ausgerichtet hatte, ich war nur froh, der düsteren Atmosphäre des Hauses entronnen zu sein.

Im Wagen sagte ich zu Harko: »Lass uns an den Strand fahren, ich brauche einen starken Kaffee.«

Wir kamen nur bis zu der Stelle, an der der erste Apostel auf dem Sandstrand thronte. Ich bat Harko, anzuhalten, er fragte mich bissig, ob ich mir jetzt das Kunstwerk aus der Nähe betrachten wolle. Zum Antworten hatte ich keine Zeit, ich stürzte aus dem Wagen, ging neben dem Apostel in die Knie und übergab mich. Außer etwas Kaffee und einer Tasse Tee hatte ich nichts im Magen, doch der Brechreiz war sehr stark: Ich würgte, bis mir der Brustkorb weh tat.

Zurück im Wagen, fuhren wir zu Marias Snack Shop. Ich beichtete Harko meinen Versuch, mit Hilfe einer Flasche Whisky meine

Schreibprobleme zu lösen, und entschuldigte mich dafür, ihn beim Professor nicht unterstützt zu haben.

Harko sah mich ruhig an. Er sagte weder etwas zu meiner Schreiberei, noch machte er sich über meine mangelnde Trinkfestigkeit lustig. Doch als er sprach, war es ein Schock für mich.

»Heute wäre sie 40 Jahre alt geworden, stimmt´s?«

Das war zuviel. Ich konnte mich nicht länger beherrschen, gab meiner Wut, meiner Trauer, meiner Ohnmacht nach und ließ es zu, dass meine Seele versuchte, den Kummer mit Tränen wegzuschwemmen. Danach fühlte ich mich wie ein Mülleimer, der endlich wieder einmal geleert wurde.

»Woher weißt Du?« fragte ich. »Ich habe Dir nie von ihr erzählt.«

Harko bestellte bei Maria zwei Ouzo. Mit sanfter Stimme sagte er: »Du hast Andeutungen gemacht. Und ich habe mich gefragt, warum Du Dich vor einer festen Beziehung drückst. Zuerst dachte ich, eine Frau habe Dir sehr weh getan, doch nach Deinen Bemerkungen, die Du gelegentlich fallengelassen hast, war ich überzeugt, da ist etwas passiert. Also habe ich meine Kontakte spielen lassen und nachgeforscht. Sie hieß Isabell?«

Isabell. Noch immer hatte dieser Name für mich einen magischen Klang. Ich erzählte Harko, was sich so lange in mir angestaut hatte. Wie ich Isabell auf einem Seminar an der Uni in Buenos Aires kennenlernte, wie wir uns verliebten, von einer gemeinsamen Zukunft träumten. Wir liebten beide das Schreiben, wollten eine völlig neue Form der Literatur schaffen, mit der wir Zeichen setzen. Ich sagte Harko, wie kurz unser Traum gewesen war, schilderte ihm, wie Isabell von Soldaten ermordet und ich daraufhin fast zum Terroristen geworden war. Dass es mir nur durch das Schreiben gelungen war, den Weg der Gewalt gerade noch rechtzeitig zu verlassen.

»Ich wurde Krimiautor, weil ich eine unbändige Wut in mir spürte,« sagte ich. »Doch wo stehe ich heute? Aus mir wurde kein Literat, ich bin nur Geschichtenerzähler. Die Familie, von der ich mit Isabell geträumt habe, gibt es nicht. Kannst Du Dir vorstellen, wie wir heute feiern würden, wenn sie noch lebte?«

Der Ouzo kam, wir tranken jeder einen Schluck.

»Verträgst Du schon die Wahrheit?«

Mein seelischer Mülleimer war leer, es war Platz für neuen Kummer. Ich nickte.

»Dann hör mir jetzt genau zu,« sagte Harko. »Vielleicht bist Du nicht der große Literat, der Du werden wolltest, doch wenn Dir an Superlativen liegt: Du bist der größte Idiot.«

Wumm. Das saß. Und es war erst der Anfang.

»Du bist bekannter und erfolgreicher Krimiautor, die Leser lieben Deine Bücher. Wenn Isabell von irgendwo da oben auf Dich herabschaut, ist sie stolz auf Dich. Zumindest auf Deine Arbeit. Aber Dein Privatleben? Das macht ihr sicher Kummer. Isabell ist seit 15 Jahren tot, Du aber trauerst noch immer. Findest Du nicht, das reicht? Ich habe einige von Deinen sogenannten Freundinnen kennengelernt. Sehr attraktive Frauen. Sie hatten nur alle einen kleinen Makel – keine einzige passte zu Dir. Wenn Du mich fragst, kultivierst Du Deinen Schmerz. Brauchst Du ihn als Kraftquelle zum Schreiben? Oder findest Du es einfach schick, zu leiden?«

Ich wollte protestieren und erklären, berichtete Harko von der Absage in New York, doch Harko ging nicht darauf ein. »Erzähl mir nicht, dieser Agent wäre der erste gewesen, der Deine Bücher kritisiert. Und wenn Du meine Meinung hören willst: Er wird auch nicht der letzte bleiben. Doch Du hast jetzt angeblich eine Schreibblockade. Und eine prächtige Depression. Wenn Du noch lange darüber nachdenkst, kannst Du Dir beides eine Ewigkeit erhalten. Ich an Deiner Stelle würde mir nicht abends allein eine Flasche Whisky reinziehen, ich würde endlich unter Leute gehen. Korfu ist voll von hübschen Mädchen. Wach endlich auf.«

»Aber Isabell…« sagte ich, doch Harko ließ mich nicht ausreden.

»Ich bin mit Marianne glücklich verheiratet. Glaubst Du wirklich, das wäre noch genauso wie damals, als wir frisch verliebt waren? Diese Marianne gibt es nicht mehr, genausowenig wie es den Harko von damals heute noch gibt. Wir haben uns beide weiterentwickelt. Wir lernen uns immer wieder neu kennen, zum Glück auch neu lieben. Bei uns ist nicht alles eitel Freude und Sonnenschein, wir haben unsere Auseinandersetzungen. Du aber hast ein Bild der idealen Frau in Dir kultiviert, das nichts mit der Realität zu tun hat. Jetzt garnierst Du es mit dem Wunschtraum eines großen Literaten, dem sogar Hollywood zu Füßen liegt.«

Harko deutete in Richtung Afionas. »Willst Du so enden wie Xaver? Als verkanntes Genie im Clinch mit der ganzen Welt? Mein Lieber, Du brauchst eine Frau. Aber keine, die Dich so verwöhnt wie es Deine Isabell in Deinen Träumen tut, sondern eine, die Dir gelegentlich den Kopf zurechtrückt und Dir klarmacht, dass es neben der Phantasie noch eine Realität gibt.«

»Bringst Du mich bitte nach Hause?« war alles, was ich darauf antworten konnte.

Harkos Kopfwäsche war schmerzvoll gewesen, leider auch berechtigt. Ich musste mir eingestehen, ich wollte nicht darüber nachdenken, was derzeit mit mir nicht stimmte. Zuviel Denken war schlecht. Ich wollte mich in meine Welt der Phantasie verkriechen, wollte meine Bösewichte Untaten vollbringen lassen und mich anschließend daran weiden, wie sie ihrer gerechten Bestrafung zugeführt wurden. Ein schurkischer Filmagent, der gute Manuskripte verschmäht und stattdessen schmutzige Geschäfte mit Drogen macht: Von einem Logenplatz aus wollte ich zusehen, wie ihn Piranhas bei lebendigem Leib zerfleischen. Die Muse aber weigerte sich, mich zu küssen, sie ließ mich nicht ein nach Phantasien, ich sollte mich der Realität stellen. Was mir partout nicht gefiel.

Mit Manousos hatte ich noch einmal wegen der Kunstwerke gesprochen; ich wollte wissen, ob die Dorfbewohner Schritte planten, um die zwölf Apostel wieder loszuwerden. Wenn einer wusste, was die Gerüchteküche vermeldete, dann Manousos. Doch alles, was bei diesem Gespräch herauskam, war eine Diskussion über die Nachteile der Ehe. Manousos verriet mir ein großes Geheimnis: Die Einstellung der Griechen zum heiligen Stand der Ehe.

»Die Ehe,« sagte er, »ist wie ein riesiger Topf. Wenn Du den zum erstenmal siehst, ist er gefüllt mit Honig. Du lässt Dich auf dem Topf nieder, schleckst den Honig auf und merkst zu spät, dass es nur eine dünne Schicht ist.«

»Was ist darunter?« fragte ich.

»Scheiße,« sagte er. »Der ganze Topf ist voller Scheiße. Nur obendrauf ist eine Schicht Honig. Manchmal steckt auch in der Scheiße noch ein Tropfen Süßes, doch im wesentlichen enthält der Topf nur Scheiße. Sei froh, dass Du allein lebst.«

Das war ernüchternd. Um mich herum nur glückliche Menschen, die in Wahrheit gar nicht glücklich waren – zumindest nicht, wenn sie sich, so Manousos, für die einzig legale Form der Sklaverei entschieden hatten. Mittendrin, aber nicht dabei, zwei Künstler, alleinstehend, trotz ihrer vermeintlichen Freiheit ebenso unglücklich, da mit der Arbeit verheiratet. Arbeit gleich Honig mal Scheiße. Oder wie es Einstein formuliert hätte: $A=H*S^2$.

Zumindest hielt ich den Professor für unglücklich: Mich hätte es bedrückt, wenn meine Werke beständig missverstanden würden. Ich wollte mit ihm darüber sprechen, verschob den Besuch aber ein ums andere Mal. Was, wie sich bald zeigte, ein großer Fehler war.

Eine Woche ging ins Land. Bis mich Harko aufgeregt anrief: »Die Griechen schaffen Xavers Kunstwerke fort. Das musst Du Dir ansehen.«

Harko holte mich ab, wir fuhren die Straße nach Agios Georgios hinab, wo wir die typisch griechische Lösung des Problems erlebten. Nachdem alle Versuche, vernünftig mit dem Professor zu reden, gescheitert waren, schritten die Afioniten zur Tat. In der Nacht hatten sie Sperrmüll neben den Kunstwerken aufgestellt, jetzt war die Müllabfuhr mit drei großen Lastwagen und einem Kran dabei, das ganze Gerümpel aufzuladen: alte Waschmaschinen, verrostete Eimer – und Apostel aus Edelstahl und Olivenholz.

Der Professor stand in seiner Einfahrt, wortlos, doch vor ohnmächtiger Wut bebend, sein Gehilfe, der Mann im Blaumann, stumm daneben, wenn auch deutlich gefasster, gerade so, als hätte er dergleichen erwartet.

»Sollen wir zu ihm?« fragte ich Harko, der mit mir in der Kurve oberhalb des Anwesens stand, doch Harko verneinte. »Das soll Xaver erst einmal allein verdauen. Er hat es ja nicht anders gewollt.«

In einer halben Stunde war alles vorbei, die Apostel wie der Hausmüll verschwunden, nur die Straßenlaternen zierten noch die Straße nach Agios Georgios.

Am Abend rief ich den Professor an. Er ging an den Apparat, war jedoch sehr einsilbig. Mein Bedauern über die Aktion nahm er zur Kenntnis, ersparte sich aber jeden Kommentar und bat darum, in Ruhe gelassen zu werden. Die witzige Bemerkung über eine besondere Form von Aktionskunst mit einem folkloristischen Anstrich, die ich bei diesem Gespräch hatte anbringen wollen, verkniff ich mir – der Künstler war, eigenes Verschulden hin oder her, reichlich decouragiert.

Nichts deutete darauf hin, dass dieser Tag, der erste Sonntag im November, ein besonderer Tag sein würde. Heute weiß ich, das

Schicksal verstreute an diesem Tag einige Samenkörner. Diejenigen, die für mich bestimmt waren, veränderten mein Leben. Eines dieser Samenkörner aber gehörte dem Professor, und die Frucht dieses Samens ging schnell auf – schon acht Tage später stand ich vor seiner Leiche.

Zum Glück ahnte ich an diesem Morgen nichts davon. Konstantinos, ein Journalist aus Korfu-Stadt, hatte Harko und mich zum Essen eingeladen, die Beiden wollten sich schon lange kennenlernen. Wie viele Korfioten stammte auch Konstantinos aus einem kleinen Dorf, war jedoch aus beruflichen Gründen in die Stadt gezogen und nutzte nun das alte Elternhaus als Sommerwohnung und für die Wochenenden.

Das Wetter an diesem Sonntag war eigenartig, passte aber zu meiner Stimmung: Ein Sturm lag in der Luft, der Südwind blies bereits heftig. Dieser Wind tobte sich aber nur in der Agios Georgi os Bucht aus; wenn er über den Hügel von Afionas zu meinem Grundstück kam, hatte er seine Kraft verloren: Bei mir brachte er nur noch die Olivenbäume zum Rauschen.

Gegen Mittag packte ich zwei Flaschen Wein ein, argentinischen Merlot, und verließ das Haus, um Harko abzuholen. Gerade als ich in den Wagen steigen wollte, kam Professor Hintermooser vorbei, die Haare vom Wind zerzaust, den rechten Arm in einer Schlinge tragend.

»Haben Sie einen Moment Zeit?« fragte er.

Ich hielt die beiden Flaschen Wein hoch. »Eigentlich nicht,« sagte ich, »ich bin auf dem Sprung zu Freunden.«

»Schade, ich wollte mich mit Ihnen unterhalten. Dann eben ein andermal.« Er drehte sich um, wollte wieder gehen.

»Wenn Sie Zeit haben, begleiten Sie uns doch,« sagte ich schnell. »Ich bin mit Harko zum Essen eingeladen und meine Freunde freuen sich sicher, wenn wir noch einen Besucher mitbringen.«

Konstantinos war unkompliziert und da er beim Essen riesige Portionen auftischte, würde ein zusätzlicher Gast leicht zu verköstigen sein. Ohne lange zu überlegen, sagte der Professor »ja« und stieg in den Wagen.

»Wo fahren wir denn hin?« fragte er, nachdem wir gestartet waren.

»Zuerst zu Harko,« antwortete ich, »dann nach Sokraki. Leider war ich noch nicht dort und die Straßenkarten von Korfu sind ziemlich ungenau. Konstantinos hat mir gesagt, ich soll Richtung Stadt fahren und ihn kurz hinter Skripero anrufen.«

Der Professor rieb sich die Hände, soweit das mit seinem verbundenen rechten Arm möglich war, offenbar war ihm kalt. »Ich kenne Sokraki. Lebt dort im Winter überhaupt jemand? Ich dachte, der Ort sei nur im Sommer bewohnt.«

Auf Korfu gibt es inoffiziell nur zwei Jahreszeiten: Wenn die Touristen kommen, beginnt der Sommer, wenn sie gehen, fängt der Winter an. Frühling und Herbst sind allenfalls kurze Übergangsperioden. Die Saison war Ende Oktober zu Ende gegangen, folglich war jetzt Winter – auch wenn das Wetter mit Ausnahme dieses Tages noch immer sommerlich war.

Wir fuhren zu Harko. Die Fahrt dauerte nur wenige Minuten, brachte uns aber in eine andere Welt: Als ich aus dem Wagen stieg, warf mich der Wind fast zu Boden. Der Professor, der die Kraft des Südwinds kannte, blieb wohlweislich im Auto sitzen. Ich kämpfte mich zu Harkos Haustür durch, war froh, als ich endlich im Windschatten des Hauses stand.

»Bist Du fertig?« fragte ich Harko, der keineswegs ausgehfertig angezogen war. Er trug eine gewagte Kombination aus pink-gelb quergestreiftem T-Shirt und gelb-pink längsgestreiften Shorts, die seine Zwillinge scherzhaft *Papas Kampfuniform für besonders schwere Fälle* nannten.

»Vergiss es,« sagte Harko, wobei ich zunächst nicht wusste, ob er damit den Besuch in Sokraki meinte oder jeden möglichen Kommentar an seiner Garderobe im Keim ersticken wollte. Er meinte Sokraki, denn er fügte hinzu: »Bei dem Wetter gehe ich nirgendwo hin.«

»Der Professor wartet im Wagen.«

»Guten Appetit,« war alles, was Harko dazu zu sagen hatte.

Wir fuhren Richtung Korfu-Stadt. Für einen Mann, der unbedingt mit mir sprechen wollte, war der Professor außerordentlich schweigsam – er sagte kein einziges Wort. Das Wetter verlockte auch nicht zu einer Konversation: Der Himmel bewölkte sich immer stärker. Als wir uns dem Troumpeta-Pass näherten, kamen wir sogar in dicken Nebel; ich musste die Scheinwerfer einschalten.

»Fast wie in Deutschland,« sagte der Professor und brach damit zum erstenmal das Schweigen.

»Der Nebel?«

»Ja,« sagte er. »Ich bin im November geboren, konnte mich aber nie mit diesem Monat anfreunden. Wochenlang kein blauer Himmel und keine Sonne, immer nur Nebel – das macht mich depressiv. Zum Glück kommt das auf Korfu selten vor.«

Nachdem wir über den Pass waren und Richtung Skripero fuhren, merkten wir, dass wir es auch jetzt nicht mit richtigem Nebel zu tun hatten: Eine Wolke hatte sich an der Passhöhe verfangen. Am Ende der Wolke angekommen, hatten wir wieder freie Sicht.

»Was wollten Sie eigentlich von mir?« fragte ich und schaltete die Scheinwerfer wieder aus.

»Sie sind doch Schriftsteller?«

»Ich glaube ja.«

Er sah mich fragend an. »Sie glauben es? Wissen Sie es nicht genau?«

Meine Antwort schien ihn zu überraschen. »Ich schreibe Bücher, das ist richtig. Macht mich das gleich zum Schriftsteller?«

»Ich denke schon,« sagte er.

»Sie produzieren doch auch Kunstwerke. Macht Sie das automatisch zum Künstler? Auch wenn Sie keine Werke verkaufen?«

Schlagartig verdüsterte sich sein Gesicht. »Wollen Sie etwa den Erfolg eines Künstlers an seinen Verkaufszahlen messen? Das ist kommerziell gedacht und eines wahren Künstlers unwürdig.« Das letzte sagte er sehr heftig.

Ich schmunzelte. »Mir sind die Verkaufszahlen wichtig.«

»Ich habe Sie nicht für geldgierig gehalten,« entgegnete der Professor.

»Mit Geldgier hat das nichts zu tun. Ein Schriftsteller ist in meinen Augen ein Künstler, der versucht, mit Hilfe von Worten Kunstwerke zu schaffen. Diese Ambition habe ich nicht. Ich schreibe Geschichten für meine Leser, um sie zu unterhalten. Sind die Verkaufszahlen hoch, heißt das für mich, ich habe den Geschmack meiner Leser getroffen. Sind sie schlecht, habe ich mich bei einer Geschichte verkünstelt.« Und wird sie gar von Hollywood abgelehnt... Wut und Enttäuschung kamen wieder hoch.

»Sie verkaufen sich!« unterbrach der Professor meine Gedanken. Es klang vorwurfsvoll und war, dem Gesichtsausdruck nach zu urteilen, auch so gemeint.

»Nein,« entgegnete ich, »ich verkaufe nicht mich, ich verkaufe meine Arbeit.«

Ich überlegte, ob ich ihm von meinen Problemen berichten sollte, entschied mich aber dagegen. So gut kannten wir uns nicht.

Der Professor drehte sich, soweit das im Wagen möglich war, auf die Seite und sah mich an. »Sie haben meine Aktion mit den zwölf Aposteln miterlebt und ich hatte den Eindruck, Ihr Bedauern über die Entfernung der Kunstwerke war echt. Deshalb wollte ich mit Ihnen sprechen.« Er deutete auf eine Abzweigung vor uns. »Hier müssen wir links abbiegen – die Straße nach Sokraki führt durch Ano Korakiana.«

Ich bremste ab und bog in eine kleine Seitenstraße ein.

»Was soll ich dazu sagen?« fragte ich.

»Verurteilen Sie die Aktion?« Sein Gesicht verriet Neugier.

»Welche Aktion meinen Sie? Die Aufstellung oder die Entfernung?«

»Die Entfernung natürlich! Die Aufstellung war vollkommen richtig.«

Wir fuhren durch Ano Korakiana und ich suchte nach einem Wegweiser nach Sokraki, fand aber keinen.

»Am Ende des Ortes geht links eine Straße ab,« erklärte der Professor ungeduldig. Er wartete auf meine Antwort. Ich sagte nichts, bis wir die Abzweigung passiert hatten und ich sicher war, auf dem rechten Weg zu sein.

»Ich verstehe nicht viel von Kunst,« sagte ich, »vor allem nichts von moderner Kunst. Kunst kommt für mich von Können – viele der alten Meister konnten etwas. Im Mittelalter waren ein Maler oder ein Bildhauer Handwerker und die Besten unter ihnen setzten sich durch. Wenn heute ein sogenannter Künstler Exkremente auf einer Leinwand befestigt und behauptet, das sei Kunst – ich gebe zu, damit kann ich nichts anfangen.« Was nicht ganz stimmte: Ich empfand dabei heftigen Ekel.

»Das sind Randerscheinungen,« entgegnete der Professor heftig. »Aber sie sind wichtig! Kunst muss in neue Regionen vordringen, muss Grenzen überwinden! Es geht nicht darum, schöne Bilder oder schöne Skulpturen zu machen, es geht darum, die Menschen zum Nachdenken zu zwingen!«

»Genau aus diesem Grund weiß ich nicht, ob ich Schriftsteller bin. Ich halte es lieber mit den alten Meistern, auch in der Literatur. Ich studiere ihre Techniken um herauszufinden, wie sie ihre Leser gefesselt haben. Experimente sind schön und recht, doch wenn ich am Ende nur eine Handvoll Literaturkritiker begeistern kann, habe ich etwas falsch gemacht.«

Der Professor winkte verächtlich ab. »Den Geschmack des breiten Publikums zu treffen, ist einfach. Etwas vollkommen Neues zu schaffen – das ist wahre Kunst!«

»Selbst wenn es keinem gefällt?«

Er nickte so heftig, dass sein Pferdeschwanz wippte. »Nehmen Sie nur Vincent van Gogh. Der größte Maler, der jemals gelebt hat. Zu seinen Lebzeiten hat er nur ein einziges Bild verkauft – an seinen Bruder, der es aus Mitleid erwarb. Doch heute? Sein Ruhm ist unvergänglich!«

Die Straße stieg jetzt steil an und wand sich wie eine Schlange in engen Serpentinen den Hang hinauf, ich musste mich auf das Fahren konzentrieren. Sokraki lag, das hatte ich inzwischen gemerkt, auf einem Ausläufer des Höhenzuges, der den Norden der Insel von Ost nach West durchzog. Auch hier hatten sich Wolken verfangen. Die Straße war nass und an vielen Stellen nicht gesichert: Kam der Wagen ins Rutschen, würde er ziemlich tief hinunterstürzen. Deshalb antwortete ich erst, als wir die schwierigsten Kurven hinter uns hatten.

»Verraten Sie mir bitte, was so faszinierend daran ist, posthum berühmt zu werden,« sagte ich und dachte an Achilles, der gewillt war, für die Unsterblichkeit sein Leben zu geben. Ein Preis, den zu zahlen ich nie bereit wäre, dazu liebe ich das Leben vor dem Tode viel zu sehr. »Glauben Sie wirklich, der gute Vincent liegt jetzt in seinem Grab und freut sich, dass seine Werke zu Spitzenpreisen gehandelt werden?«

Der Professor sagte nichts.

»Da bewundere ich eher noch Joseph Beuys.«

Professor Hintermooser sah mich überrascht an. »Sie sind ein Anhänger von Beuys? Und das, obwohl der sicher nicht dem Gegenständlichen verhaftet war?«

Ich bemühte mich um einen ernsthaften Gesichtsausdruck und biss mir sicherheitshalber kurz auf die Zunge, bevor ich sagte: »Wer ein rostiges Fahrrad für eine Million verkaufen kann, der ist ein Genie. Als Verkäufer ist Beuys für mich unschlagbar.«

Dem Professor blieb, ob vor Überraschung oder Entsetzen, der Mund offenstehen. Antworten konnte er nicht mehr, wir waren in Sokraki angekommen und ich versuchte, Konstantinos anzurufen, damit er mir den Weg zu seinem Haus beschreiben konnte. Doch mein Mobiltelefon hatte keinen Empfang. Deshalb suchte ich nach einem Passanten, um nach dem Weg zu fragen. Aber Sokraki schien ausgestorben – hier lebte im Winter offenbar wirklich niemand. Erst als wir schon durch den halben Ort gefahren waren, sah ich jemanden auf der Straße: Konstantinos Vater.

»Ti kanis?[5]« rief ich ihm durch das geöffnete Wagenfenster zu. Er drehte sich überrascht um.

»Roberto! Ti kanis? Willkommen in Sokraki!«

Er stieg zu uns in den Wagen. Ich stellte den Professor vor, die beiden begrüßten sich, sprachen aber nichts miteinander: Konstantinos Vater war damit beschäftigt, mir den Weg durch den kleinen Ort zu zeigen. Vor einem alten, aus Stein gebauten Haus im Ortskern wies er mich an, zu halten. Ich parkte den Wagen, wir stiegen aus und gingen durch eine schön geschnitzte und mit blauer Farbe bemalte Holztür in das alte Gebäude.

»Gia sou[6], Roberto,« begrüßte mich Konstantinos. Seine Frau Athina gab mir ein Küsschen, ich stellte den Professor vor und entschuldigte gleichzeitig Harko, der sich bei diesem Wetter nicht aus dem Haus traute. Konstantinos Mutter kam aus der Küche, hieß uns willkommen und bot uns Kaffee an, doch ich war neugierig darauf, das Haus zu sehen, von dem mir Konstantinos schon so viel erzählt hatte: Die letzten drei Jahre waren er und sein Vater damit beschäftigt gewesen, das Gebäude von Grund auf zu renovieren. Konstantinos lud uns zu einer Führung ein.

»Das Haus ist alt,« erklärte er, »weit über 100 Jahre. Früher war es ein kleiner Laden und als wir anfingen zu renovieren, mussten wir viel umbauen. Doch ich finde, es hat sich gelohnt.«

Das hatte es. Das Wohnzimmer zeigte die alten Steinmauern, die nur teilweise verputzt waren: Mehrere Quadratmeter Steine waren freigelegt und mit einer glänzenden, transparenten Farbe gestrichen, wodurch die Struktur des grau-braunen Mauerwerks gut zur Geltung kam. Der Boden bestand aus alten Eichendielen, geschliffen und auf Hochglanz poliert. In einer Ecke brannte ein Feuer in einem offenen Kamin und verbreitete wohlige Wärme. Eingerichtet war das Zimmer mit alten Möbeln, schlicht, aber stilvoll.

»Hier lässt es sich aushalten,« sagte ich.

Konstantinos führte uns in den hinteren Teil, wo sich die Küche befand. Eine junge Frau stand am Herd und rührte in einem Topf.

---

[5] Griechisch: Wie geht es?

[6] Griechisch: Igia sou, wörtlich: Gesundheit Dir, gebraucht als »Hallo«

»Das ist Daphni, eine Freundin von Athina, die heute ebenfalls zu Besuch ist,« sagte Konstantinos. Daphni drehte sich um und musterte uns neugierig. Sie war Anfang 30, hatte langes, braunes Haar und wunderschöne Augen: Mandelförmig, fast asiatisch, mit dem dunklen Braun einer Griechin.

»Kann ich helfen?« fragte ich und trat näher, holte mir jedoch sofort eine herbe Abfuhr: »Männer haben in der Küche nichts verloren.«

Konstantinos lachte und sagte: »Daphni ist derzeit nicht gut auf Männer zu sprechen. Ich glaube, wir gehen besser.«

Statt zu antworten, streckte Daphni Konstantinos die Zunge heraus.

Die restliche Besichtigung des Hauses war schnell vorbei: Zwei Schlafzimmer im oberen Stock, mit dunklem Holz und unverputzten Steinwänden im traditionellen dörflichen Stil renoviert, hinter dem Haus ein kleiner Garten mit zwei Orangenbäumen und einer mit viel Zierrat dekorierten Laube. Für den Alltag zu wenig, aber als Wochenend-Domizil perfekt.

Konstantinos Mutter hatte inzwischen frischen Kaffee zubereitet, wir setzten uns im Wohnzimmer vor den Kamin, tranken Kaffee und aßen selbstgemachtes Gebäck.

»Denk Dir nichts wegen Daphni,« sagte Konstantinos. »Ihr Freund hat sie wegen einer anderen verlassen. Athina hat sie überredet, das Wochenende hier zu verbringen, doch Daphni verkriecht sich die meiste Zeit in der Küche und spricht kaum.«

Das kann ja lustig werden, dachte ich. Auch der Professor hatte inzwischen schlechte Laune und ich war nicht in der Stimmung, die Gesellschaft aufzuheitern.

Tatsächlich geriet die Konversation nach den üblichen Einleitungsfloskeln ins Stocken. Als das Schweigen unangenehm wurde, schlug Konstantinos einen Spaziergang durch Sokraki vor. Der Professor und ich nahmen sofort an, Konstantinos Vater wollte nachkommen, die Frauen blieben im Haus, um das Essen zuzubereiten.

Es nieselte leicht, als wir nach draußen gingen, doch nur Konstantinos und ich nahmen Regenschirme mit, der Professor lehnte ab. Auf dem Weg durch den Ort erklärte uns Konstantinos, wer in welchem Haus wohnt – hier eine Tante, dort ein Onkel, dort drüben ein anderer Verwandter – und dass es viele Anfragen von Ausländern gab, in Sokraki ein Haus zu kaufen, doch die Menschen hier lieber unter sich blieben. Wir erfuhren viel über die kleinen Rivalitäten der Dorfbewohner, die noch vor 20 Jahren bettelarm gewesen waren und die sich jetzt darum stritten, wer das größte Stück vom Tourismus-Kuchen abbekam. Denn im Sommer, sagte Konstantinos, sei Sokraki ein beliebtes Ausflugsziel.

An diesem Tag sahen wir keinen Touristen und nur wenige Einheimische, Sokraki war ein Geisterdorf. Der Ort mochte vielleicht 200 Häuser haben, bewohnt waren an diesem Wochenende allenfalls eine Handvoll, drei davon Tavernen. Aus diesen drangen auch die einzigen Geräusche auf die Straße: Gespräche der wenigen Gäste, dazu der obligatorische Fernseher, der in den meisten Tavernen Griechenlands permanent läuft.

Als wir aus dem Ort herauskamen, hörte das Nieseln auf, dafür kam der Nebel: Der ganze Ort lag in einer Wolkenbank, die nur zwischen den Häusern aufgelockert war.

»Ein richtiges Schmuddelwetter,« sagte Konstantinos. Der Professor jedoch schien es zu genießen.

»Ist das nicht eine herrlich morbide Stimmung?« fragte er und wirkte dabei ausgesprochen vergnügt. »Jetzt fehlt nur noch ein Friedhof mit alten Grabsteinen.« Er ging selbstvergessen vor uns her. »Ein Grabmal,« murmelte er, als sei ihm gerade eine wichtige Sache eingefallen, »ein Grabmal aus Edelstahl. Für die Ewigkeit bestimmt.«

Konstantinos sah mich fragend an und ich berichtete ihm von der jüngsten Aktion des Künstlers, die bei den Afioniten auf wenig Gegenliebe gestoßen war. »Wahrscheinlich überlegt er jetzt, wie er aus einem alten Olivenstamm und Edelstahlresten ein imponierendes Grabmal baut, das auch nach seinem Tod die Dorfbewohner schockiert. Wie ich die Afioniten kenne, werden sie auch dieses Kunstwerk schnell entfernen und ihm allenfalls einen gewöhnlichen Grabstein zugestehen.«

»Warum sollte er an den Tod denken?« fragte Konstantinos. »Er ist doch kerngesund. Wie alt ist der Professor eigentlich?«

»Anfang 70, glaube ich.«

Die gespenstische Stille ließ erst nach, als wir unsere Tour rund um den Ort beendet hatten und uns wieder den Häusern näherten.

»Die werden Augen machen,« murmelte der Professor, ohne uns zu beachten, »denen werde ich es zeigen. Allen.«

»Wollt ihr einen Ouzo?« rief Konstantinos Vater aus einer der Tavernen. Wir wollten und traten ein.

Die Taverne war eine Kombination aus Mini-Supermarkt und Super-Mini-Kafenion: Zwei kleine Tische, eine winzige Theke und ein Regal mit Flaschen, Gläsern und Dosen. Der Wirt, gleichzeitig der Krämer, hockte hinter seinem Tresen und starrte gelangweilt auf den Fernseher. Zwei alte Männer saßen an einem Tisch, tranken Heleniko und diskutierten über Politik. Wir setzten uns zu Konstantinos Vater, bestellten Ouzo und ein Mese[7] – eine Dose Ölsardinen, die wir zu dem Anisschnaps aßen.

»Im Sommer,« erklärte Konstantinos Vater, »ist hier mächtig was los. Jeder Wirt stellt Stühle auf die Straße und versucht, soviele Touristen wie möglich anzulocken.« Er lachte. »Weil keiner eine richtige Lizenz dafür hat, aber jeder dem anderen den Erfolg neidet, gibt es immer Kleinkrieg.«

»Da sieht man mal wieder,« entgegnete der Professor heftig, »alles nur wegen des Geldes! Ohne die Touristen wäre hier alles friedlich.«

Konstantinos Vater winkte ab. »Das hat doch nichts mit den Touristen zu tun. Schon als ich ein kleines Kind war – und damals gab es weder Touristen noch Geld –, haben sich die Menschen hier gezankt. Was soll man auch sonst machen in so einem kleinen Dorf? Ein guter Streit – der gibt dem Leben doch erst die rechte Würze. Habe ich recht?«

Konstantinos war der gleichen Meinung, der Professor widersprach vehement. Er berichtete von seiner Objekt-Kunst mit den zwölf Aposteln und beklagte bitterlich, dass es zu keiner fruchtbaren Diskussion, sondern nur zu einer massiven Ablehnung gekommen war. Konstantinos Vater lachte und sagte, es bestehe eben ein Unterschied zwischen einem guten Streit und einem provokanten Angriff, was den Professor erst recht in Rage brachte. Im Nu hatten wir unseren eigenen Zwist, der auch nach einer Flasche Ouzo und vier weiteren Dosen Ölsardinen nicht beigelegt werden konnte. Doch nur der Professor sah verdrießlich drein, als wir uns nach einer Stunde auf den Rückweg machten; Konstantinos und sein Vater schienen die Auseinandersetzung genossen zu haben.

Die Wärme des Kamins in Konstantinos Haus tat gut. Das Essen war fertig, wir hatten keine Gelegenheit, unsere Diskussion fortzusetzen: Konstantinos Mutter bat uns, Platz zu nehmen, dann wurde aufgetragen.

---

[7] Griechische Vorspeisen

Ich habe oft den Vorwurf von Touristen gehört, die griechische Küche sei einfach und einfallslos. Was auch stimmt, wenn man wie ein Tourist in eine Taverne geht und eines der in der Speisekarte aufgeführten Gerichte bestellt.

Um den Reiz der griechischen Küche zu verstehen, muss man mit Griechen feiern: Der Gast bekommt dabei nur einen leeren Teller, sitzt aber an einem üppig gedeckten Tisch und trifft seine Auswahl. Eine Speisenfolge gibt es nicht, Vorspeisen, Salate und Hauptgerichte werden gleichzeitig aufgetragen.

Bei uns waren es ein gutes Dutzend Gerichte: Schweinebraten, Lamm mit Zitronensoße und mit Hackfleisch gefüllte Kohlblätter als Hauptspeisen, Röstkartoffeln, Nudeln und Reis als Beilage, dazu Tsatsiki, gefüllte Weinblätter, griechischer Salat und einige lokale Spezialitäten, die ich noch nicht kannte. Jeder nahm sich, worauf er Lust hatte, und kombinierte, wie es dem Gaumen gefiel. Mein argentinischer Merlot stand als Gastgeschenk auf einer Anrichte, getrunken wurde selbstgemachter Hauswein: fruchtig, spritzig und unglaublich süffig.

Bis auf den Professor schienen alle das Essen zu genießen. Da er mit seinem verbundenen Arm Probleme hatte, sich selbst zu bedienen und das Fleisch zu schneiden, übernahm es Athina, ihm mundgerechte Leckerbissen auf den Teller zu legen. Dennoch stocherte er lustlos in seinem Essen herum, als sei er mit seinen Gedanken weit, weit weg.

»Wie geht das Schreiben voran?« fragte Konstantinos und brachte mich damit in Verlegenheit. Ich entschloss mich, die Wahrheit zu sagen und berichtete von meinen aktuellen Schwierigkeiten.

»Ich schreibe Texte wie ein Schriftsteller,« sagte ich, »sehe sie dann mit den Augen eines Filmemachers, konzentriere mich bei der Überarbeitung auf die Action und streiche die psychologischen Feinheiten meiner Figuren heraus. Am Ende habe ich nicht viel mehr als ein totes Drehbuch vor mir – mit viel Handlung, aber Figuren, denen jede Tiefe fehlt.«

Zum erstenmal, seit wir uns zum Essen hingesetzt hatten, wurde der Professor wieder munter, er sah mich überrascht an. »Darüber machen Sie sich Gedanken? Überlassen Sie es doch dem Leser, sich die Figuren vorzustellen. Wozu gibt es Phantasie? Bei meinen Plastiken kann jeder selbst entscheiden, was er darin sehen möchte.«

Konstantinos Vater stimmte dem Professor zu. »Ich mag es auch nicht, wenn Details zu präzise beschrieben sind. Wenn ich etwas genau wissen will, sehe ich mir einen Film an, beim Lesen aber möchte ich mir meine eigenen Vorstellungen machen.«

Seine Frau widersprach. »Das ist nicht richtig: Ein gutes Buch lebt von den Details. Ich möchte wissen, wie die Menschen aussehen, welche Kleidung sie tragen, was sie denken und fühlen.«

»Unsinn,« sagte der Professor. »Jeder sieht nur das in einer Geschichte, was er sehen möchte, die Beschreibung des Autors ist lediglich eine von vielen Möglichkeiten, die fiktive Welt zu beschreiben. Ist die Beschreibung zu genau, legt der Autor der Phantasie seiner Leser Fesseln an.«

Konstantinos sah mich fragend an. »Du hast schon viele Bücher geschrieben. Was stimmt denn nun?«

Auch Daphni warf mir einen neugierigen Blick zu, sagte aber nichts. Athina, Konstantinos Frau, lehnte sich gespannt nach vorn.

»Ich fürchte,« sagte ich, »beides stimmt. Das macht es so schwierig für mich als Autor. Ich muss meine Figuren so detailliert beschreiben, dass sie jeder Leser vor seinem inneren Auge sieht, gleichzeitig muss die Beschreibung so offen sein, dass sich jeder sein eigenes, individuelles Bild machen kann. Das aber ist nicht mein eigentliches Problem.« Soweit zumindest war ich in den letzten Tagen mit meinen Überlegungen schon gekommen.

Ich sah den Professor an. »Ihre Skulpturen stehen nur da und jeder Betrachter kann sich dazu denken, was er will. Meine Figuren aber handeln und ich muss die Handlungsweisen für die Leser nachvollziehbar machen. Ich muss Menschen beschreiben, die es in Wahrheit nicht gibt, muss diese Menschen aber so schildern, dass sie für den Leser real werden.«

»Und das gelingt Ihnen nicht?« fragte Daphni skeptisch.

»Doch,« sagte ich, »das gelingt mir. Sonst würden meine Bücher nicht gelesen. Ich fürchte aber, die Beschreibungen sind nicht gut genug. Deshalb suche ich nach neuen Wegen.«

Athina wirkte nachdenklich. »Kannst Du das an einem Beispiel verdeutlichen?«

»Nimm an, ich müsste Dich für einen Roman beschreiben. Die äußere Beschreibung ist einfach: *Athina war groß und schlank, ihr dunkelbraunes Haar fiel ihr in weichen Wellen über die Schulter. Das wirklich Faszinierende an ihr aber war ihr helles Lachen.*«

Athina warf mir ein Kusshändchen zu. »Das ist gut.«

»Bis zu einem gewissen Grad kann ich aus der Beschreibung der äußeren Merkmale auch das Wesen einer Figur offenbaren.«

Konstantinos lachte. »Das glaube ich nicht.«

Ich räusperte mich. »*Konstantinos war skeptisch. Mit lässiger Bewegung nahm er seine Brille ab, holte umständlich ein Taschentuch heraus und begann die Gläser zu putzen, obwohl sie keineswegs verdreckt waren. Du kannst das Wesen eines Menschen nicht an seinen äußeren Merkmalen ablesen, sagte er, und fuhr sich über das spärliche Haar. Mein Intellekt drückt sich weder in meiner hohen Stirn noch in meiner eleganten Kleidung aus – es sind meine Aktionen, die mich zu dem machen, was ich bin. Mit schwungvoller Geste setzte er seine Brille wieder auf, sorgfältig darauf achtend, dass sie nicht an seiner geradezu klassisch großen griechischen Nase hängenblieb.*«

Konstantinos Vater brüllte vor Lachen, Konstantinos warf mir einen echauffierten Blick zu, Athina schmunzelte.

»Was haben Sie eigentlich für ein Problem?« fragte Daphni. »Bislang sind Ihre Beschreibungen gut.«

»Die äußere Erscheinung,« sagte ich, »ist nur ein Element einer Figur. Viel wichtiger sind ihre Eigenschaften und vor allem ihre Antriebe. Da weiß ich nicht, ob ich gut genug bin.«

»Klingt wie ein psychologisches Problem,« sagte Daphni.

»Stimmt,« sagte ich, doch Athina widersprach.

»Daphni ist Psychologin – für sie klingt alles wie ein psychologisches Problem.«

Worauf Daphni ihrer Freundin einen wütenden Blick zuwarf.

»Ich würde das nicht einfach abtun,« sagte der Professor und strich sich nachdenklich über das Kinn. »Die Psychologie hat sich intensiv mit den verschiedenen Menschentypen befasst.« Er sah mich an. »Haben Sie es schon einmal mit Psychologie versucht?«

»Natürlich,« sagte ich. »Und bin schnell wieder davon abgekommen.«

Athina warf ihrer Freundin einen *Hab ich es nicht gleich gesagt?* Blick zu. Wäre Daphni eine Schnecke gewesen, hätte sie sich in diesem Moment noch tiefer in ihr Haus verkrochen und vermutlich gleich damit begonnen, den Eingang mit Kalk zu verschließen. Sicherheitshalber.

»Das Problem mit der Psychologie,« versuchte ich zu erklären, »liegt aus meiner Sicht darin, dass sie sich in erster Linie auf Störungen konzentriert. Die Psychologie, jedenfalls wie ich sie verstanden habe, geht von einem Idealbild aus und wertet jede Abweichung davon als Krankheit.«

»Das ist eine stark vereinfachte Ansicht, die so nicht stimmt,« widersprach Daphni heftig. »Psychologie ist wesentlich komplexer.« Der Kalkverschluss bröckelte.

Ich freute mich, dass sie sich nicht ganz verkrochen hatte, und wollte sie nun ein Stück weit herauslocken aus ihrem Schneckenhaus. »Das mag sein,« gab ich ihr recht, und fügte gleich dazu: »Trotzdem eignet sich die Psychologie nicht für das Schreiben.«

»Und warum nicht?« wollte Konstantinos wissen.

»Weil Psychologie wertet. Sie unterscheidet nach guten und schlechten Eigenschaften, versucht schlechte zu verändern und gute zu verstärken. Ich aber brauche beim Schreiben keine Wertung, ich brauche nur die Merkmale.«

Ich sah Daphni fragend an. »Stimmen Sie mir zu, wenn ich sage, dass die ersten 20 bis 30 Sekunden darüber entscheiden, wie wir einen Menschen beurteilen?«

Sie rümpfte die Nase. »Man kann sich in dieser Zeit kein echtes Urteil über einen anderen Menschen bilden, psychologisch gesehen haben Sie leider recht: Die ersten 20 Sekunden entscheiden darüber, wie wir einen Menschen beurteilen.«

Konstantinos Vater lachte laut auf und klopfte seiner Frau belustigt auf die Schultern. »Deshalb machst Du Dich immer schön, wenn wir ausgehen. Doch wir sind jetzt mehr als 40 Jahre verheiratet und manchmal denke ich, ich kenne Dich noch immer nicht.«

Was ihm einen heftigen Fußtritt seiner Gattin einbrachte.

»Im echten Leben,« führte ich weiter aus, »brauchen wir lange, um einen anderen Menschen wirklich kennenzulernen. Selbst Menschen, die wir seit Jahren kennen, überraschen uns immer wieder. In einem Buch aber habe ich genau einen Absatz lang Zeit, eine Figur so zu beschreiben, dass sich meine Leser einen ersten Eindruck über diesen Menschen bilden, ihn gewissermaßen in eine Schublade einordnen. Dieses Bild darf ich danach nicht mehr umstoßen – ich kann es allenfalls verfeinern. Der erste Eindruck ist der wichtigste.«

Der Professor kratzte sich mit der linken Hand nachdenklich am Kinn. »20 Sekunden, sagen Sie?«

»20 Sekunden,« sagte ich bestätigend.

Er sah Daphni an. »Gilt das nur für Menschen? Oder gilt das allgemein?«

»Ich denke, es gilt allgemein.«

»Warum fragen Sie?« wollte Konstantinos wissen.

Ich lächelte. »Ich glaube, ich weiß warum.« Der Professor rutschte unruhig auf seinem Stuhl hin und her. »Ich fürchte, Professor Hintermooser hat gerade gemerkt, dass er genau 20 Sekunden Zeit hat, um einen Betrachter von einem seiner Kunstwerke zu überzeugen – und nicht die halbe Stunde, die er gerne hätte, um die Idee hinter einer Plastik zu erläutern.«

Der Professor blickte missmutig drein, sagte aber nichts. Seine gerunzelte Stirn jedoch sprach Bände: Kunst, die auf Anhieb gefällt, ist kommerziell; Kunst, die nicht sofort gefällt, ist unverkäuflich – ein echtes Dilemma…

»Ich möchte meine Figuren komplexer anlegen,« sagte ich. »Vor allem möchte ich die Kräfte beschreiben, die sie antreiben. Ich muss wissen, was meine Figuren veranlasst, etwas zu tun.«

Fünf Köpfe nickten verstehend – nur Daphni lächelte vielsagend. »Was Sie brauchen, ist ein gutes Buch über Astrologie.«

Das verstehende Nicken von fünf Köpfen verwandelte sich schlagartig in ein fünfstimmiges Gelächter.

»Steht in den Sternen geschrieben, wie man Romane schreibt?« fragte der Professor. Konstantinos Vater lachte und schlug sich vor Vergnügen auf die Schenkel.

Daphni machte ein betroffenes Gesicht, stand auf und ging in Richtung Küche. »Ich bereite jetzt besser den Nachtisch zu.«

Am Tisch wurde heftig über Daphnis Vorschlag diskutiert, und entgegen griechischer Gepflogenheiten gab es dabei kein Pro und Contra: Alle waren sich darüber einig, dass dieser Vorschlag das Lächerlichste war, was sie jemals gehört hatten. Ich nickte, wenn ich angesehen wurde, sagte aber nichts. Stattdessen ging ich nach einigen Minuten ebenfalls in die Küche.

»Was wollen Sie hier?« zischte mich Daphni unfreundlich an. »Bleiben Sie draußen, lachen Sie mit den Anderen und warten Sie, bis ich den Nachtisch fertig habe.«

Ich setzte mich an den Tisch. »Darf ich rauchen?«

Sie zuckte die Schultern, was ich als ein Ja interpretierte. Ohne ein Wort zu sagen, sah ich ihr zu, wie sie Joghurt auf einer Platte anrichtete, ihn mit Honig übergoss und zum Abschluss gehackte Nüsse darüber streute.

»Ich habe mit einigen Psychologen gesprochen,« sagte ich, als sie fertig war. »Dabei hatte ich den Eindruck, Astrologie sei für Psychologen ein rotes Tuch. Ich gebe zu, auch ich halte nicht viel von Sterndeutung.«

»Ihr gutes Recht,« entgegnete sie wütend.

»Seien Sie mir nicht böse, aber ich glaube nicht, dass Sie sich aus reiner Langeweile mit den Sternen befassen. Wenn mich mein erster Eindruck nicht täuscht, sind Sie sehr engagiert.«

»Und?«

Ich versuchte, ihr in die Augen zu sehen, doch sie wich meinem Blick aus. »Sie haben das nicht einfach so dahingesagt – Sie haben sich etwas dabei gedacht. Und wenn Sie das als Psychologin tun, heißt das für mich, Sie haben sich ernsthaft mit dem Thema auseinandergesetzt. Deshalb würde ich gern mehr darüber wissen.«

»Sie nehmen mich auf den Arm,« entgegnete sie und holte Teller aus einem Schrank.

»Hören Sie,« sagte ich. »Ich habe seit Wochen nichts Vernünftiges mehr zu Papier gebracht. Das ist für einen Schriftsteller eine Katastrophe.«

Mir fiel auf, dass ich mich ihr gegenüber als Schriftsteller bezeichnen konnte. Fühlte ich mich dem Professor als Künstler unterlegen?

»Und?« fragte Daphni zum zweitenmal. »Ich habe keine Ahnung, wie man eine Schreibblockade behandelt.«

»Ich auch nicht,« sagte ich. »Die Autoren, die eine hatten, sagen, sie ginge von allein wieder vorbei. Eines Tages seien sie aufgestanden und hätten wieder schreiben können. Doch das habe mitunter Jahre gedauert. So lange kann ich nicht warten. Wollen Sie mir verraten, wie mir die Astrologie beim Schreiben helfen kann?«

Sie schüttelte heftig den Kopf.

Ich sah sie bittend an, versuchte meinen treuesten Hundeblick, doch ihr Kopfschütteln blieb.

»Dann fürchte ich, bleibt mir nur noch ein Ausweg: Ich muss das gleiche tun wie Ernest Hemingway. Der kurierte seine Schreibblockade mit einem Schlag.«

Sie tat desinteressiert, war es aber nicht. Als ich mir, ohne eine weitere Erklärung abzugeben, eine neue Zigarette anzündete, fragte sie: »Was hat Hemingway in Ihrer Situation getan?«

Ich sagte es ihr. Sie sah mich erst entsetzt, dann wütend, und schließlich neugierig an.

»Sie meinen es ernst?«

»Mit Hemingways Methode? Nein.«

»Mit der Schreibblockade.«

»Das ja.« Ich erzählte ihr, was ich in New York erlebt hatte, wie sich meine Selbstzufriedenheit und leider auch meine Selbstsicherheit mit einem Schlag in Nichts aufgelöst hatten. »Die Ursache meiner Probleme kenne ich, doch ich finde keine Lösung. Glauben Sie mir, es interessiert mich wirklich, ob und wie mir die Astrologie dabei helfen kann, besser zu schreiben.«

Daphni sah auf die Uhr. »In einer Stunde muss ich zurück in die Stadt. Ich könnte Ihnen auf die Schnelle einige Dinge verraten, aber das würde Sie nur verwirren. Wenn Sie wirklich interessiert sind, sollten wir uns in der Stadt treffen. Wann haben Sie Zeit?«

»Wann immer Sie wollen!«

»Geben Sie mir Ihre Adresse und Ihre Telefonnummer, ich melde mich bei Ihnen.«

Ich gab ihr beides und wartete darauf, auch ihre Adresse zu bekommen, doch ich wartete vergebens.

Im Wohnzimmer herrschte noch immer ausgelassene Stimmung, es wurde jedoch nicht mehr über Astrologie, sondern über Krimis diskutiert.

»Roberto,« sagte Athina mit einem tadelnden Unterton, »weißt Du, dass Du den Wald vor lauter Bäumen nicht siehst?«

Ich hatte keine Ahnung, worauf sie hinauswollte.

Athina deutete auf den Professor. »Er trägt den Arm in einer Schlinge. Ist Dir das schon aufgefallen?«

»Und?« Hatte ich dieses *und?* bereits von Daphni übernommen?

Konstantinos Vater zwinkerte mir belustigt zu. »Da steckt eine tolle Geschichte drin.«

Dem Professor war diese Geschichte offenbar peinlich. »Das ist nur eine Kleinigkeit,« sagte er abwehrend.

»Sagen Sie das nicht,« widersprach Athina. Sie verriet mir, worüber sie in den vergangenen Minuten gesprochen hatten. »Der Professor hat gestern einen elektrischen Schlag verpasst bekommen. In seiner Werkstatt.«

»Was ist daran so aufregend?« fragte ich.

»Dabei hat er sich den Arm verletzt. Stimmt doch?« fragte Athina den Professor.

»Ich bin heftig erschrocken und zusammengezuckt, dabei habe ich mich gestoßen.« Er seufzte. »Bei den ständigen Stromausfällen geht oft was kaputt. Diesmal war es eine Bohrmaschine.«

»Wir haben uns gerade überlegt,« sagte Athina, »wie ein Schriftsteller zu seinen Ideen kommt, und Konstantinos hat den Vorschlag gemacht, aus diesem Unfall einen Mordanschlag zu machen.«

Konstantinos strahlte. »Eine ausgezeichnete Idee, wie ich finde.«

Ich winkte ab. »Bei den häufigen Stromausfällen auf der Insel würde ich nicht an einen Mordanschlag, sondern an eine Verschwörung der Elektrizitätswerke denken.«

»Nun warte doch ab,« sagte Konstantinos Vater. »So schlecht ist die Idee nicht.« Wie schlecht sie wirklich war, sollte ich viel zu spät merken.

Sie erklärten mir, was sie ausgetüftelt hatten. Professor Hintermooser hatte derzeit Besuch aus Deutschland, seine Tochter und Freunde aus München waren gekommen, um nächsten Sonntag seinen 70sten Geburtstag mit ihm zu feiern. »Zu dem ich sie alle übrigens herzlich einladen möchte,« sagte der Professor.

»Wenn der Unfall nun gar kein Unfall war?« fragte Konstantinos. »Sondern ein Mordversuch? Wäre das kein Thema für einen Krimi?«

»Könntest Du nicht eine spannende Geschichte schreiben?« fragte Athina. »Als Geburtstagsgeschenk sozusagen.«

»Ich schreibe nicht über Menschen, die ich kenne,« lehnte ich den Vorschlag kategorisch ab. Konstantinos war enttäuscht, der Professor sichtlich erleichtert – die Rolle als potentielles Mordopfer schien ihm nicht zu behagen. Was ich ihm nicht verübeln konnte. Wer liest schon gerne eine Geschichte über seinen eigenen Tod?

Daphni war noch wütend auf den Professor. Sie bot ihm eine Wette an: Bis zum kommenden Sonntag würde sie sein Horoskop erstellen. Wenn er sich darin wiedererkenne, so ihre Bedingung, müsse er sich öffentlich für seine Häme entschuldigen; wenn sie unrecht habe, würde sie eines seiner unverkäuflichen Werke erstehen. Der Professor lehnte ab, doch als wir alle drängten, willigte er schließlich ein und gab Daphni die notwendigen Daten.

Kurz darauf brachen der Professor und ich auf. Der Nebel beziehungsweise die Wolke hatte sich verflüchtigt, die Sicht war klar, die Fahrbahn aber noch nass, deshalb fuhr ich die gewundene Straße langsam und sehr vorsichtig hinunter. Ich musste mich auf das Fahren konzentrieren, registrierte nur am Rande, dass der Professor mit geschlossenen Augen döste.

Erst als wir wieder auf der Hauptstraße waren und Richtung Skripero fuhren, sagte er: »Ein interessanter Besuch. Viele Eindrücke.«

Welche Eindrücke er gewonnen hatte, verriet er nicht. »Glauben Sie ernsthaft, die Astrologie könnte Ihnen beim Schreiben helfen?«

»Ich weiß es nicht,« gestand ich. »Kommt auf den Versuch an.«

Er schloss die Augen, schien erneut zu dösen. Plötzlich erschien ein spöttisches Lächeln auf seinem Gesicht. »Konnten Sie der streitbaren jungen Dame eine Information entlocken? Mir schien, sie war etwas angesäuert.«

»Das war sie zweifelsohne. Doch ich habe ihr gesagt, wenn sie mir nicht hilft, muss ich das gleiche tun wie Hemingway, als der seine Schreibblockade hatte.«

»Sie haben ihr damit gedroht, sich eine Kugel in den Kopf zu jagen?« Er schien schockiert.

Ich musterte den selbsternannten Meister der Provokation spöttisch. »Wäre das nicht die ideale Lösung für uns beide? Ich hätte meine Schreibblockade beseitigt und Sie hätten sich mit einer letzten Aktionskunst auf ewig einen Platz in der Kunstwelt gesichert.«

Der Rest der Fahrt verlief in Schweigen

Der Montag brachte strahlenden Sonnenschein, das Thermometer kletterte wieder auf 25 Grad. Trotz meiner spontanen Weigerung, etwas über einen möglichen Mordversuch am Professor zu schreiben, hatte ich mir in der Nacht noch Gedanken zu diesem Vorschlag gemacht, konnte aber keinen Einstieg finden. Ein klassischer Krimi beginnt mit einem Mord, nicht mit einem harmlosen Stromschlag. Um daraus ein Buch zu machen, müsste ich mich auf die Gäste des Professors konzentrieren, die ich noch nicht kannte. Und ich hätte die Story vor allem psychologisch gestalten müssen, ein Ansatz, den ich mir in meiner augenblicklichen Verfassung schlicht nicht zutraute.

Lieber wollte ich mehr über Astrologie wissen. Ich kaufte mir in Sidari einige Zeitschriften und fuhr damit zu Harko, der sich auf seiner Turmterrasse sonnte. Er begrüßte mich, bot mir ein kaltes Bier an, das ich dankend ablehnte, und lauschte dann meiner Schilderung des vorangegangenen Besuchs in Sokraki. Die Idee, einen Krimi über den Professor zu schreiben, ließ ich unerwähnt. Dass wir von dem Sturm nichts mitbekommen hatten, wunderte ihn am meisten – in der Agios Georgios Bucht hatte der Sturm den ganzen Tag heftig getobt, eine besonders heftige Windböe hatte in

Harkos Haus ein Fenster eingedrückt und im Wohnzimmer für ziemliche Unordnung gesorgt. Harko hatte gute Gründe gehabt, bei diesem Wetter zu Hause zu bleiben.

Als ich von meinem Entschluss berichtete, mich ernsthaft mit Astrologie zu befassen, erwiderte Harko nichts, sondern griff sich eine der Zeitschriften, die ich mitgebracht hatte. Er blätterte darin, suchte die Seite mit den Horoskopen, las laut vor: »Widder. Sie haben eine gute Woche vor sich. Überraschen Sie Ihre Liebste mit einem Strauß Blumen, sie wird es Ihnen danken. Achten Sie auf Ihre Gesundheit, Sie sind jetzt besonders anfällig gegen Erkältungen. Ihre Glückszahlen für diese Woche: 7, 9, 15.« Er las noch zwei weitere Horoskope vor, die genauso nichtssagend waren.

»Mir scheint, mein lieber Roberto, Du bist da auf eine Goldgrube gestoßen. Genial, was hier steht, und optimal dazu geeignet, die Figuren in Deinen Büchern zu charakterisieren. Wenn Du sie diesen Blödsinn glauben lässt, weiß jeder Leser sofort, was für Idioten sie sind.« Dann brach er in schallendes Gelächter aus.

Wütend sah ich die anderen Zeitschriften durch, das Ergebnis war immer das gleiche: Ein Haufen Unsinn. Missmutig schob ich den Packen Papier von mir.

»Jetzt mal im Ernst,« sagte Harko. »Ist sie hübsch?«

Ich dachte an Daphnis mandelförmige Augen. »Hübsch ist sie. Aber als Frau interessiert sie mich nicht. Ziemlich abweisend und augenblicklich schlecht drauf. Wie ein Igel, der sich eingerollt und alle Stacheln aufgestellt hat. Ich dachte wirklich, sie könnte mir helfen.«

Harko klopfte mir freundschaftlich auf den Rücken. »Du solltest Dir eine nette Freundin suchen und mit ihr Urlaub machen. Das brächte Dich auf andere Gedanken. So verbissen, wie Du derzeit an Deinen Problemen arbeitest, kommst Du kaum zu einer Lösung.«

Das auszudiskutieren hatte ich keine Lust. Ich wechselte das Thema. »Der Professor hat mich gestern zu seinem 70sten Geburtstag eingeladen. Kommst Du auch?«

»Natürlich. Wir machen uns gerade Gedanken über ein passendes Geschenk.«

Daran hatte ich noch gar nicht gedacht. »Ich überreiche ihm eines meiner Bücher.«

Harko sah mich missbilligend an. »Du bist von einem begnadeten Künstler zu dessen 70sten Geburtstag eingeladen und Dir fällt nichts besseres ein, als ihm eines Deiner Bücher zu verehren? Roberto, Du enttäuschst mich.«

»Mag er keine Krimis?«

»Der Mann lebt für die Kunst!«

»Dann sag mir doch, was Du ihm schenkst.«

Harko stand auf und ging nach unten. Kurz darauf kam er mit einem scheußlichen Bild zurück: Ein riesiges Gemälde, voll von wirren Farbklecksen, die ohne erkennbares Muster auf einer Leinwand angeordnet waren.

»Haben Tina und Sina das gemalt?«

»Tina und Sina? Die konnten schon im Kindergarten besser mit Pinsel und Farbe umgehen. Nein – das ist ein *echtes* Kunstwerk.« Harko stellte es an die Brüstung, trat einige Schritte zurück. »Marianne sagt, der Künstler stehe vor einer großen Karriere und sie hatte Glück, dieses Werk noch für 500,- Euro zu erstehen.«

Ich schluckte. »500,- Euro? Für diesen Schund?« Das war Wucher. Doch 500,- Euro waren 500,- Euro. »Du willst dem Professor ein derart teures Geschenk machen?«

Harko zwinkerte mir verschwörerisch zu. »Glaubst Du, ich will dieses grässliche Ding hier bei uns im Haus hängen haben? Das ist die ideale Gelegenheit, es loszuwerden.«

Er brachte das sogenannte Kunstwerk wieder nach unten. »Die Zwillinge,« sagte er, als er wieder zurück war, »haben sich etwas anderes einfallen lassen. Sie wollen zu Ehren von Xaver ein kleines Theaterstück aufführen. Die Beiden proben schon seit einer Woche, wollen aber nicht verraten, was sie machen. Top-secret!«

Bei meiner Rückkehr hing an der Haustür eine Plastiktüte, neugierig öffnete ich sie. Zwei Bücher waren darin, dazu eine kurze Notiz des Professors: »Danke für die Einladung gestern, hier zwei hoffentlich anregende Werke. Xaver Hintermooser«

Gespannt sah ich mir die Bücher an. »Schwüle Tage« von Eduard von Keyserling: Ein Mann geht in den Tod, weil ihn seine Liebste nicht mehr versteht, geschrieben von einem Autor, der »trotz zunehmender Vereinsamung sein literarisches Schaffen nicht aufgab«. Das zweite Buch war »Ein Mann springt in die Tiefe« von Arthur Koestler. »… ist keine Lektüre, die dem Leser Hoffnung macht, aber Erkenntnisse vermittelt, denen er sich nicht zu entziehen vermag«, so der vielversprechende Hinweis auf dem Cover. Koestler kannte ich: Am 3. März 1983 nahm er sich in London gemeinsam mit seiner Frau das Leben.

Wütend schleuderte ich die Bücher in eine Ecke. War das alles, was mir der Professor zu meinen Problemen zu sagen hatte? Mir den Rat zu geben, mich umzubringen? Denn das war es ja wohl, was er mir mit den Büchern sagen wollte. Ich hatte den Hinweis auf Hemingways Ende als Scherz gemeint, doch der Professor tat nun so, als wäre das wirklich eine Lösung. Zuerst grummelte ich, dann dachte ich darüber nach, wie ich mich für diese hilfreichen Ratschläge bedanken konnte. Ich führte mehrere Telefonate, dann hatte ich gefunden, wonach ich suchte. Es würde mich eine hübsche Stange Geld kosten, das Geschenk rechtzeitig hier zu haben, aber das war mir die Sache wert.

Am Mittwoch kam ein Brief von Daphni.

Hallo Roberto,

Ich habe mich gefreut, Sie kennenzulernen, und habe gleich nach meiner Rückkehr in meiner Bibliothek ein passendes Buch für Sie ausgewählt. Die Erklärung dazu liefere ich Ihnen nächsten Sonntag, zu einem Treffen vorher habe ich leider keine Zeit. Lesen Sie das Buch sorgfältig durch; wenn Sie können, am besten mehrmals.

Daphni

PS: Vergessen Sie vorher bitte alles, was Sie jemals über Astrologie gehört haben, und werfen Sie um Himmels Willen keinen Blick in die Horoskope, die in Zeitschriften veröffentlicht werden

Dem Brief beigefügt war ein kleines Büchlein mit dem aussagekräftigen Titel: »Die Sternzeichen«. Ich nahm das Buch, setzte mich auf die Terrasse und rauchte erst einmal eine Zigarette. Was wusste ich denn über Astrologie? Wenn ich ehrlich war, nicht viel. Ich kannte die zwölf Sternzeichen und wusste immerhin, dass ich Schütze war – am 7. Dezember geboren. Astrologie basiert auf Planeten und die Anordnung dieser Planeten zum Zeitpunkt der Geburt soll unser Schicksal bestimmen. Ich bin jedoch kein Freund von Vorherbestimmung, ich glaube lieber daran, mein Leben selbst gestalten zu können. Und ich bin stolz darauf, meine Entscheidungen selbst zu treffen: Mir braucht kein Planet zu sagen, was zu tun ist.

Ich sah das Buch in meiner Hand an. Roberto, sagte ich mir, du bist wie alle Anderen. Du hältst nichts von Astrologie, doch du bist unglaublich neugierig. Mit gemischten Gefühlen schlug ich das Buch auf und las den Abschnitt über den Schützen. Zehn Minuten später schloss ich das Werk wieder. Und rauchte noch einmal eine Zigarette.

Dann suchte ich den Namen des Autors. Von wem, so fragte ich mich, weiß dieser Bursche, wer ich bin? Wie ich denke, wie ich fühle, was ich bisher erlebt habe? Wieso weiß er von meiner Reiselust, und wie kann er behaupten, ich würde in der Fremde heimisch? Woher weiß er von meiner großen Wahrheitsliebe und wie kann er ahnen, dass mir mein loses Mundwerk häufig Probleme einbringt? Wie gerade erst wieder beim Professor?

Ich fühlte mich analysiert und demaskiert. Noch zweimal las ich die Beschreibung des Schützen durch, ehe ich auf die glorreiche Idee kam, es könne auch ein verdammt guter schriftstellerischer Trick sein: So viele Allgemeinheiten zu beschreiben, dass sich jeder Leser darin wiederfindet. Ich suchte die Beschreibung des Skorpions, dem Zeichen vor dem Schützen. Wenn ich recht hatte, musste ich mich auch damit identifizieren können.

Doch im Abschnitt über den Skorpion wurde nicht ich, da wurde der Professor beschrieben: Ein Mensch, der seine Umwelt über seine Sinne wahrnimmt, der verbissen an seinen Zielen festhält, der seine Mitmenschen gut versteht, der jedoch einen Stachel besitzt, um sie an ihren empfindlichsten Stellen zu treffen. Grimmig dachte ich an die Buchgeschenke: Das war offenbar typisch Skorpion. Weil er mir die Kritik an seinem Kunstverständnis verübelte, hatte er meine derzeit schwächste Stelle ausgesucht und Salz in meine Wunden gestreut. Mein einziger Trost: Der Skorpion, der sich dem Buch nach schnell angegriffen fühlt, richtet den Stachel nicht nur gegen andere, er sticht sich auch selbst. Von richtigen Skorpionen ist sogar bekannt, dass sie sich in einer ausweglosen Situation selbst töten – meines Wissens tat das sonst kein anderes Lebewesen, außer dem Menschen.

Von mir stand beim Skorpion nichts, die beschriebenen Denkweisen waren mir vollkommen fremd.

Neugierig schlug ich beim Widder nach, Harkos Sternzeichen. Und staunte, wie Harko zwischen den Zeilen lebendig wurde: Seine Impulsivität, der Versuch, mit dem Kopf durch die Wand zu gehen, selbst wenn das bedeutete, sich eine blutige Nase zu holen, sein

Temperament, sein gelegentliches Aufbrausen, die Faszination, die er durch seine Kraft auf andere Menschen ausübt, aber auch seine Fähigkeit, andere durch Schroffheit zu brüskieren.

Als Autor war ich fasziniert, denn hier wurden wirklich die Antriebskräfte beschrieben, die ich suchte, als Mensch aber war ich schockiert: Wenn ich selbst frei entscheiden konnte, warum war dann vieles so gekommen, wie es mir scheinbar von den Sternen in die Wiege gelegt worden war?

Ohne es zu merken, folgte ich Daphnis Rat und las das ganze Buch mehrmals durch. Ich fand bei jedem Sternzeichen Beschreibungen von Menschen, die ich kannte, und ich fand viele Details beschrieben, die ich bislang als persönliche Eigenheiten angesehen hatte. Ich fand aber auch heraus, dass die Beschreibungen nicht so treffend waren, wie ich anfangs gedacht hatte: Auch mit Teilen anderer Sternzeichen konnte ich mich identifizieren, während ich beim wiederholten Durchlesen des Schützen zu meiner großen Erleichterung feststellen durfte, dass nicht alles auf mich zutraf. Wie es schien, war doch nicht alles vorherbestimmt.

Ich studierte meine neue Bibel bis zum Abend, dann wurde der Wunsch, zu schreiben, übermächtig. Noch vor wenigen Tagen hatte ich es, jedenfalls mehr oder weniger, abgelehnt, über Menschen zu schreiben, die ich kenne, jetzt griff ich die Idee wieder auf, einen Krimi über den Professor zu Papier zu bringen. Ich skizzierte ihn, beschrieb das Treffen in Sokraki, bei dem zum erstenmal der Gedanke aufkam, jemand wolle ihn ermorden, überlegte mir einen Schauplatz für den eigentlichen Mord, spielte mehrere Variationen der Tötung durch, dachte mir mögliche Verdächtige aus und ordnete sie einzelnen Sternzeichen zu. Die ersten Versuche waren wie ein Vortasten in eine unbekannte, aber faszinierende neue Welt, doch mit Hilfe der Beschreibungen aus dem Astrologic-Buch bekam ich schnell ein Gefühl dafür, wie sich die Figuren in der Geschichte zu verhalten hatten.

Mir war, als hätte mir ein Arzt während einer langen Krankheit ein neues Medikament verschrieben, das erste, das wirklich eine Besserung bewirkte: Daphnis Tipp war richtig gewesen, sogar goldrichtig!

Freitag Morgen kam das Geschenk für den Professor und ich war äußerst zufrieden damit: Es war eines Schützen würdig. Das Geschenk kam aus Argentinien, war also weit gereist, und es enthielt, dessen war ich mir sicher, viel Wahrheit. Gleichzeitig passte es zu einem Skorpion, denn es besaß auch einen Giftstachel. Ich war gespannt, ob der Professor die Ironie zu schätzen wusste und merken würde, dass es eine Retourkutsche für die Bücher war, die er mir geschenkt hatte.

Die ganze Woche über hatte uns die Sonne verwöhnt, doch just am Sonntag zog erneut ein Südsturm auf. Schon am Morgen regnete es in Strömen, am späten Vormittag wurde der Regen von einem heftigen Wind abgelöst. Kein ideales Wetter für eine Geburtstagsfeier. Der Professor schien ähnliches zu denken, er rief gegen Mittag an, sagte gutgelaunt, man werde schließlich nur einmal 70 und verkündete, die geplante Grillfeier werde ins Haus verlegt. Er bat mich, mit den anderen Gästen um zwei Uhr zu kommen.

Konstantinos traf viertel vor eins bei mir ein, zusammen mit Athina und Daphni; seine Eltern hatten leider keine Zeit.

Konstantinos und Athina waren trotz des schlechten Wetters guter Laune, nur Daphni machte ein finsteres Gesicht. Als ich ihr für das Buch danken wollte, schien sie gar nicht hinzuhören; sie wollte nur wissen, wo die Toilette ist. Kurz darauf hörten wir sie leise weinen.

»Was ist denn los?« fragte ich Konstantinos. »Hat sie immer so schlechte Laune?«

Konstantinos verdrehte die Augen. »Ihr Ex-Freund hat sie heute Morgen angerufen und ihr Vorwürfe gemacht, was für ein schlechter Mensch sie sei. Ich dachte, sie kommt überhaupt nicht mit, doch sie sagte, sie hat Dir versprochen, Dir mehr über Astrologie zu verraten und dieses Versprechen will sie halten. Fass sie aber bitte mit Samthandschuhen an – ihr Nervenkostüm ist derzeit nicht das beste.«

Ich kochte Kaffee, Konstantinos setzte sich mit Athina ins Wohnzimmer, um Musik zu hören, ich wartete in der Küche auf Daphni.

Ein bekannter Autor hat einmal gesagt, Psychologen seien im Grunde prädestiniert dafür, psychologisch anspruchsvolle Krimis zu schreiben, weil sie aber zuviel über Psychologie wissen, konzentrieren sie sich mehr auf die Krankheitsbilder als auf die Geschichte. Deshalb würden die wirklich guten Psycho-Stories von Laien geschrieben; von Autoren, die über ein psychologisches Grundwissen verfügten, aber nicht zu tief in der Materie steckten.

Ich hatte mir diesen Ratschlag zu Herzen genommen: Detailtreue ja, aber nicht zuviel Information. Um Daphni zu analysieren, musste man jedoch kein Psychologe sein: Wie sie in die Küche kam, das Gesicht verkniffen, die Arme vor der Brust verschränkt – in dieser Frau war alles auf Abwehr eingestellt. Unter anderen Umständen hätte ich um sie einen großen Bogen gemacht – mandelförmige Augen hin oder her. Doch sie wusste etwas, das mich brennend interessierte.

Ich trank einen Schluck Kaffee und sah sie an. Sie erwiderte meinen Blick, sagte jedoch nichts. Ich stand auf, ging in mein Arbeitszimmer und holte das Manuskript über den geplanten Mord am Professor, an dem ich gerade arbeitete. Zurück in der Küche, legte ich es auf den Tisch.

»Das habe ich diese Woche geschrieben und das verdanke ich nur Ihnen. Ihr Tipp mit der Astrologie war super.«

Noch immer keine Reaktion.

»Das Buch, das Sie mir geschenkt haben, ist wirklich faszinierend. Ich habe mich sofort darin wiedererkannt. Mich selbst und auch gute Freunde von mir. Ihr Wissen um die Astrologie muss Ihnen in Ihrem Beruf oft weiterhelfen.«

Es kam ohne Vorwarnung. Sie sagte: »Astrologie ist Scheiße. Bisher hat sie mich nur unglücklich gemacht.« Dann brach sie in Tränen aus.

Ich stand auf, wollte sie in den Arm nehmen, doch sie wehrte mich ab. »Ich habe die Nase voll von Männern!« zischte sie. »Gründlich voll!« Sie rannte hinaus in den Garten. Ich wartete fünf Minuten, bevor ich ihr nachging. Sie stand neben Konstantios Wagen, die Arme fest um sich geschlungen, die Haare nass vom Nieselregen.

»Möchten Sie auch nichts von Freunden wissen?« fragte ich leise.

Daphni sagte nichts, doch als ich sie ein zweitesmal in den Arm nahm, ließ sie es zu. Ich hatte das Gefühl, ein Stück Holz zu halten, so steif und verkrampft war sie.

»Manchmal muss die Seele weinen, um den Kummer loszuwerden. Die Tränen schwemmen fort, was wir nicht verarbeiten können. Halten Sie es nicht länger zurück, sonst frisst es Sie auf.«

Ob sie meinem Rat folgte oder ob sich einfach zuviel angestaut hatte, weiß ich nicht, einer Sturmflut gleich brach es aus ihr heraus, sie weinte, schluchzte und redete gleichzeitig. Und entspannte sich dabei.

»Drei Jahre,« sagte sie stockend, »drei Jahre waren wir glücklich zusammen. Dann kommt eine andere, macht ihm schöne Augen und er lässt mich sitzen. Mit allen Schulden für die Wohnung, nur den Wagen hat er mitgenommen. Und jetzt beschuldigt er mich, ich allein sei schuld, ich habe ihn nie richtig verstanden.«

Ich drückte sie sanft an mich und musste dabei lächeln. Da suchte ich nach Wegen, meine Figuren möglichst vielschichtig zu beschreiben, wollte Klischees vermeiden. Nun war die Realität unendlich klischeehafter. Daphnis Kummer war so alt wie die Geschichte von Mann und Frau.

Als sie sich beruhigt hatte und sich von mir löste, setzte ich schnell ein ernsthaftes Gesicht auf. »Männer sind Schweine, hab ich recht?«

Sie nickte stumm.

»Männer sind fast so schlimm wie Frauen. Wenn Sie wollen, erzähle ich Ihnen *meine* leidvollen Erfahrungen mit dem anderen Geschlecht.«

Sie sah mich erst überrascht an, dann misstrauisch.

»Keine Angst, ich will Sie nicht auf den Arm nehmen. Ich weiß, wie schlimm es ist, den Partner zu verlieren und ich muss gestehen, dass ich es bis heute nicht überwunden habe, obwohl es jetzt fast 15 Jahre zurückliegt.«

»Hat sie… hat sie Sie auch verlassen?«

»Nein, sie wurde ermordet. Das hat mir einen Teil der Selbstvorwürfe erspart, mit denen Sie gerade kämpfen, doch es nahm mir jede Möglichkeit, die Trennung gemeinsam aufzuarbeiten. Sie können sich mit Ihrem Ex-Freund immerhin noch streiten, ich hingegen konnte nur noch ihr Grab besuchen.«

»Was ist geschehen?«

Ich erzählte es ihr, während wir zurück in die Küche gingen.

»Haben Sie Argentinien deshalb verlassen? Um sie zu vergessen?«

»Diese Frage müssen Sie mir beantworten.«

»Ich?«

»Wollen wir uns nicht setzen?«

Daphni wischte sich die Tränen fort und setzte sich an den Tisch. Ich nahm ihr gegenüber Platz.

»Vergessen kann ich Isabell nicht, sie wird in meinem Herzen immer weiterleben. Bis Anfang dieser Woche dachte ich, ich wäre ihretwegen aus Argentinien weggegangen. Nun habe ich in Ihrem

Buch gelesen, Schützen zieht es immer in die Ferne. Bin ich weggezogen, weil das mein Schicksal ist?«

Daphni stieß einen tiefen Seufzer aus. »Darf ich ehrlich sein? Ich weiß es nicht. Und wenn ich ganz ehrlich bin: Ich will es auch nicht wissen.«

Sie sah meine Enttäuschung und zum erstenmal lächelte sie. »Vielleicht sollte ich Ihnen erzählen, wie ich zur Astrologie gekommen bin und was ich damit mache. Dann verstehen Sie mein Problem besser.«

Sie trank einen Schluck Kaffee. »Sagt Ihnen der Name Robert Jungk etwas?«

»Gehört habe ich den Namen,« sagte ich. »Ein Psychologe. Aber wenn ich ehrlich bin, weiß ich nichts Genaues über ihn.«

»Jungk,« erklärte sie, »war ein Zeitgenosse von Sigmund Freud, anfangs sogar sein Schüler. Doch Jungk hatte andere Ideen, vermutlich wollte er nicht wie Freud das gesamte menschliche Handeln auf sexuelle Antriebe zurückführen. Er emigrierte in die USA, wo er einen Großteil seiner Forschungen durchführte. Beispielsweise ist es ihm in mehrjähriger Arbeit gelungen, den Nachweis zu erbringen, dass es introvertierte und extrovertierte Menschen gibt.«

»Ist das erst seit Jungk bekannt?« fragte ich ungläubig.

»In der Psychologie schon.«

»Und was hat das mit der Astrologie zu tun?«

Daphni blickte verträumt in die Ferne. »Psychos ist das griechische Wort für Seele, Logos bedeutet Lehre, Psychologie ist somit die Lehre von der Seele. Doch wenn ich Psychologie objektiv betrachte, ist es in erster Linie eine Spielwiese für Gelehrte, die versuchen, sich durch angeblich eigene Erkenntnisse einen Namen zu machen.«

Der Wunsch nach Unsterblichkeit, dachte ich amüsiert, scheint nicht nur auf die Kunst beschränkt zu sein.

»Jungk hat viele Jahre gebraucht, um überhaupt herauszufinden, dass es introvertierte und extrovertierte Menschen gibt,« fuhr Daphni fort. »Nun stellen Sie sich meine Überraschung vor, als ich merkte, dass die Astrologie diese Erkenntnis bereits seit tausenden von Jahren nutzt. Und nicht nur das: Mit Hilfe eines Horoskops kann ich in wenigen Minuten ermitteln, bis zu welchem Grad meine Patienten intro- oder extrovertiert sind. Das ist, als würden Sie inmitten vieler gebildeter, aber hilflos im Nebel herumstochernder Forscher ein uraltes und seit tausenden von Jahren bewährtes Handbuch für den Umgang mit der Seele finden. Mich hat das überwältigt.«

Für Daphni spielte die Frage, ob die Sterne unser Schicksal beeinflussen, nicht die geringste Rolle; sie fasste die Astrologie als eine 5.000 Jahre alte Symbolsprache auf, mit der sie die Charaktereigenschaften eines Menschen in kurzer Zeit genau beschreiben konnte. Hatte sie herausgefunden, was die natürlichen Anlagen eines ihrer Patienten waren, konnte sie ihn durch die Therapie gezielt auf seinen persönlichen Lebensweg führen – sie musste nicht länger auf Verdacht hin behandeln.

»Psychologie ist als Wissenschaft von persönlichen Theorien und privaten Meinungen geprägt, alles wird diskutiert und vor allem in Frage gestellt. In der Astrologie gibt es nur anonyme Erkenntnisse – fünf Jahrtausende empirischer Erfahrungen, denen die Psychologie nur ein Jahrhundert von Theorien entgegenstellen kann. Können Sie sich vorstellen, welcher der beiden Ansätze mehr Erfolg verspricht?«

Das Hauptproblem der Astrologie, sagte Daphni, liege darin, dass sie eine rein beschreibende Methode sei. Für einen Astrologen gibt es keine guten oder schlechten Eigenschaften, es gibt nur Antriebskräfte. Darum sei die Astrologie nur für Diagnosen, nicht aber für Therapien geeignet. Für die Behandlung selbst nutzte sie deshalb die Psychologie.

»Woher kommt dann der schlechte Ruf der Astrologie?« fragte ich. »Wenn sie angeblich soviel kann?«

Sie lachte. »Wie ist das denn mit den Handauflegern und den alten Kräuterweibern? Die konnten schon lange vor der sogenannten modernen Medizin viele Krankheiten heilen. Doch es ist schwer, die Scharlatane von den wirklichen Heilern zu unterscheiden. Müssten Astrologen fünf Jahre studieren, bevor sie ein Horoskop erstellen dürfen, wäre es um den Ruf der Astrologie besser bestellt.«

Das leuchtete mir ein, nützte mir aber nicht viel: Ich konnte mich nicht fünf Jahre mit Astrologie beschäftigen, nur um meine Figuren treffender zu beschreiben, ich brauchte eine schnellere Lösung.

Daphni beruhigte mich. »Wenn Sie keinem Astrologen oder gar Psychologen Konkurrenz machen wollen, geht es auch schneller.«

In der folgenden Stunde erhielt ich einen Crash-Kurs in Astrologie. Ich erfuhr, dass Sternzeichen, so wie ich sie kannte, nur bedeuten, dass sich die Sonne zum Zeitpunkt der Geburt in einem bestimmten Abschnitt des Tierkreises befand, die Sonne aber nur einer von zehn Planeten ist, die ein Astrologe für die Deutung eines Horoskops heranzieht. Dazu kommen zwölf Häuser, wobei die Spitze des ersten Hauses, auch Aszendent genannt, offenbar die meisten Erkenntnisse liefert. Es gibt Aspekte und die vier Elemente Feuer, Erde, Luft und Wasser.

Mir schwirrte der Kopf und ich fragte mich, ob ich die Astrologie wirklich zum Schreiben nutzen konnte. Daphni sagte, die Berechnung eines Horoskops mache ein Computer heute innerhalb von Minuten, die Deutung aber dauere einen Tag und erfordere viel Erfahrung. Ich war enttäuscht.

»Müssen Sie wirklich alle Charaktereigenschaften Ihrer Figuren kennen?«

»Nein – die Figuren müssen nur lebendig wirken.«

»Dann geht es auch einfacher. Beschränken Sie sich auf Sonne, Mond und Aszendent.«

Der Aszendent, erklärte sie mir, sei das Zeichen, zu dem wir streben, die Sonne verkörpere die Mittel, die uns dabei zur Verfügung stehen, und der Mond zeige, was wir dabei empfinden. Diese drei Zeichen zu interpretieren sei relativ einfach.

»Was sind Sie eigentlich für ein Sternzeichen,« fragte ich neugierig.

»Skorpion.«

»Wie der Professor,« sagte ich überrascht. »Aber Sie sind völlig anders als er.«

»Ist das ein Wunder? Der Professor hat einen Löwen-Aszendenten, möchte im Rampenlicht stehen und berühmt sein. Mein Aszendent ist in der Jungfrau, ich bin der analysierende Typ. Der Professor hat den Mond im Widder, kümmert sich folglich wenig um die Gefühle seiner Mitmenschen. Mein Mond steht im Zeichen Fische, was mich – leider – sehr empfindsam macht. Wir sind beide Skorpione, aber höchst unterschiedlich veranlagt.«

»Moment mal. Wenn Sie Skorpion sind: Dann haben Sie doch auch bald Geburtstag.«

»Heute,« sagte sie traurig. »Deshalb rief mein Ex-Freund heute Morgen an.«

Ich war wie vor den Kopf gestoßen. »Dann… Alles Gute zum Geburtstag. Und… Ein bisschen feiern können wir heute schon. Aber wenn es Ihnen recht ist, holen wir die richtige Geburtstagsfeier nach. Darf ich Sie morgen zum Essen einladen?«

Oh nein, Daphni war nicht wie der Professor. Sie strahlte einen Moment, dann wirkte sie wieder frustriert, dann glaubte ich, beide Gefühle gleichzeitig in ihrem Gesicht zu erkennen. Schließlich sagte sie: »Mir ist nicht nach Feiern zumute. Aber ich nehme an.«

Ich ging zu Konstantinos ins Wohnzimmer. »Du hast mir nicht gesagt, dass Daphni heute Geburtstag hat!«

»Hat Sie es Dir verraten?« war sein einziger Kommentar.

Athina sah auf die Uhr. »Müssen wir nicht langsam los? Es ist bereits nach zwei.«

Ich packte mein Geburtstagsgeschenk für den Professor in eine große, wasserdichte Tasche, steckte meine Digitalkamera ein, mit der ich die Gäste des Professors fotografieren wollte, dann liefen wir durch den Nieselregen zu Konstantinos Wagen. Im Auto beschrieb ich Konstantinos den Weg zum Haus des Professors, fünf Minuten später waren wir da.

Sechs Fahrzeuge parkten vor dem Anwesen, darunter auch Harkos Land-Cruiser. Als wir ausstiegen, hörten wir aus dem Wohnhaus klassische Musik – dem Anlass entsprechend zum Glück etwas Leichteres, ich glaube von Mozart – und Lachen. Das Nieseln hatte aufgehört. Konstantinos drückte auf den Klingelknopf.

In diesem Moment hatte ich eine Idee und tippte Daphni auf die Schulter. Sie drehte sich zu mir um.

»Darf ich Sie um einen großen Gefallen bitten?«

Sie sah mich neugierig an.

»Ich schreibe doch an dem Krimi über den Professor. Die Gelegenheit ist günstig, die heutige Geburtstagsfeier in die Geschichte einzubauen. Ich möchte die Gäste beschreiben und zwar sowohl von ihrem Äußeren wie auch von ihrem Charakter. Würden Sie mir helfen, die Horoskope dieser Menschen zu erstellen?«

Sie blickte mich skeptisch an. »Es dauert einen ganzen Tag, ein einziges richtiges Horoskop zu erstellen.«

»Aber Sie haben gesagt, es ginge auch schneller: Sonne, Mond und was war das dritte?«

»Der Aszendent.«

»Richtig, Aszendent. Geht das nicht schneller?«

Daphni dachte nach. »Es ist nicht so genau wie ein richtiges Horoskop, aber für einen ersten Eindruck…«

»Das genügt mir,« sagte ich schnell. »Wenn ich jeden Gast nach seinen Geburtsdaten frage?«

Sie lächelte. »Wenn Sie die Geburtsdaten herausbekommen, helfe ich Ihnen gern.«

Wir traten ins Haus.

Es war ein eigenartiges Gefühl, den Schauplatz eines Verbrechens zu betreten, das niemals stattfinden würde, das sich nur in meinem Kopf ereignet hatte. Ich kannte das Wohnzimmer, hatte bereits beschrieben, wie die Leiche gefunden wurde, wie die Polizei ermittelte und die Verdächtigen verhörte. Nun sah ich alle meine potentiellen Mörder fröhlich lachend vor mir, das Opfer, den Professor, als Gastgeber und Geburtstagskind quicklebendig in ihrer Mitte.

Rund die Hälfte der Besucher kannte ich: Harko, seine Frau Marianne und die Zwillinge Tina und Sina, den Gehilfen des Professors, den ich zweimal bei ihm gesehen hatte, außerdem zwei Künstler aus Pagi und Agios Stefanos. Die anderen, darunter mein fiktiver Mörder, waren mir unbekannt. Es würde interessant sein, mit Hilfe der Horoskope mehr über diese Menschen herauszufinden.

Harko war gerade dabei, sein Geschenk zu überreichen, weshalb Professor Hintermooser uns nur mit einem Winken begrüßte. Ich war neugierig, wie dem Professor Harkos Bild gefiel und trat näher.

»Lieber Xaver,« sagte Harko, »wir haben lange überlegt, was wir Dir schenken sollen. Es musste ein Kunstwerk sein, das war uns klar, doch eine Plastik kam nicht in Frage: Du hättest sie sofort mit den Augen des Fachmanns analysiert und sicher kein gutes Haar an ihr gelassen.«

Der Professor sagte nichts, doch ein älterer Herr mit Ziegenbart lachte meckernd.

»Deshalb,« fuhr Harko fort, »haben wir dieses Bild für Dich ausgesucht.«

Marianne überreichte das *Kunstwerk*. Der Professor, der seinen Arm nicht mehr in der Schlinge trug, öffnete die Geschenkverpackung, blickte versonnen auf die Farbkleckse. »Wunderbar!« sagte er und schien sich wirklich über das Bild zu freuen, »diese Intensität der Farben. Ein herrliches Werk.«

Er hielt das Bild mit beiden Händen vor sich, drehte es hin und her, als wolle er die Wirkung des Lichteinfalls testen.

»Das bekommt einen Ehrenplatz in meiner Sammlung,« verkündete er. Der ältere Herr warf einen kurzen Blick auf das Bild, zeigte aber kein echtes Interesse. Sorgfältig stellte Professor Hintermooser das Gemälde an die Wand. Ich war gespannt, wie er auf mein Geschenk reagieren würde.

»Zunächst einmal alles Gute zum Geburtstag,« sagte ich, dann öffnete ich meine Tasche. »Auch ich habe ein Werk für Ihre Sammlung – von einer Künstlerin aus Argentinien.«

Ich holte das Gemälde heraus, für das ich eine horrende Transportrechnung bezahlen musste, das Bild selbst hatte ich für eine kleine Spende erhalten. Neugierig packte der Professor das Werk aus, verfuhr damit auf die gleiche Art wie bei Harkos Gemälde: Er hielt es mit beiden Händen vor sich und drehte es hin und her.

Ich hatte das Bild sorgfältig studiert – und absolut nichts damit anfangen können. Es bestand aus einer wirren Anordnung von Farben, Strichen und geometrischen Mustern, im wesentlichen in rot und grün gehalten, mit blauen, gelben und ockerfarbenen Tupfen dazwischen. Der Professor blickte auch dieses Bild mit offensichtlichem Kennerblick bewundernd an.

»Sehr aussagekräftig,« murmelte er beifällig, »das Werk offenbart Phantasie und Kraft. Sehr harmonisch, sehr gelungen.«

Er betrachtete die Signatur: Juanita Soaréz. »Der Name sagt mir nichts: Ist sie in Argentinien berühmt?«

Jetzt war er reif für meine Retourkutsche. »Das weiß ich leider nicht,« bekannte ich. »Der Leiter des Heims für geistig Behinderte, in dem Juanita Soaréz seit ihrem dritten Lebensjahr als Patientin lebt, sagte mir, sie genieße innerhalb des Heims einen guten Ruf als Künstlerin. Aber außerhalb?«

Harko sah mich verdutzt an, dann drehte er sich um, damit der Professor nicht sah, wie er gegen das Lachen ankämpfte.

Wenn ich geglaubt hatte, dem Professor mit dem Bild eins auswischen zu können, hatte ich mich getäuscht: Er schien noch immer begeistert zu sein.

»Viele große Künstler lebten zeitweilig in einer Anstalt und manches berühmte Werk ist dort entstanden. Denken Sie nur an Vincent van Gogh. Ich bin sicher, Juanita Soaréz hat eine große Karriere vor sich.«

Der ältere Herr mit dem Spitzbart, klein und schmächtig von Statur, trat, in einen tadellos sitzenden dunkelblauen Zweireiher gekleidet, näher.

»Darf ich?« fragte er und warf einen neugierigen Blick auf das Bild. »Du hast recht, mein lieber Xaver, das Bild hat wirklich

Aussagekraft. Wie ich immer sage: Genie und Wahnsinn sind nicht weit voneinander entfernt. Oft sind es die scheinbar Wahnsinnigen, die uns mit der Wahrheit konfrontieren.«

Zu mir gewandt sagte er: »Darf ich mich vorstellen? Dr. Justus Uhlmann, wie Xaver ehemaliger Dozent an der Pädagogischen Hochschule in München. Eine ausgezeichnete Arbeit. Würden Sie mir die Adresse der Künstlerin verraten? Ich möchte selbst einige Werke von ihr erstehen.«

Halb betäubt gab ich ihm die Adresse des Heims, von dem ich das Bild bekommen hatte.

»Justus ist ein bekannter Kunstsammler und Händler,« erklärte der Professor. »Eine eigene Karriere als Künstler kam für ihn nie in Frage.«

Dr. Uhlmann klopfte Professor Hintermooser auf die Schulter. »Sag selbst, Xaver – soll ich wie Du einem unerfüllbaren Traum nachjagen?«

Ich drehte mich um und ging einige Schritte weg. Daphni trat neben mich und flüsterte mir ins Ohr: »Sie wollten ihn mit dem Geschenk ärgern, stimmt´s?«

»Was aber gründlich danebengegangen ist,« bekannte ich enttäuscht.

Sie schmunzelte. »Schützen sind gut darin, die Wahrheit zu sagen, doch wenn es um den feinen Spott geht, sind sie Skorpionen hoffnungslos unterlegen.«

Ich machte wohl ein betroffenes Gesicht, denn sie fügte hinzu: »Falls es Sie tröstet: Es hat ihn geärgert. Nur hat das niemand gemerkt.«

Bevor ich fragen konnte, woher sie das wusste, trat Perdita, eine Glaskünstlerin aus Agios Stefanos, zu uns.

»Hallo Roberto,« begrüßte sie mich überschwenglich, »wir haben uns ja ewig nicht mehr gesehen. Was treibst Du denn so?«

Diesmal kam ich nicht dazu, zu antworten, Perdita redete sofort weiter.

»Das mit dem Bild war ein herrlicher Einfall! Damit hast Du Xaver vor den Kopf gestoßen – und zwar so richtig!« Sie schien begeistert zu sein.

»Aber es gefällt ihm doch!« sagte ich schnell, solange ich noch eine Chance hatte, zu Wort zu kommen.

Perdita lachte. »Glaubst Du? Das verschwindet morgen in der Rumpelkammer, genau wie Harkos Geschenk. Xaver liebt nur eine Kunst – seine eigene.«

Sie sah sich um, ob uns der Professor hören konnte, doch der unterhielt sich gerade mit anderen Gästen. »Hast Du mit ihm auch schon über Kunst diskutiert? Ich meine: Über den Unterschied zwischen Deiner und seiner Kunst?«

Ich war mir nicht sicher, was ich sagen sollte. Deshalb antwortete ich nur ausweichend: »Ich sehe mich nicht als Künstler, eher als Handwerker.«

»Genau wie ich. Aus diesem Grund sieht Xaver auf mich, auf Dich, überhaupt auf alle Künstler hier in unserer Ecke von Korfu herab: Er hält uns für schlichte Handwerker. Nur er ist ein wahrer Meister, ein echtes Genie. Gleichzeitig ärgert er sich maßlos, weil wir erfolgreich sind, während seine Werke nur auf Kritik stoßen. Wie seine zwölf Apostel.«

Ich erzählte Daphni, wie die Müllabfuhr die Kunstobjekte entfernt hatte, und dass mir der Professor zur Überwindung meiner Schreibprobleme zwei Bücher über Selbstmord gegeben hatte.

»Jetzt verstehe ich Ihre Verärgerung,« sagte sie. »Und auch sein Problem: Wenn er als Künstler das Werk einer Behinderten nicht von echter Kunst unterscheiden kann, darf er kaum erwarten, dass Normalsterbliche seine Werke als Kunst ansehen.«

Perdita lachte schallend. Dann aber sagte sie: »Zu Xavers Verteidigung muss ich sagen, dass er da nicht der Einzige ist. Spaßvögel haben vor einigen Jahren abstrakte Bilder von Affen malen lassen und sie dann sogenannten Kunstexperten vorgelegt. Angeblich konnten die alle was damit anfangen und einen tieferen Sinn in den wirren Mustern erkennen. Kunst ist eben Ansichtssache.«

Ich runzelte die Stirn. »So weit wollte ich nicht gehen. Was ich bislang vom Professor gesehen habe, ist nicht schlecht. Er ist auch nicht der erste, der mir vorwirft, ich würde nur Unterhaltung produzieren und keine hohe Literatur. Damit kann ich leben, darauf bin ich sogar stolz. Doch er ist der erste, der mir durch die Blume rät, ich solle mir besser die Kugel geben, da ich ganz offensichtlich gescheitert sei.«

Menschen, die lachen, haben tausend Freunde, Menschen, die jammern, sind schnell allein. Eine Erkenntnis, die ich wohl vergessen oder verdrängt hatte. Perdita hörte mir überhaupt nicht zu, sondern sagte zu Daphni: »Sie sprechen ausgezeichnet deutsch. Wie kommt das?«

»Ich habe zwei Jahre in Deutschland studiert – in Hamburg.«

»Darüber müssen Sie mir mehr erzählen,« sagte Perdita und entführte Daphni in eine ruhige Ecke. Dafür kam der Professor auf mich zu.

Er hob scherzhaft drohend einen Finger. »Eigentlich sollte ich Ihnen böse sein, mich so hinters Licht zu führen. Vermutlich habe ich es nicht anders verdient: Sie müssen mich wirklich für einen verbohrten Besserwisser halten.« Er seufzte. »Wer 30 Jahre mit angehenden Künstlern zu tun hat, lernt wohl, Arroganz als Teil des Berufes – oder sollte ich besser sagen: der Berufung? – anzusehen.«

Ich wusste nicht, was ich sagen sollte, aber der Professor erwartete augenscheinlich keine Antwort. »Kommen Sie,« sagte er stattdessen, »ich stelle Sie meinen anderen Gästen vor.«

Ich sah mich suchend nach Daphni um, sie sollte mir helfen, die Daten für die Horoskope zu bekommen. Doch Daphni war noch immer in ihr Gespräch mit Perdita vertieft. So folgte ich dem Professor allein.

»Was ich Sie noch fragen wollte,« sagte er, während wir durch das Wohnzimmer gingen, »die Idee mit dem Krimi über meine Ermordung haben Sie hoffentlich nicht ernst genommen. Ich hätte nichts dagegen, in einem Ihrer Bücher als Figur vorzukommen, aber bitte nicht als Leiche.«

Ich zog es vor, nicht zu antworten. Zunächst führte mich der Professor zu einer elegant gekleideten, dunkelhaarigen Dame. »Meinen alten Freund Justus haben Sie bereits kennengelernt; das ist seine charmante Gattin Hilda.«

Hilda Uhlmann reichte mir die Hand. »Sehr erfreut, Señor Bardéz. Xaver hat mir schon viel über Sie erzählt.« Sie lächelte. »Denken Sie wirklich daran, ihn in einem Ihrer Krimis zu ermorden? Ich finde, damit treibt man keine Scherze.«

Ich fühlte mich plötzlich unwohl in meiner Haut und flüchtete mich in ein Kompliment: »Jetzt, wo ich Sie als gute Freundin von Professor Hintermooser kennengelernt habe, scheint mir unwahrscheinlich, dass ihm jemand nach dem Leben trachten könnte.«

Frau Uhlmann mochte Anfang 50 sein, gut zehn Jahre jünger als ihr Gatte. Sie hatte volles, kräftiges, fast schwarzes Haar, regelmäßige Gesichtszüge, die jedoch von vielen Lachfältchen gezeichnet waren. Sie trug ein elegantes, schwarzes Kleid, das ihre Figur betonte. Nein, dachte ich, so stelle ich mir keine potentielle Mörderin vor.

Zum Glück wechselte sie schnell das Thema. »Xaver hat mir immer vorgeschwärmt, wie herrlich es auf seiner Insel ist. Ich kenne ihn lange genug, um zu wissen, wie gerne er in Superlativen schwelgt: Ehrlich gesagt hielt ich das meiste für übertrieben. Jetzt aber stelle ich fest, zum erstenmal in seinem Leben hat Xaver untertrieben: Korfu ist traumhaft!«

Der Professor führte mich weiter, zu einer aufgetakelten Blondine mit wogendem Busen, schätzungsweise Ende 30. Das Blond war echt, der Busen nicht, wie ich bei einem schnellen Blick ins Dekolleté feststellte – mehr Verpackung als Füllung. Ich lächelte sie an.

Sie lächelte zurück, was ihr faltiges Gesicht eigenartig verzerrte. Ihre stahlgrauen Augen lachten nicht, sie taxierten mich. Ich wurde gewogen und für zu leicht befunden.

»Darf ich vorstellen?« sagte der Professor, »meine Tochter Gertrud.«

Gertrud reichte mir die Hand. »Wenn Sie Ihren Bart färben: Warum versuchen Sie es nicht mit einem dezenteren Farbton als diesem ekelhaften Rot?« Ihre Falten vertieften sich. »Oder spielt der rote Bart bei der Ermordung meines Vaters eine wichtige Rolle?«

Auf Witze über meinen roten Bart reagiere ich allergisch, außerdem wurde ich langsam wütend, weil hier offenbar jeder über mein neues Buchprojekt Bescheid wusste. Aufmerksam studierte ich ihr Gesicht, ohne etwas zu sagen. Sie versuchte noch immer zu Lächeln, wurde aber langsam nervös.

»Stimmt etwas nicht mit meinem Make-up?« fragte sie unsicher.

»Nein, das ist in Ordnung. Ich frage mich nur, wieviel Zeit Sie jeden Morgen benötigen, um die Falten glattzubügeln.«

Zuerst verschwand das Lächeln, dann Gertrud Hintermooser – sie drehte sich um und ging wortlos davon. Nur ihre Falten flatterten wie Segel im Wind…

Der Professor seufzte. »Gertrud ist überaus talentiert. Eines ihrer größten Talente besteht darin, jeden Menschen innerhalb von Minuten gegen sich aufzubringen.« Ich war wohl nicht der einzige, der sie nicht mochte. Im Geiste setzte ich sie ganz oben auf die Liste meiner Tatverdächtigen.

Wir gingen weiter zu einem Pärchen. Ihn kannte ich schon, er war der Gehilfe des Professors, sie hatte ich noch nie gesehen.

»Meinen Mitarbeiter Manni haben Sie bereits kennengelernt,« sagte der Professor, »das ist seine Freundin Conny.«

Es war was dran an dem Glauben, dass die Menschen auf Korfu erstens sehr alt werden und zweitens bis ins hohe Alter hinein rüstig bleiben. Was sich dem Anschein nach auch auf die zugereisten Neu-Insulaner erstreckt. Manni war sicher über 60, seine Freundin hatte die 50 überschritten, doch beide strahlten wie frischverliebte Teenager.

»Frisch verliebt oder lange verlobt?« fragte ich und Conny lachte.

»Wir sind, wie man so sagt, im zweiten Frühling, nicht wahr, Schatz?«

Manni nickte nur.

»Kennengelernt haben wir uns nach der Wende, ich bin nämlich von drüben. Erst dachte ich ja, ich mache mir mit Manni im Osten ein schönes Leben, aber jetzt gefällt es mir hier auch ganz gut. Nicht wahr, Schatz?«

Wieder beschränkte sich Manni auf ein Nicken. Ich hatte den Eindruck, er stünde lieber mit seinem Blaumann in der Werkstatt.

Schönheit war Manni keine, das stand fest. Er war groß und kräftig, doch seine Haarpracht hatte er eingebüßt: Bubikopf auf Rand genäht, mit einem kärglichen Rest von Heiligenschein. Zum Ausgleich hatte er sich einen mächtigen Schnauzer stehen lassen. Sein Gesicht zeugte von einem harten Arbeitsleben, seine rauhen Hände sprachen eine deutliche Sprache. Conny schien gut zu ihm zu passen: Auch sie sah aus, als könne sie zupacken.

»Wie lange sind Sie schon auf der Insel?« fragte ich. Afionas war ein kleines Dorf, in dem sich Neuigkeiten schnell verbreiteten, doch da ich etwas außerhalb wohne, bekomme ich vom Dorfleben selbst nur wenig mit.

»Nu, vier Wochen werden es schon sein. Leider kenne ich bis jetzt nur Manni und den Professor – wird höchste Zeit, dass ich unter die Leute komme.«

Manni schien von der Aussicht nicht sonderlich angetan zu sein, er schwieg und sah zu Boden.

Der Professor deutete auf den Goldschmied aus Pagi. »Alexandros kennen Sie sicher.«

Ich nickte Alex zu und hob grüßend die Hand; wir würden später noch Gelegenheit haben, uns zu unterhalten. Ich wollte zu Daphni.

Sie und Marianne waren jedoch damit beschäftigt, den Tisch für Kaffee und Kuchen herzurichten, Harkos Zwillinge halfen dabei.

Ich ging zu Konstantinos und Athina, die sich gerade mit Harko unterhielten.

»Ein schönes Haus,« sagte Athina. »Nur etwas kühl – so viel Stahl und totes Holz. Hat das einen besonderen Grund?«

»Die bevorzugten Materialien des Professors.«

»Glaubst Du, er zeigt uns später einige seiner Werke?« fragte Konstantinos.

Harko lachte. »Denkst Du, das könnte er sich verkneifen?«

Harko und Konstantinos waren also schon beim Du angekommen.

»Die Gelegenheit, seine Kunst vor einem so großen Publikum zu zeigen, wird er sich nicht nehmen lassen.« Harko deutete auf Daphni. »Sie hat wirklich schöne Augen. Läuft da was zwischen Dir und ihr?«

Ich schüttelte vehement den Kopf. »Mein Interesse ist rein beruflich.«

Harko stieß mich freundschaftlich in die Seite. »Sonst bist Du nicht so zurückhaltend…«

Der Tisch war gedeckt, wir nahmen Platz. Dr. Uhlmann nutzte die Gelegenheit, einen Toast auf den Professor auszusprechen, dankte noch einmal für die Einladung und wünschte dem Professor auch weiterhin alles Gute. Und vielleicht, fügte er mit süffisantem Unterton hinzu, bringe ja das nächste Jahrzehnt endlich den gewünschten Durchbruch als anerkannter Künstler.

Zum erstenmal tat mir der Professor leid, ich bereute, dass auch ich ihn wegen seines überzogenen Kunstverständnisses geneckt hatte. Das wollte ich wieder gutmachen. Ich stand auf.

»Erfolg, so sagt man, besteht zu 10% aus Inspiration und zu 90% aus Transpiration. Ich weiß das, denn beim Schreiben meiner Krimis komme ich oft genug ins Schwitzen.«

Die meisten Gäste lachten, Manni warf mir einen zustimmenden Blick zu, die Tochter des Professors einen bösen.

»Doch diese Rechnung stimmt nur, wenn man sie auf einen gewöhnlichen Beruf anwendet, in dem der Erfolg erarbeitet werden kann. Was ein Künstler außerdem noch braucht, ist Glück. Deshalb wünsche ich Ihnen für die nächsten Jahre 100% Glück.«

Bis auf Gertrud applaudierten alle.

Ich hatte gehofft, wenigstens beim Kaffee mit Daphni reden zu können, doch sie hatte sich neben Conny gesetzt und unterhielt sich lebhaft mit ihr. Ich saß neben Harko, der mit Konstantinos über Kriminalfälle diskutierte – Harkos Lieblingsthema. So wandte ich mich meiner anderen Tischnachbarin zu, Frau Uhlmann.

»Ihre aufmunternden Worte haben mir gut gefallen,« sagte sie. »Sie gönnen ihm den Erfolg wirklich.«

»Natürlich. Tut das hier nicht jeder?«

Sie sagte nichts, was auch eine Antwort war: Der Professor hatte nur Freunde zu seinem Fest eingeladen, doch wie es schien, waren ihm nicht alle Freunde wohlgesonnen. Im Geiste machte ich mir eifrig Notizen, das würde ich für meinen Krimi verwenden.

Wir wechselten das Thema, unterhielten uns über Korfu, über die Unterschiede zwischen Sommer und Winter, über den Tourismus.

Es klingelte, dem überraschten Gesichtsausdruck des Professors nach zu urteilen, erwartete er keine weiteren Besucher. Er stand auf und öffnete die Tür. Im Türrahmen stand Hermann, ein Deutscher, der seit mehreren Jahren in Agios Stefanos lebt. Ich mochte nicht glauben, dass der Professor ihn zu seiner Geburtstagsfeier eingeladen hatte: Hermann war der übelste Schnorrer, den ich jemals getroffen hatte. In Deutschland war er arbeitslos gemeldet, verstand es jedoch meisterhaft, jeden Job, den ihm das Arbeitsamt von Zeit zu Zeit vermittelte, innerhalb weniger Tage zu schmeißen und mit neuer Arbeitslosenhilfe nach Korfu zurückzukehren.

Hermann war weder dumm noch ungeschickt, er hatte nur eine ausgesprochene Abneigung gegen Arbeit. Wenn Deutsche auf die Insel kamen, um hier zu leben, dauerte es nie länger als eine Woche, bis sie *rein zufällig* Hermanns Bekanntschaft machten. Er bot an, ihnen beim Umgang mit den Behörden zu helfen, für sie zu dolmetschen. Natürlich alles umsonst, wozu war man schließlich Landsmann. Die meisten machten Gebrauch von diesem Angebot und tappten damit in die Falle: Sie fühlten sich Hermann verpflichtet, wollten ihm seine Hilfe vergelten.

Was sie erst später merkten: Hermann nutzte seinen Beistand nur, um seine Opfer auszukundschaften. Hatte er eine Schwachstelle gefunden, schlug er zu: Er erinnerte die Menschen daran, dass er ihnen geholfen hatte, lieh sich Geld wegen einer vorübergehenden Finanzkrise – das er niemals zurückzahlte – oder schlug ein dubioses Geschäft vor, das natürlich prompt in die Binsen ging. Hermann würde gut in die Liste der Tatverdächtigen passen.

Der Professor lebte seit vielen Jahren auf der Insel und hatte zweifellos die Bekanntschaft von Hermann gemacht. Die Warnungen aber waren wohl zu spät gekommen, er musste schlechte Erfahrungen gemacht haben. Denn Professor Hintermooser bat Hermann nicht herein, sondern ging mit ihm nach draußen, von wo bald ein hitziger Wortwechsel zu hören war. Als der Professor wieder hereinkam, und zwar allein, wirkte er äußerst erregt. Er kämpfte um seine Beherrschung.

»Was war los?« fragte seine Tochter.

»Nichts,« antwortete der Professor. »Nur ein Gast, der sich kostenlos den Bauch vollschlagen wollte.«

Oh ja, der Professor kannte *Herman, the german…*

Am Tisch herrschte Unruhe: Jeder wollte wissen, was der Professor mit Hermann diskutiert hatte, der Professor aber hüllte sich in Schweigen. Konstantinos unterbrach schließlich die peinliche Stille: »Mich würde brennend interessieren, einige Ihrer Kunstwerke zu sehen. Meinen Sie, Sie könnten uns etwas zeigen?«

Schlagartig war der Professor wieder munter. »Das ist eine ausgezeichnete Idee!« rief er begeistert, als wäre er niemals von allein auf diesen Gedanken gekommen. »Darf ich Sie alle bitten?«

Die Gesellschaft erhob sich und folgte dem Professor nach draußen, nur Marianne und die Zwillinge blieben zurück: Sie wollten die Theateraufführung vorbereiten. Für mich war endlich die Gelegenheit gekommen, die Gäste zu fotografieren. Wie wichtig die Bilder in den nächsten Tagen werden sollten, wusste ich zu diesem Zeitpunkt noch nicht.

Das rechte Gebäude kannte ich, das war die Werkstatt. Den mittleren Bau aber hatte ich bislang nur von außen gesehen. Professor Hintermooser schloss die große zweiflügelige Tür auf, öffnete beide Flügel mit gekonntem Schwung und bat uns als der Maestro, der er in diesem Moment war, einzutreten. Das Innere bestand aus einem einzigen, großen Raum, angefüllt mit seinen Kunstwerken. Sie standen auf dem Boden, hingen an den Wänden, waren in Regalen gruppiert, nach Größe geordnet.

Ich hatte oft von Künstlern gehört, die gerade ihre Blau-Phase beendet und nun in die Gelb-Grün-Lila oder was auch immer Phase eingetreten waren, und im Stillen gedacht, ihnen wäre schlicht ihre wichtigste Farbe ausgegangen und sie hätten kein Geld, die einzige Farbe, mit der sie umgehen konnten, in den benötigten Mengen nachzukaufen. Jetzt sah ich, dass ein solcher Phasenwechsel keine Ausflucht sein musste: Der Professor hatte seine Recycling-Phase hinter sich gelassen und dafür das Ebenmaß als neues Gestaltungsmittel entdeckt.

Die Ausstellung, denn um eine solche handelte es sich zweifellos, wurde dominiert von vier lebensgroßen Figuren aus Edelstahl, kombiniert mit dunkelblauem Glas. Die Figuren waren abstrakt gehalten, strahlten aber Persönlichkeit aus.

»Meine neueste Kreation,« erklärte der Professor stolz. »Die Eisheiligen.«

Harko kam zu mir und flüsterte: »Der kann ja wirklich was.« Auch bei den anderen Gästen sah ich überraschte Gesichter: Sie wussten um die Vorliebe von Xaver Hintermooser, mit seiner Kunst zu provozieren, und sahen nun erstaunt faszinierende Werke. Alex, der Goldschmied, pfiff anerkennend, Perdita nickte bewundernd.

Dr. Uhlmann trat neugierig an eine der Figuren heran, offenbar hatte auch er die Plastiken zuvor noch nicht gesehen. »Xaver,« sagte er und es klang beeindruckt, »das hätte ich Dir gar nicht zugetraut. Mir scheint jedoch, Du hast Dich verzählt: Entweder ist das eine Figur zu wenig oder eine zuviel.«

»Warum das denn?« fragte seine Gattin.

»Weil es im größten Teil Deutschlands nur drei Eisheilige gibt,« erklärte ihr Mann. »Mamertus, Pankratius und Servatius. Somit ist ein Eisheiliger zuviel. In Bayern dagegen gibt es fünf Eisheilige, hier kennt man noch Bonifatius und die Kalte Sophie.«

Ich wollte gerade zu Daphni, als der Professor sagte: »Justus hat vollkommen recht: Eine Figur fehlt. Mein Meisterwerk.«

Er führte uns aus dem Ausstellungsraum wieder nach draußen. Der Regen hatte inzwischen aufgehört, nur der Südwind blies kräftig: Er würde sich bis zur Nacht zum Sturm steigern. Wir gingen an der Werkstatt vorbei auf eine erhöhte Terrasse, die von unten nicht zu sehen war. Mitten auf dem Platz stand eine einzelne Figur, mit einer grünen Plane abgedeckt.

Der Professor zog die Plane weg, ein gut drei Meter großer Riese aus Edelstahl kam zum Vorschein. »Die Kalte Sophie,« sagte Professor Hintermooser stolz.

Sophie war in der Tat eine imposante Erscheinung: Keine Hexe, wie ich dem Namen nach erwartet hatte, sondern die Karikatur einer Gottesanbeterin – ein mundloses, dreieckiges Gesicht, zwei riesige Augen, ein Körper aus Stahl mit weitausgebreiteten, stählernen Klauen. Sie wirkte bedrohlich, als lauere sie auf ein Opfer, gab sich aber gleichzeitig zurückhaltend, als sei sie sich ihrer Kraft und Stärke voll bewusst.

»Ihre Füße,« sagte Frau Uhlmann, »sind die nicht zu klein?«

Sie hatte recht: Das riesige Monster stand auf ziemlich dünnen Beinen.

Zum erstenmal öffnete Manni den Mund: »Das sage ich ihm schon die ganze Zeit, doch er will nicht auf mich hören.«

Der Professor machte eine wegwerfende Handbewegung. »Sophie ist eine Eisheilige, sie fliegt auf einer Wolke, bringt kalten Wind mit sich. Da kann sie doch nicht festverwurzelt auf der Erde stehen.«

»Aber halten diese winzigen Beine das Gewicht auch aus?« fragte Frau Uhlmann ängstlich. »Ich hätte Angst, dass mir Sophie auf den Kopf fallen könnte.«

Professor Hintermooser versuchte, sie zu beruhigen. »Der optische Eindruck täuscht. In Wahrheit steht Sophie auf soliden Beinen.« Um das zu beweisen, trat er näher und rüttelte kräftig an der Figur. Sophie wankte bedrohlich, fiel aber nicht um.

»Versuch es ruhig selbst,« sagte der Professor zu Frau Uhlmann. Zögernd trat sie näher, schubste die Figur vorsichtig an.

»Du musst fester rütteln,« sagte ihr Gatte und gab Sophie einen kräftigen Stoß. Ein seltsames Bild, wie dieses kleine Männchen versuchte, das riesige Standbild umzuwerfen. Erschrocken sprang seine Gattin zwei Meter zurück.

Wie kleine Kinder in der Schule trat nun jeder an die Figur heran, drückte oder lehnte sich mit ganzem Gewicht dagegen. Sophie schwankte, hielt aber stand – und schien sich über die Versuche der winzigen Menschen zu amüsieren, sie zu Fall zu bringen. Jedenfalls glaubte ich, das ihrem spöttischen stählernen Lächeln zu entnehmen.

Der einzige, der sich nicht an dem allgemeinen Geschubse beteiligte, war Manni: Seinem skeptischen Gesichtsausdruck nach traute er der Konstruktion nicht über den Weg.

Wir ließen die Kalte Sophie auf ihrer Aussichtsterrasse zurück und gingen zurück zum Haus. Als wir an der Ausstellungshalle vorbeikamen, fuhr ein Wagen den Berg hoch, hielt an und ein Grieche stieg aus: Perikles Vasilopoulos, ein Restaurantbesitzer aus Pagi. Zum zweitenmal an diesem Tag verfinsterte sich die Miene des Professors – wie Herman the german gehörte wohl auch Perikles nicht zu den geladenen Gästen.

»Ich muss den Weg endlich mit einem Tor dichtmachen,« sagte der Professor fluchend.

Perikles kam mit ausgebreiteten Armen auf den Professor zu. »Ti kanis, file mou?[8] Chronia pola!«

Chronia pola ist der allgemeine Glückwunsch der Griechen zu allen Gelegenheiten, nicht nur zum Geburtstag: Viele Jahre! Eigentlich ein schöner Wunsch.

Der Professor schien sich nicht darüber zu freuen. »Ganz recht,« rief er auf griechisch, »viele Jahre. Wieviele Jahre warte ich schon darauf, dass Du endlich Deine Schulden bei mir bezahlst?«

»Mein Freund,« antwortete Perikles ebenfalls auf griechisch. »Du weißt, die Zeiten sind hart. Wenn wieder bessere Tage kommen, kriegst Du Dein Geld.«

»So lange werde ich nicht warten,« sagte der Professor scharf. »Mein Anwalt wird nächste Woche Klage gegen Dich einreichen – dann werden wir sehen, ob auch der Richter Deinen Sprüchen glaubt.«

Perikles erbleichte. »Das wirst Du nicht tun. Wir sind doch Freunde!«

Der Professor blieb hart. »Das werde ich tun und wenn Du bezahlt hast, sind wir wieder Freunde. Bis dahin ist es besser, Du lässt Dich hier nicht mehr blicken.«

»Das wird Dir noch leid tun,« sagte Perikles, nun ebenfalls wütend, »das wird Dir noch sehr leid tun.«

Er drehte sich um, stieg in seinen Wagen und fuhr davon. Die Liste meiner möglichen Tatverdächtigen wuchs.

»Wer war denn das?« fragte Frau Uhlmann.

»Ein Bekannter,« sagte der Professor, »der mich vor drei Jahren damit beauftragt hat, seine ganze Taverne mit Edelstahl und Kunst einzurichten. Was ich auch getan habe. Dann hat er vergessen, meine Rechnung zu bezahlen. Jetzt wagt er es, sich vor meinen Gästen als Freund aufzuspielen.« Der Professor war wirklich wütend. Er entschuldigte sich für den Zwischenfall und bat uns, wieder ins Haus zu gehen.

Die Störung war bald vergessen, denn jetzt führten Tina und Sina ihr Theaterstück auf, das sie die ganze Woche geprobt hatten. Ihre Mutter hatte sie geschminkt und ihnen geholfen, Kostüme auszuwählen: Die Zwillinge wollten ein Liebespaar bei ihrem ersten Rendez-vous darstellen. Tina hatte sich ein Bärtchen angeklebt und

[8] Griechisch: Wie geht es, mein Freund

sprach mit tiefer Stimme, Sina spielte ein schüchternes Mädchen, das verliebt ist, sich aber ziert, dies zuzugeben. Sie hatte sich eine dunkelhaarige Perücke aufgesetzt, das Gesicht grell geschminkt und die Fingernägel lackiert.

Ich kannte die Beiden inzwischen recht gut, erlebte aber in den nächsten Minuten zwei vollkommen andere Persönlichkeiten. Sina, im wirklichen Leben ein echter Springinsfeld, spielte die schüchterne Jungfer völlig überzeugend; Tina, die zurückhaltendere der Beiden, trumpfte als Liebhaber mit viel Selbstbewusstsein auf. Dass beide Mädchen noch keine eigenen Erfahrung mit der Liebe hatten, war ihrer Vorführung nicht anzumerken: Sie parodierten, was sie bei den Erwachsenen beobachtet hatten und machten sich auf ihre kindliche Art darüber lustig. Es wurde viel gelacht, ich sah aber auch nachdenkliche Gesichter: Die Zwillinge brachten das menschliche Balzverhalten auf den Punkt.

Viele Jahre hatte ich für Aufnahmen eine große Spiegelreflexkamera benutzt. Die Qualität der Bilder war, sieht man von meinen bescheidenen Talenten als Fotograf ab, gut gewesen, auf jeden Fall ausreichend für meine Zwecke. Doch die Kamera war, vor allem in Verbindung mit einem großen Teleobjektiv, sehr auffällig, was meine menschlichen Motive häufig verschreckt hatte. Meinen Winzling dagegen beachtete keiner. Ich lernte auch eine zweite Eigenschaft der Digitalkamera zu schätzen: Kein Filmwechsel nach 36 Bildern, die Speicherkarte schien unendlich groß zu sein. 120 Aufnahmen hatte ich bereits gemacht, laut Display sollten 150 weitere möglich sein. Oh ja, diesmal würden die Beschreibungen meiner Figuren nichts an Realitätstreue zu wünschen übrig lassen. Im Geiste streckte ich dem Fiesling aus Hollywood die Zunge heraus…

Der Professor bedankte sich überschwenglich für das tolle Geburtstagsgeschenk und lobte besonders die Maskerade der beiden; er habe wirklich das Gefühl gehabt, ein Liebespaar vor sich zu sehen. Die Zwillinge berichteten eifrig, sie hätten tatsächlich geglaubt, durch ihre Masken jemand anderes zu sein, dann stritten sie sich darum, wer von ihnen besser war.

Harko kratzte sich nachdenklich am Kinn. »Das kann ja heiter werden, wenn die wirklich anfangen, sich für Jungs zu interessieren. Die sind viel weiter als ich dachte.«

Ich hatte meine eigenen Sorgen: Daphni unterhielt sich jetzt mit der Tochter des Professors, ich kam wieder nicht dazu, mit ihr über die Horoskope zu sprechen.

Der Professor hatte ein großes Buffet vorbereitet, das des schlechten Wetters wegen jetzt im Wohnzimmer aufgebaut wurde. Während sich die Frauen um das Essen kümmerten, hatte ich Gelegenheit, mich mit Alex zu unterhalten.

Alex, gebürtiger Grieche, der lange Zeit in Deutschland gelebt hatte, ist Goldschmied und besitzt in Pagi eine eigene Werkstatt, in der er Gold- und Silberschmuck herstellt. Sein Schmuck ist begehrt, doch Alex betrachtet den Verkauf nur als Teil des Geschäfts: Jeden Sommer veranstaltet er Seminare, in denen die Urlauber unter seiner Anleitung ihren eigenen Schmuck herstellen können, außerdem produziert er Pretiosen nach den Vorgaben seiner Kunden. Im Gegensatz zu Professor Hintermooser konnte er sich über mangelnde Nachfrage nicht beklagen.

»Wie hat Dir die Ausstellung gefallen?« fragte er mich direkt.

»Ich kann sie nur vom Standpunkt des Laien beurteilen. Da hat sie mir gut gefallen. Und Dir?«

»Ich bin überrascht,« sagte er. »Der Professor ist vom Olymp herabgestiegen und produziert Kunst, die gefällt. Das macht ihn fast menschlich.«

Wir lachten, dann diskutierten wir über die kommende Saison und was sie wohl für den Tourismus bringen würde.

Den Rest des Nachmittags verbrachten wir mit Essen und Gesprächen. Der Professor wollte ständig über Kunst reden, doch keiner hatte Lust, mit ihm darüber zu philosophieren. Dafür rückte Harko schnell in den Mittelpunkt, als er über seine Erlebnisse bei der Jagd nach Verbrechern berichtete. Den Höhepunkt bildete sein Abenteuer auf Othoni, wo er mit Hilfe der griechischen Polizei einen internationalen Drogenring gesprengt hatte.

»Ist es nicht beruhigend, einen Freund zu haben, der so gute Kontakte zur griechischen Polizei hat?« fragte Frau Uhlmann den Professor.

Der lachte nur. »Hier in Afionas wird höchstens mal ein Haus schwarz gebaut und das ist kein Verbrechen, sondern nur ein Kavaliersdelikt. Wir brauchen hier keine Polizei.«

Harko widersprach. »Das ist nicht richtig. Die Polizei schreitet vielleicht nicht ein, wenn sie wegen eines schwarz gebauten Hauses verständigt wird, aber sie kommt auf jeden Fall vorbei. Genau wie bei schwarz errichteten Kunstwerken.«

Harko musste die Geschichte der zwölf Apostel erzählen, was bei den Gästen für Heiterkeit, beim Gastgeber dagegen für ein missmutiges Gesicht sorgte.

»Du siehst,« sagte Harko am Ende seiner Ausführungen zum Professor, »gute Kontakte zur Polizei sind auf der ganzen Welt von Vorteil. Auch hier in Afionas.« Wie zum Beweis verteilte er seine Visitenkarten.

Insgesamt war es eine schöne Feier, nur fand ich bis zu ihrem Ende keine Gelegenheit, mit Daphni zu sprechen. Sie schien mir auszuweichen, denn jedesmal, wenn ich mit ihr reden wollte, war sie in ein anderes Gespräch vertieft. Meine Laune war daher nicht die beste, als sich die Gesellschaft gegen zehn Uhr abends auflöste.

In Konstantinos Wagen wollte ich Daphni Vorwürfe machen, aber sie kam mir zuvor. »Gilt die Einladung zum Abendessen noch?«

Ich nickte und wollte etwas sagen wegen der Horoskope, doch wieder war sie schneller.

»Ich habe die Daten der meisten Gäste und morgen Abend bekommen Sie die ersten Ergebnisse. Zufrieden?«

Diesmal hätte ich etwas sagen können, doch nun fiel mir nichts ein. So sagte ich nur: »Danke.«

»Dem Professor habe ich das Horoskop gegeben, aber er hat es noch nicht gelesen.« Sie schmunzelte. »Sicher wäre es ihm peinlich gewesen, sich vor allen Gästen entschuldigen zu müssen. Ich bin gespannt, was er dazu sagt, wenn er es in Ruhe durchgelesen hat.«

Konstantinos hielt kurz bei mir an und ließ mich aussteigen. Daphni gab mir ihre Telefonnummer, wir verabredeten uns für acht Uhr am nächsten Abend, dann ging ich ins Haus. Ich wollte mir noch Notizen über die Geburtstagsfeier machen, die Menschen, die ich getroffen hatte, zumindest grob skizzieren, doch meine Gedanken kreisten ständig um Daphni. Ich konnte sie nicht einordnen, sie war anders als die Frauen, mit denen ich sonst zu tun hatte. War das gut oder schlecht? Ich wusste es nicht. Ich wusste nur, sie fing an, mich zu interessieren.

II

Das Sterben

Harkos Anruf früh um sieben am nächsten Morgen riss mich aus dem Tiefschlaf.
»Bist Du wach?« fragte er.
»Jetzt schon,« brummte ich verschlafen.
»Dann zieh Dich an und komm zu Xavers Haus.«
»Braucht er Hilfe beim Aufräumen?«
»Xaver braucht keine Hilfe mehr. Sophie hat ihn erschlagen.«
Dann legte er auf.

Roberto, sagte ich mir, du bist überarbeitet. Jetzt träumst du bereits von Harko. Und was soll das, der Professor wäre erschlagen worden? Ich hatte mich für einen Giftmord entschieden. Ich drehte mich auf die andere Seite und schlief weiter. Bis das Telefon erneut klingelte.
»Wo bleibst Du denn?« fragte Harko. »Die Polizei ist schon da.«
»Machst Du Witze?« Dann fiel mir ein, dass ich mit Harko bisher noch nicht über mein neuestes Projekt gesprochen hatte.
»Ich mache keine Witze. Sophie ist umgefallen und hat Xaver unter sich begraben.«
Diesmal war ich in Windeseile angekleidet, fünf Minuten nach Harkos zweitem Anruf fuhr ich den steilen Weg zum Anwesen des Professors hoch. Wieder standen sechs Wagen auf dem Parkplatz vor dem Haus, darunter auch Harkos silberner Land-Cruiser. Doch heute würde es keine Feier geben.
Xaver Hintermooser lag auf der Aussichtsterrasse oberhalb der Werkstatt, über ihm lag die kalte Sophie. Daneben standen Harko, Georgos Katsatopoulos, Dr. Uhlmann und seine Gattin, die Tochter des Professors, Manni und ein Grieche, den ich nicht kannte. Das ist ein Traum, sagte ich mir, du träumst eine Episode aus deinem Krimi. Sicherheitshalber zwickte ich mich in den Arm. Es tat weh, ich träumte nicht: Dies war keine Geschichte, dies war die Realität.
Äußerlich schien dem Professor, soweit ich das auf den ersten Blick erkennen konnte, nicht viel geschehen zu sein: Er lag ohne erkennbare Wunden unter der Plastik, den Kopf unter ihren mächtigen Klauen, die Arme weit von sich gestreckt. Nur aus einem Mundwinkel war etwas Blut über seine Wange gelaufen. So hatte ich mir das Ende des Professors nicht vorgestellt: Von seiner eigenen Kunst schlicht erschlagen.

Georgos Katsatopoulos unterhielt sich mit Manni, da der aber nur wenige Brocken Griechisch konnte, fungierte Harko als Dolmetscher.

»Ich habe ihm hundertmal gesagt, die Beine von Sophie sind zu schwach, die halten keinen richtigen Sturm aus. Doch die künstlerische Aussage war ihm natürlich wichtiger als die Standfestigkeit. Jetzt ist er tot. Scheiße.«

Das letzte übersetzte Harko nicht.

Was geschehen war, ließ sich in wenigen Sätzen zusammenfassen: Dr. Uhlmann, überzeugter Frühaufsteher, absolvierte jeden Morgen die Übungen der fünf Tibeter, weil ihn das, davon war er überzeugt, jung und fit hielt. Den spöttischen Ausdruck, der bei diesen Worten auf dem Gesicht seiner Gattin auftauchte, bemerkte er nicht. Weil das Wetter an diesem Morgen herrlich war – der Sturm hatte die ganze Nacht gewütet, doch am Morgen hatte der Sommer wieder die Oberhand gewonnen – und er die anderen Bewohner des Hauses nicht wecken wollte, war er nach draußen gegangen: Die Terrasse schien ihm der ideale Ort für seine Übungen zu sein. Dort hatte Dr. Uhlmann den Professor gefunden, gefühlt, wie kalt seine Leiche bereits war und sofort Harko verständigt – seine Nummer hatte er von einer der Visitenkarten, die Harko am Tag zuvor auf der Feier verteilt hatte. Das war um halb sieben gewesen.

Harko hatte Georgos Katsatopoulos aus dem Bett geholt, Georgos seinerseits hatte einen Arzt in Karousades geweckt, der automatisch hinzugezogen wurde, wenn es einen Todesfall im Norden Korfus gab. Harko war um viertel vor sieben im Haus des Professors eingetroffen, wo ihn die anderen Bewohner bereits erwarteten, hatte sich selbst davon überzeugt, wie kalt die Leiche des Professors war und dass hier jede Hilfe zu spät kam, dann hatten sie alle gemeinsam auf Georgos und den Arzt gewartet. Die Frage, ob Harko morgens um sieben auf die Idee kam, der Leichenfund könne auch mich interessieren, oder ob es ihn einfach störte, dass ich als einziger noch friedlich schlief, ließ ich offen.

Der Arzt konnte nur noch den Tod des Professors feststellen und die Angaben für den Totenschein aufnehmen. Georgos kam, nachdem er alle Hausbewohner befragt hatte, zu dem naheliegenden Schluss, der Professor sei wohl mitten in der Nacht, als der Sturm immer heftiger wurde, zu seiner Skulptur gegangen, um deren Standfestigkeit zu überprüfen, der er anscheinend doch nicht so recht getraut hatte. Ein heftiger Windstoß musste die Plastik umgestoßen haben, die dann ihrerseits den Professor unter sich begrub.

Auf griechisch sagte Georgos: »Wenn ihm einer seiner Olivenstämme auf den Kopf gefallen wäre, sähe er jetzt nicht mehr so gut aus.«

Weder Harko noch ich übersetzten dies für die anderen.

Gemeinsam hoben wir die Kalte Sophie hoch, die ein ordentliches Gewicht hatte, dann wollten wir den Professor ins Haus tragen. Doch Manni bat uns, ihn in die Werkstatt zu bringen.

»Warum das denn?« fragte die Tochter des Professors aufgebracht.

»Weil er das für den Fall seines Todes so festgelegt hat,« sagte Manni.

Warum er das so bestimmt hatte, wurde uns schnell klar: In der Werkstatt stand ein Sarg aus Edelstahl, geschmückt mit einer Totenmaske aus Bronze.

»Da brat mir doch einer einen Storch,« sagte Dr. Uhlmann impulsiv, seine Gattin hauchte: »Er hat es geahnt.« Ich ging einen Schritt weiter und dachte: Er hat es gewusst. War der Unfall mit der defekten Bohrmaschine am Ende doch kein Unfall?

Georgos musterte den Sarg neugierig. »Er hat sich zu Lebzeiten seinen eigenen Sarg gebaut?«

Harko übersetzte die Frage, die Georgos an Manni gerichtet hatte.

»Nach seinem Tod hätte er das kaum noch gekonnt,« antwortete Manni mürrisch.

»Wann hat er ihn gemacht?« fragte Georgos, nachdem Harko die Antwort übersetzt hatte.

»In der letzten Woche,« sagte Manni. »Sofort als wir mit Sophie fertig waren.«

»Sehr verdächtig,« murmelte Georgos, »sehr verdächtig.«

Manni sah mich unwirsch an. »Der Professor sagte, Sie hätten ihn auf die Idee gebracht.«

»Ich?« Mir war nichts von einem Sarg bekannt.

»In Sokraki,« fügte Manni hinzu.

»Wir haben in Sokraki über keinen Sarg gesprochen,« widersprach ich heftig.

»Jedenfalls hatte er den Einfall, als er aus Sokraki zurückkam.«

Harko übersetzte für Georgos.

»Wir haben über keinen Sarg gesprochen,« sagte ich. Ich rief mir den Tag noch einmal in Erinnerung. Von dem Unfall mit der

Bohrmaschine sagte ich nichts. »Wir haben uns über Kunst unterhalten, und über den Tod, aber beides nur allgemein. Der Professor sprach von einem Denkmal, für die Ewigkeit bestimmt. Ich kann mir aber nicht vorstellen, dass er damit einen Sarg gemeint hat, der in der Erde vergraben wird.«

»Der Sarg wird nicht vergraben,« sagte Manni. Er erzählte uns, welche Verfügung der Professor für den Fall seines Ablebens getroffen hatte. Nicht nur ich war daraufhin sprachlos.

Harko saß in meiner Küche, ich kochte Kaffee. Georgos Katsatopoulos war nach Karousades gefahren, um seinen Bericht zu schreiben; er würde einen Unglücksfall als Todesursache angeben, um den Ruf des Professors zu schützen, doch für ihn stand fest, es war ein aufwendig inszenierter Selbstmord. Ich war mir nicht sicher. Ich begriff, die Morbidität, die ich in der Nähe des Professors verspürt hatte, hatte ich mir nicht eingebildet, er war tatsächlich vom Tod fasziniert gewesen. Hatte er die Fröhlichkeit auf der Geburtstagsfeier nur vorgetäuscht, hatte er die Feier genutzt, um sich von seinen Freunden zu verabschieden? Wie früher im alten Rom, als Selbstmörder ein letztes Beisammensein veranstalteten und sich dann im Kreis ihrer Freunde die Pulsadern öffneten?

Für den Professor wäre es niemals in Frage gekommen, sich einfach die Pulsadern aufzuschneiden: Sein Ableben, so es denn ein Selbstmord war, musste als Performance inszeniert sein, die provozierte und zum Nachdenken anregte – konsequent bis zum Schluss. Was mich fast schon begeisterte – wobei mir Begeisterung angesichts des traurigen Anlasses nicht der richtige Ausdruck zu sein schien –, war die letzte Verfügung des Künstlers.

»Ist das nicht verrückt?« sagte ich zu Harko. »Er lässt sich in seinem Sarg nicht begraben, sondern inmitten seiner Kunstwerke aufbahren. Seine letzte Provokation: Er macht sich selbst zum Kunstwerk. Und bleibt damit der Kunst über den Tod hinaus treu.« Hatte er diese Idee seit langem gehabt oder war er wirklich erst durch die Diskussionen mit mir auf diesen Einfall gekommen?

Harko trommelte nervös mit den Fingern auf den Tisch. »Du glaubst die Geschichte mit dem Selbstmord?«

»Ich weiß es nicht,« sagte ich. »Es erscheint skurril, das gebe ich zu, aber es könnte Selbstmord gewesen sein. Schwach als möglicher Unfall kaschiert. Vielleicht habe ich ihn sogar auf die Idee dazu gebracht.« Musste ich mir deshalb Vorwürfe machen?

»Es war kein Selbstmord, es war Mord.« Harko sagte das mit der größten Selbstverständlichkeit.

Ich lachte unsicher. »Wie kommst Du darauf?« Den Professor zum Selbstmord inspiriert zu haben, machte mir bereits genug zu schaffen, aber einen Mörder zum Mord angestachelt? Ich überlegte schnell, wem ich von der Arbeit an meinem neuen Krimi erzählt hatte. Nur Daphni. Die war sicher nicht in der Nacht zurückgekommen, um Sophie umzustoßen. Dann fiel mir siedendheiß ein, dass der Professor mit seinen Gästen darüber gesprochen hatte – praktisch jeder hatte es gewusst. Mir wurde abwechselnd heiß und kalt.

»Du weißt, dass ich auf meiner Terrasse gelegentlich Gespräche höre, die weit weg geführt werden?«

Ich dachte an das seltsame Telefonat zwischen Harko und dem Professor. »Was hat das mit der Kalten Sophie zu tun?«

»Mit Sophie nichts. Doch vor drei Tagen habe ich folgendes gehört: *Es darf nicht wie ein Mord, es muss wie ein Unfall aussehen.*«

»Wer hat das gesagt?« fragte ich aufgeregt.

»Das weiß ich nicht. Ich weiß nicht einmal, ob ein Mann oder eine Frau gesprochen hat, es war nur laut geflüstert. Ich habe mir nichts dabei gedacht. Es hätte genauso gut ein Fernseher sein können. Doch jetzt?«

»Du bist überzeugt, es ging um den Professor?«

Harko sah mich mitleidig an. »Wieviele Deutsche sind in den letzten Tagen hier in der Agios Georgios Bucht durch einen Unfall ums Leben gekommen?«

Da hatte er natürlich recht. »Warum hast Du vorhin nichts gesagt?« fragte ich. »Als wir die Leiche des Professors geborgen haben?«

Harko lächelte listig. »Weil mit größter Wahrscheinlichkeit der oder die Täter dabeistanden. Und sich jetzt in Sicherheit wiegen. Was die Wahrscheinlichkeit erhöht, dass sie in den nächsten Tagen einen Fehler machen.«

Ich setzte mich und schloss die Augen. In meinem Kopf überschlugen sich die Gedanken. Als ich sie wieder öffnete, sagte ich: »Ich glaube, ich muss Dir ein Geständnis machen.«

Harkos große Augen werde ich bis an mein Lebensende nicht vergessen: »Du? Du hast den Professor…?«

»Unsinn,« sagte ich. »Du weißt genau, dass ich nur in meinen Büchern morde.« Ich erzählte ihm, über was wir wirklich in Sokraki gesprochen hatten, berichtete ihm von Konstantinos Idee, aus dem Unfall einen Mordanschlag zu konstruieren, und gestand, dass ich seit mehreren Tagen an dem Konzept für diese Geschichte arbeitete.

»Und das sagst Du mir erst jetzt?« fragte Harko wütend.

»Das war doch nur Fiktion!« verteidigte ich mich. »Ich habe nicht im Traum daran gedacht, da könne jemand wirklich einen Mord aushecken.«

Harko schüttelte verständnislos den Kopf. »Wenn ich das gewusst hätte…«

»Was dann?« entgegnete ich, inzwischen selbst wütend. »Glaubst Du, Du hättest es verhindern können?«

»Natürlich. Diese Information und das belauschte Gespräch – ich hätte nur eins und eins zusammenzählen müssen.«

»Dann, mein lieber Herr Kommissar, zähl jetzt mal eins und eins zusammen und sag mir, wer der Mörder ist.«

»Nicht der Mörder, sondern die Mörder.«

»Warum zwei?«

»Weil sich zwei Menschen über die geplante Tat unterhalten haben.«

Das machte Sinn.

»Und es waren vermutlich zwei Deutsche, sonst hätten sie sich nicht auf deutsch unterhalten.«

Auch klar.

»Wir wissen, dass mehr als 90% aller Mörder aus dem persönlichen Umfeld des Opfers stammen. Deshalb können wir mit ziemlicher Sicherheit davon ausgehen, dass der oder die Täter vorhin mit dabei waren.«

Ich zählte in Gedanken die Personen auf, die bei der Auffindung der Leiche anwesend waren: Dr. Uhlmann, der den Leichnam entdeckt hatte, seine Gattin, die Tochter des Professors, Manni, Harko und ich, Georgos Katsatopoulos und der Arzt.

»Georgos und den Arzt können wir ausschließen, Dich und mich ebenso,« sagte Harko.

»Bist Du sicher? Ich meine: Im Geiste habe ich den Professor auf jeden Fall getötet. Aber ich habe ihn vergiftet, nicht erschlagen.«

Harko verdrehte die Augen. »Vergiss Dein Manuskript. Hier geht es um einen echten Mord.« Er sah sich suchend um. »Hast Du Papier und Bleistift da?«

Ich holte ihm beides. Was ich im Geiste getan hatte, tat Harko jetzt auf dem Papier: Er schrieb die Liste der Tatverdächtigen auf. Als er fertig war, lächelte er zufrieden. »Wenn wir nach einem Paar suchen, ist die Sache einfach: Dr. Uhlmann und seine Gattin. Sie sind das einzige Duo in diesem Quartett.«

»Dann ruf Georgos an und lass die beiden verhaften.«

»Und wo ist der Beweis? Und vor allem: Das Motiv? So einfach ist das nicht, mein Lieber.«

»Was also willst Du tun?«

Harko seufzte. »Das weiß ich noch nicht.«

»Wie wäre es mit Spurensicherung?«

»Meinst Du, daran hätte ich nicht sofort gedacht? Sophie ist aus Edelstahl gemacht, darauf haften Fingerabdrücke ganz hervorragend. Und es dürfte ziemlich sicher sein, dass der Täter Fingerabdrücke auf der Figur hinterlassen hat.«

»Warum? Wenn er Handschuhe getragen hat?«

»Jetzt vergiss endlich Deine Klischees und setz Deine Phantasie ein. Wie hat sich der Mord wohl zugetragen?«

Dafür brauchte ich nicht viel Phantasie. »Der Professor ist rausgegangen, um die Standhaftigkeit seiner Figur zu überprüfen. Dabei hat ihm eine Windböe die Kalte Sophie auf den Kopf geschmettert.«

»Dann werde ich Georgos sagen, er soll den Wind verhaften.«

»Natürlich nicht,« entgegnete ich heftig.

»Der Mörder,« erklärte Harko, »konnte sich keineswegs darauf verlassen, dass ein Windstoß die Arbeit für ihn erledigt. Er konnte auch nicht wissen, ob der Professor genau zum richtigen Zeitpunkt vor Sophie steht. Und Sophie auch noch so umstürzt, dass sie den Professor unter sich begräbt. Er musste nachhelfen. Ergo sind der Professor und sein Mörder gemeinsam rausgegangen. Hätte der Täter dabei Handschuhe getragen, hätte das sicher Xavers Argwohn erweckt. Denn es war windig, aber keineswegs kalt.«

Da war etwas dran. »Dann musst Du die Plastik auf Fingerabdrücke untersuchen lassen.«

»Und was würde ich finden?« fragte Harko.

»Die Fingerabdrücke des…« Ich stockte. Konrad Nägele, der Fingerabdruckexperte des Landeskriminalamtes in Stuttgart, hatte mir erklärt, es gibt keine Fingerabdrücke von Tätern, es gibt nur Fingerabdrücke von Spurenverursachern. Bei einer Untersuchung der Statue würden mit an Sicherheit grenzender Wahrscheinlichkeit die Fingerabdrücke des Mörders gefunden werden – nebst den Fingerabdrücken aller anderen Gäste der Geburtstagsfeier. Auch ich hatte an der Figur gerüttelt.

»Die Fingerabdrücke wären wertlos,« sagte ich resignierend.

»Leider,« bestätigte Harko.

Wir versanken beide in Schweigen. Dann hielt ich mich an Harkos Rat und nutzte meine Phantasie, um mir den Tathergang bildhaft vorzustellen. Dr. Uhlmann und seine Gattin, vom Professor nach Korfu eingeladen, hecken in der Woche vor dessen Geburtstag einen Mordplan aus. Die Gründe dafür galt es noch zu ermitteln.

Vermutlich sah der Plan ursprünglich anders aus, dafür sprach der Unfall mit der Bohrmaschine, der vielleicht wirklich ein erster Anschlag war, doch auf der Geburtstagsfeier nahm der Plan seine endgültige Gestalt an: Als wir alle vor der schwankenden Sophie standen, musste dem Mörder aufgefallen sein, wie ideal sich die Statue als Mordwerkzeug eignet. Der Rest ergab sich von allein. Ich sah es förmlich vor mir: Die Gäste sind gegangen, nur der Professor, Dr. Uhlmann, seine Gattin und die Tochter des Professors sind noch im Haus. Irgendwann gehen alle ins Bett. Der Sturm tobt, wird immer heftiger. Irgendwann in der Nacht klopft Dr. Uhlmann an die Tür des Professors und macht ihm Angst, der Wind könne die Plastik umwerfen. Gemeinsam gehen beide nach draußen, um die Standhaftigkeit der Figur zu überprüfen. Der Professor steht vor der Kalten Sophie, der Doktor dahinter, in einem geeigneten Moment drückt der winzige Mann gegen die monomentale Statue und… nichts geschieht.

»Vergiss es,« sagte ich heftig und schreckte damit Harko aus seinen eigenen Überlegungen auf. »Wir alle haben an Sophie gerüttelt und es hat sie nicht beeindruckt. Dr. Uhlmann hätte sich niemals darauf verlassen können, dass er genug Kraft entwickelt, Sophie umzuwerfen. Es sei denn…«

Harko sprang so heftig auf, dass der Stuhl umfiel. »Du hast recht, wir sind Idioten. Die Befestigung muss manipuliert worden sein. Da finden sich Spuren – und Fingerabdrücke.«

Wir liefen zu meinem Wagen und fuhren zum Haus des Professors. Kaum dass ich anhielt, sprang Harko schon aus dem BMW und lief hoch zur Terrasse, ich folgte ihm, so schnell ich konnte.

Das Bild, das sich uns dort bot, bestätigte Harkos Verdacht, der Professor sei wirklich ermordet worden, unsere Ermittlungen aber warf es weit zurück: Dr. Uhlmann, Gertrud und Manni standen neben der umgestürzten Sophie, Manni damit beschäftigt, die abgerissenen Beine der Statue wieder anzuschweißen.

»Was macht ihr da?« fragte Harko mit mühsam verhaltenem Zorn.

»Ich schweiße die Füße an,« erklärte Manni.

»Das sehe ich,« sagte Harko. »Aber warum?«

»Weil eine Schweißnaht mehr aushält als die vier Schrauben, die wir bisher dafür verwendet haben.«

»Das meine ich nicht,« sagte Harko gereizt. »Warum arbeitet ihr überhaupt an der Statue.«

Manni deutete auf Dr. Uhlmann. »Sein Wunsch.«

Der kleine Mann blickte Harko betont unschuldig in die Augen. »Halten Sie mich für sentimental, aber ich habe die Plastik gekauft. Sie soll für mich die Erinnerung an Xaver wachhalten.«

»Sie haben was?« fragte Harko. »Und von wem?«

»Von mir,« erklärte Gertrud. »Als einzige Angehörige meines Vaters bin ich natürlich seine Erbin. Dr. Uhlmann hat mir 2.000,- Euro dafür geboten und da konnte ich schlecht nein sagen.«

Harko kämpfte um seine Beherrschung. Ich trat näher und sah mir die Statue, unter der noch vor weniger als einer Stunde der tote Professor gelegen hatte, genauer an. Wenn es im Fußbereich Spuren gegeben hatte, waren diese inzwischen zerstört: Manni und sein Schweißbrenner hatten ganze Arbeit geleistet. Die Edelstahlschrauben, mit denen die Füße bislang am Körper befestigt gewesen waren, steckten noch in der Plastik, doch waren auch sie jetzt mit Schweißnähten versehen: Eine eventuelle Manipulation war nicht mehr feststellbar.

»Sie verstärken die Füße in den nächsten Tagen wie versprochen?« fragte Dr. Uhlmann.

Manni nickte grimmig. »Ich mache es so, wie es von Anfang an hätte sein sollen.«

Harko drehte sich wortlos um und ging die Treppe hinab. Ich folgte ihm.

»Dumm gelaufen,« sagte ich.

Harko warf mir einen seltsamen Blick zu. »Wir hatten vor Jahren einen Fall, da hat sich ein Bauer mit einem Bolzenschussapparat umgebracht   ein Gerät, wie man es zum Schlachten benutzt. Man setzt es dem Tier an den Kopf, drückt auf den Auslöser und ein Stahlbolzen schießt durch die Schädeldecke ins Gehirn. Das Tier ist sofort betäubt, den Bauern hat es auf der Stelle getötet.«

»Das ist schrecklich, aber was hat das mit dem Professor zu tun?«

Ich hatte vorschnell gefragt, Harko war mit seiner Geschichte noch nicht zu Ende.

»Der Bauer war kaum unter der Erde, der Bolzenschussapparat lag bei der Polizei, da kam seine Tochter auf die Wache und fragte, ob sie das Gerät haben könnte, sie wollten schlachten. Kannst Du Dir eine solche Herzlosigkeit vorstellen?« Harko deutete auf die Werkstatt. »Da drin liegt Xaver, erst wenige Stunden tot. Und schon wird die Figur verschachert, die ihn getötet hat. Das ist mir zuviel.«

Ich konnte Harkos Empörung verstehen, sah in der Aktion aber noch etwas anderes. »Ist das nicht der endgültige Beweis, dass Dr. Uhlmann der Mörder ist? Er hat die Figur manipuliert und jetzt lässt er alle Beweise für diese Manipulation verschwinden. Für mich steht fest, er hat den Mord zusammen mit seiner Gattin ausgeheckt.«

In diesem Moment ertönte aus dem Wohnhaus lautes Schluchzen. Harko und ich gingen näher, die Tür war nur angelehnt, wir traten ein. Frau Uhlmann saß auf einem Stuhl, die Hände im Schoß verkrampft, und heulte zum Gotterbarmen.

»Was ist denn los?« fragte ich. Bereute die Mörderin ihre Tat?

Frau Uhlmann sah mich mit tränenverschleiertem Blick an, versuchte zu sprechen, doch die Stimme versagte ihr: Sie schluchzte nur.

»Xaver!« sagte sie nach einer Weile mit gebrochener Stimme, »mein lieber Xaver. Ich begreife jetzt erst, dass ich Dich nie mehr wiedersehen werde.«

Ein bisschen spät, dachte ich mitleidslos. Das hätte sie sich überlegen müssen, bevor sie ihn ermordete.

Sie stand auf. »Haben Sie ein wenig Zeit? Ich muss reden, sonst zerreißt es mich, aber ich kann nicht hier im Haus.«

Ich sah das leichte Schmunzeln auf Harkos Gesicht: Sie war bereit, zu gestehen. »Gehen wir hinunter an den Strand,« schlug ich vor.

Wir machten uns auf den Weg. Zu Fuß waren es knapp zehn Minuten bis zum Wasser, zehn Minuten, in denen Frau Uhlmann kein Wort von sich gab. Harko und ich warteten geduldig – sie würde reden.

Wir setzten uns auf die Terrasse einer der Tavernen, in der um diese Zeit keine Gäste mehr bewirtet wurden, der Wirt die Tische und Stühle aber noch nicht für den Winter weggeräumt hatte.

»Ich konnte im Haus nicht sprechen,« begann Frau Uhlmann ihre Erklärung, »das Risiko, dass mein Mann hereinkommt, war zu groß. Er weiß nicht, dass ich Xaver geliebt habe.«

Harko und ich sahen uns überrascht an. Und hörten in der nächsten halben Stunde eine derart wirre Geschichte, dass sie, wenn sie als Entlastung gedacht war, entweder extrem schlecht oder schlicht genial war.

Dr. Uhlmann und Professor Hintermooser waren seit 30 Jahren Kollegen, beide der Kunst verbunden, der Professor mehr als Künstler, während Dr. Uhlmann eher die kommerziellen Aspekte sah. Beiden gemeinsam war, dass sie in ihrem Beruf erfolgreich waren, nicht aber in ihrer Berufung. Professor Hintermooser konnte mit seinen eigenen Werken nie mehr als Achtungserfolge im Kreise von Kollegen erzielen, Dr. Uhlmann hatte einen untrüglichen Instinkt für die falschen Kunstwerke entwickelt: Er kaufte für viel Geld wertlosen Plunder, während die Werke, die er ablehnte, später horrende Preise erzielten. Dieses Scheitern hatte die Beiden nach Ansicht von Frau Uhlmann auf eine gewisse Art miteinander verbunden; sie brauchten sich, um gegenseitig ihre Wunden zu lecken und sich zu versichern, dass sie trotz aller Fehlschläge noch immer die Größten seien.

Ansonsten aber hatten sich die Beiden stets als Konkurrenten betrachtet, wobei Dr. Uhlmann dem Professor angeblich die Professur neidete – er selbst hatte es nur zum einfachen Doktor gebracht, was ihm stets ein niedrigeres Salär bescherte und ihm den Zutritt zu den höheren Rängen der ordentlichen Professoren verwehrte.

In einer derart lange andauernden beruflichen Beziehung war es nicht ausgeblieben, dass die Beiden auch privat Umgang miteinander pflegten, bei der sich die Familien ebenfalls nähergekommen waren. Professor Hintermooser hatte seine Frau geliebt, sie aber vor zwölf Jahren verloren – ein Gehirntumor hatte sie innerhalb weniger Wochen dahingerafft. Seine Tochter war ihm in dieser schweren Zeit keine Hilfe; sie sei extrem egoistisch, sagte Frau Uhlmann, und habe ihren Vater nur aufgesucht, wenn sie Geld brauchte. Sie selbst habe sich Xavers angenommen, ihm in der ersten Zeit im

Haushalt geholfen und ihm all die Kleinigkeiten zunächst abgenommen und dann beigebracht, die bis dahin seine verstorbene Gattin erledigt hatte.

»Xaver konnte nicht einmal ein Spiegelei braten,« sagte sie wehmütig lächelnd, »er war buchstäblich ein Koch, bei dem sogar das Wasser anbrannte.«

Ihre eigene Ehe steckte, so sagte sie, zu der Zeit in einer Krise. Sie hatte die 40 überschritten und noch immer keine Kinder bekommen, was ihr ständige Vorwürfe ihres Mannes einbrachte.

»Wir waren beide unglücklich und suchten Trost,« sagte sie. Knapp ein Jahr habe ihr Verhältnis mit dem Professor gedauert, dann habe sie es beendet, das schlechte Gewissen ihrem Mann gegenüber sei ihr zuviel geworden. »Mein Mann ist kein schlechter Mensch,« erklärte sie, »es gab auch Zeiten, in denen wir miteinander glücklich waren. Doch je älter er wird, desto verbissener sucht er Anerkennung.«

Sie seufzte. »Ich hatte Angst vor dem Wiedersehen mit Xaver; seit er München verlassen hat, standen wir nur noch brieflich und telefonisch miteinander in Kontakt. Aber als wir hier ankamen… Wie soll ich das beschreiben? Es war, als hätte es die Jahre der Trennung nicht gegeben. Xaver und ich verstanden uns so gut wie damals.« Sie stockte. »Ich… ich dachte sogar an Scheidung.«

Ihr Blick schweifte unruhig zwischen Harko und mir hin und her, als erwarte sie von uns Zustimmung zu diesem Plan. Harko und ich schwiegen. »Ein bisschen töricht ist es schon, nicht wahr?« fuhr sie fort. »Xaver war 70, ist selbst bin auch nicht mehr die Jüngste. Doch als ich sah, wie glücklich Manni und Conny sind, da dachte ich, lieber noch einige schöne Jahre mit Xaver als mit meinem Mann weiter zu versauern.«

Bis dahin klang die Geschichte noch plausibel, doch Frau Uhlmann war noch nicht fertig. Sie fragte Harko: »Sie waren doch Polizist?«

Harko nickte bestätigend – das hatte er auf der Geburtstagsfeier deutlich genug mitgeteilt.

Frau Uhlmann holte tief Luft, warf mir einen Blick zu, der mir durch Mark und Bein ging, und sagte: »Ich möchte Sie etwas fragen: Halten Sie es für möglich, dass Xaver ermordet wurde?«

Ich wollte antworten, dass sei nicht nur möglich, sondern ziemlich sicher, als mich ein schneller, heftiger und wohlgezielter Fußtritt Harkos unter dem Tisch zum Schweigen brachte.

»Ermordet?« fragte Harko ungläubig, während ich mit zusammengebissenen Zähnen versuchte, den Schmerz zu unterdrücken, ohne mir gegenüber Frau Uhlmann etwas anmerken zu lassen. »Wie kommen Sie darauf, Xaver könnte ermordet worden sein?«

Sie rollte den Ärmel ihres Kleides hoch: Ihr rechter Oberarm war gelb, blau und grün gefärbt.

»Ich habe meinem Mann am Samstag gesagt, dass ich Xaver liebe und mich scheiden lassen will. Das war seine Art, mir zu zeigen, was er von meiner Absicht hält. Wäre es möglich, dass er Xaver erschlagen hat?«

»Wie soll das vor sich gegangen sein?« fragte Harko scheinheilig.

»Das weiß ich nicht,« sagte sie und wie mir schien, auch ehrlich. »Mein Mann war die ganze Nacht bei mir. Wäre er aufgestanden, hätte ich das gemerkt, denn ich habe einen leichten Schlaf. Er verließ mich erst am frühen Morgen, um seine Übungen abzuhalten. Ich dachte, er habe Xaver dabei erschlagen und dann die Figur auf ihn gestürzt, doch ich habe an Xaver keine äußere Wunde gesehen, er ist wohl an inneren Verletzungen gestorben. Außerdem war sein Leichnam bereits kalt, er muss also irgendwann in der Nacht gestorben sein.«

Ich überlegte, ob ich etwas sagen sollte, aber Harkos Fußtritt schmerzte noch immer – er war der Polizist, sollte doch er die Ermittlungen führen.

Harko tat, als würde er ihre Idee ernsthaft prüfen. »An Mord hatte ich bisher nicht gedacht. Doch jetzt, wo Sie es sagen…«

Plötzlich schien ihm ein Gedanke zu kommen. »Vielleicht haben Sie recht. Wenn es tatsächlich Mord war, muss an der Plastik manipuliert worden sein. Manni, Xavers Gehilfe, hat gerade alle eventuell vorhandenen Spuren vernichtet. Auf Wunsch Ihres Gatten. Das erscheint mir in der Tat äußerst verdächtig.«

Zu meiner – und sicher auch zu Harkos Überraschung – lachte Frau Uhlmann schallend auf. »Das hat er nicht getan, um Spuren zu verwischen. Wenn er wirklich der Mörder ist, hat er ganz gewiss keine Spuren hinterlassen. Dazu ist er viel zu gründlich. Nein – das hat er nur aus Geldgier getan.«

»Aus Geldgier?« fragte ich und drehte sicherheitshalber sofort meine Beine zur Seite. Diesmal kam kein Fußtritt.

»Mein Mann,« erklärte sie, »würde niemals zugeben, dass ihm eines von Xavers Werken wirklich gefällt. Er hält es jedoch für möglich, dass Xaver posthum berühmt wird. Und die Plastik, die ihn erschlagen hat, dürfte dabei am wertvollsten werden. Er hat sich heute Morgen diebisch gefreut, als er sie Gertrud für 2.000 Euro abluchsen konnte.«

»Warum hat er nicht alle Werke aufgekauft?« fragte Harko. »Wenn er vom Erfolg überzeugt ist?«

Frau Uhlmann sah ihn an. »Was hätte das für einen Sinn? Dann müsste er alles selbst verkaufen. Besser ist es, Galeristen auf die Sammlung aufmerksam zu machen. Wenn die anfangen, die Preise in die Höhe zu treiben, kann er die Plastik von Sophie mit Gewinn verkaufen.«

»Glauben Sie denn, die Kunst des Professors wird jetzt bekannt?« fragte ich. »Ich meine, zu Lebzeiten hat sich niemand für seine Arbeiten interessiert.«

»Die Werke eines toten Künstlers,« erklärte sie, »sind immer wertvoller als die eines lebenden: Das Angebot ist schließlich begrenzt. Den lebenden Xaver hätte mein Mann nie unterstützt. Aber den toten? Sie werden sehen, in den nächsten Tagen wird er noch mehr Werke erstehen – er sitzt jetzt an der Quelle und kann sich die Rosinen herauspicken.«

Harko war nach Hause gefahren, er wollte sich den Fall in Ruhe durch den Kopf gehen lassen. Dr. Uhlmann war weiterhin sein Hauptverdächtiger, die Komplizenschaft mit seiner Frau jedoch schien unwahrscheinlich: Sie hatte ihren Gatten als möglichen Mörder dargestellt, ohne zu wissen, dass Harko bereits in einem Mordfall ermittelte.

Auf meine Frage, warum Harko die Ermittlungen nicht Georgos Katsatopoulos überließ, hatte er nur geantwortet: »Der Mörder ist Deutscher und zwar ein Deutscher, der kein Griechisch spricht. Wie soll Georgos da eine Vernehmung durchführen?« Und hinzugefügt: »Wird es dem Mörder hier zu brenzlig, fährt er nach Deutschland zurück. Die griechischen Behörden werden nur wegen des Gesprächs, das ich zufällig gehört habe, nicht ermitteln, genausowenig wie die deutsche Justiz.«

Der perfekte Mord, hatte ich gesagte, doch Harko hatte heftig widersprochen: Es gebe keinen perfekten Mord. Jeder Mörder mache früher oder später einen Fehler, und sei es nur, dass er in einer Bucht mit besonderen akustischen Verhältnissen unvorsichtigerweise über seine Pläne spreche.

Auch ich dachte über den Fall nach. Harko war, das spürte ich deutlich, wütend auf mich, weil ich ihm nichts von dem Unfall des Professors mit der Bohrmaschine gesagt hatte. Er war überzeugt davon, er hätte den Mord verhindern können. Ich war mir, Harkos mitgehörtem Gespräch zum Trotz, nicht einmal sicher, ob es wirklich ein Mord war: Der Sarg passte einfach nicht ins Bild. Hätte sich der Professor wirklich bedroht gefühlt, wäre es naheliegend gewesen, sich zu verteidigen – nicht aber, den Tod geradezu herbeizubeschwören. Ich konnte mir nicht helfen, für mich sah es stark nach Selbstmord aus.

Doch ich war unsicher. Und ich hatte ein schlechtes Gewissen. Es gibt in der Literatur die Theorie der sich selbst erfüllenden Prophezeiung: Man schreibt etwas aus einer Laune heraus und kurz darauf tritt das beschriebene Ereignis ein. Hatte ich den Professor mit meinen Gedanken getötet? Die Vorstellung machte mir Angst.

Eine Woche arbeitete ich inzwischen an dem neuen Werk, jetzt nahm ich mir das Manuskript erneut vor. Die Geschichte war wie ein klassischer Kriminalroman aufgebaut: Ein Mord zu Beginn, danach die Suche nach dem Mörder. Genau so, wie sich der Fall jetzt Harko präsentierte. Gut, er kannte das Opfer seit Jahren, der Professor war sein Freund gewesen; wie vertraut die beiden wirklich miteinander waren, wusste ich nicht. Hatte Harko überhaupt eine Vorstellung davon, wie es in einem Künstler aussieht? Wie verbissen er um Anerkennung kämpft, wie sehr Rückschläge schmerzen? Dass irgendwann der Punkt kommt, an dem man nicht mehr kann, an dem man aufgeben möchte?

Für Harko war das Leben eine spannende Herausforderung, jeder Tag brachte neue Aufgaben, denen er sich stellte. Er hatte nicht den Ehrgeiz, der größte Kriminalist der Geschichte zu werden. Der Professor dagegen wäre gern der größte Edelstahlkünstler aller Zeiten geworden, in einem Atemzug mit Beuys und Picasso genannt. Ihn hätte auch die posthume Anerkennung gereizt. Der er sich jetzt, nach seinem Ableben, vielleicht mit Riesenschritten näherte.

In meinem Entwurf zum Krimi über seine Ermordung hatte ich diesen Aspekt außer acht gelassen. Im Vordergrund stand seine provozierende Art, mit der er sich im Leben Feinde gemacht hatte. Einer davon hatte ihm, zumindest in meinem Buch, erfolgreich nach dem Leben getrachtet. Konnte das auch in Wirklichkeit geschehen sein?

Als Autor hatte ich alle Freiheit, einen Kriminalfall so zu gestalten, wie ich wollte. Um die Jagd nach dem Mörder für mich selbst und für meine Leser möglichst spannend zu machen, stellte ich mir selbst die Frage, wer es denn gewesen sein könnte. Ich begann mit dem Mord, führte die Verdächtigen ein, stellte Theorien auf und entschied mich am Ende für die wahrscheinlichste, gelegentlich auch für die überraschendste Lösung. Deshalb war mir in meinem Krimi noch nicht sicher, wer der Mörder sein würde: Ich hatte vorgehabt, mir die Gäste der Geburtstagsfeier genauer anzusehen und einen davon als Täter auszusuchen.

Nun stellte sich diese Frage nicht nur fiktiv, jetzt stand sie real im Raum. Aus meinem Manuskript ergab sich kein Hinweis. Ich versuchte es mit Harkos Ansatz und schrieb die Hauptverdächtigen auf: Dr. Uhlmann, seine Gattin, Manni, Gertrud.

Die naheliegendste Lösung, das einzige Duo unter diesen Verdächtigen müsse die Tat begangen haben, hatte sich als Fehlschlag erwiesen. Dr. Uhlmann mochte weiterhin der Hauptverdächtige sein, aber dass seine Gattin seine Komplizin war, hielt ich für ausgeschlossen. Wenn aber Harko den Täter nicht bei einem Selbstgespräch belauscht hatte, gab es einen zweiten Mann – oder eine zweite Frau. Ich bildete mögliche Täterpaare.

Dr. Uhlmann und Gertrud: Er räumt seinen Nebenbuhler aus dem Weg, sie bekommt das Vermögen ihres Vaters. Für beide schöne Motive. Aber würde Dr. Uhlmann dann versuchen, Gertrud die Kunstwerke unter Wert abzukaufen? Ganz sicher nicht – die Vermarktung der Kunstwerke wäre von Anfang an Teil des Plans gewesen.

Dr. Uhlmann und seine Gattin hatte ich bereits abgehakt, blieb noch die Kombination vom Doktor mit Manni. Welchen Grund sollte Manni haben, den Professor umzubringen? Er hatte bei ihm gearbeitet und war von ihm bezahlt worden. Warum sollte Manni seinen Brötchengeber aus dem Weg räumen? Ich sah bei Manni kein Motiv.

Frau Uhlmann schied für mich als mögliche Täterin aus. Sie würde, falls sie an dem Komplott beteiligt war, kaum einen polizeilich als Unfall deklarierten Tod nachträglich als möglichen Mord darstellen. Blieb noch die Kombination Manni und Gertrud: Hatte sie ihn angestiftet, ihren Vater zu ermorden?

Je mehr ich darüber nachdachte, desto wahrscheinlicher erschien mir diese Theorie. Tragfähig aber war sie nur, wenn sich die

Beiden schon länger kannten. Doch soweit ich wusste, war Gertrud erst unmittelbar vor der Geburtstagsfeier nach Afionas gekommen. Ich hielt es für unwahrscheinlich, dass sie sich in der kurzen Zeit gut genug mit Manni verstand, um gemeinsam einen Mord auszuhecken.

Für einen Krimi machte keine dieser Kombinationen einen Sinn, ich müsste mir als Autor etwas anderes einfallen lassen, wollte ich meinen Lesern einen glaubwürdigen Mörder präsentieren. Stand Harko bei jedem Fall vor diesem Problem? Musste er selbst die unwahrscheinlichsten Theorien ins Kalkül ziehen, um den wahren Täter ausfindig zu machen? Ich drehte mich im Kreis.

Spät, aber immerhin noch rechtzeitig, fiel mir meine Kamera ein. Ich kopierte die Aufnahmen auf den PC, sah mir das Ergebnis meiner Fotojagd an. Wozu hatte ich die Bilder gemacht? Um einen fiktiven Mörder besser beschreiben zu können. Nun war ein wirklicher Mörder darauf abgebildet. Doch wer war es? Solange es nur um den Krimi ging, hätte ich als Autor alle Freiheiten gehabt, mir einen Mörder herauszusuchen. Der mürrische Manni: Der perfekte Killer. Gertrud, die habgierige Tochter – die ideale Figur für ein Komplott. Dr. Uhlmann, der neidische Kollege. Frau Uhlmann, die eifersüchtige Geliebte.

Jetzt saß ich vor den Bildern und konnte nichts damit anfangen. Sie sagten nichts aus über die Menschen, die sie darstellten. Was wusste ich denn über Manni? Nur, dass er wortkarg war. Machte ihn das zum Mörder? Hätte er, stumm wie er sich gab, offen über den geplanten Mord gesprochen? Von Gertrud wusste ich nur, dass sie viele Falten und einen miesen Charakter hatte – so jedenfalls mein erster Eindruck von ihr. Als Figur viel Potential, aber wurde sie durch ihre Falten auch nur ein Jota verdächtiger? Harko hielt Dr. Uhlmann für den Hauptverdächtigen. Eine Aufnahme zeigte ihn direkt neben der kalten Sophie: Der kleine Gelehrte und die riesige Figur. Wenn der Doktor nicht heimlich Bodybilder war, hätte ihm Sophie auf jeden Fall Widerstand geleistet. Und Frau Uhlmann? Eine elegante, ältere Dame, die – das glaubte ich auf den Bildern deutlich zu erkennen – Professor Hintermooser bewundernd anlächelte. Lächelt so ein Mensch, der sich mit Mordgedanken trägt? Vielleicht konnten mir Daphnis Horoskope weiterhelfen, den Bildern konnte ich jedenfalls keine brauchbaren Anhaltspunkte für die Mörderjagd entnehmen.

Am frühen Nachmittag rief ich Daphni an, unsicher, ob ich mich so kurz nach dem Ableben des Professors mit ihr treffen wollte.

»Hallo!« begrüßte sie mich fröhlich.

»Der Professor ist von einer seiner Plastiken erschlagen worden,« sagte ich. Etwas anderes fiel mir im Moment nicht ein.

»Oh,« sagte sie. Und dann, nach einer Pause: »Das ist eine hervorragende Idee für den Krimi. Die wird dem Professor sicher gefallen. Haben Sie bereits mit ihm darüber gesprochen?«

»Leider ist es keine Idee von mir, sondern Realität: Die Kalte Sophie ist ihm letzte Nacht auf den Kopf gefallen. Er ist wirklich tot.«

Diesmal sagte sie nichts. Das Schweigen dauerte eine Ewigkeit. »Dann… dann haben Sie heute Abend sicher keine Zeit, mit mir Essen zu gehen.« Sie klang enttäuscht. »Schließlich war er ihr Freund.«

»Wir kannten uns nicht lange genug, um wirklich Freunde zu werden. Ich bin betroffen, aber ändern kann ich nichts. Sie dagegen möchte ich näher kennenlernen – wenn Sie wollen.«

Daphni wollte, wir verabredeten uns für acht Uhr im Kokoria. Ich bat sie, auf jeden Fall die Horoskope mitzubringen, sagte ihr aber nicht, dass es jetzt darum ging, damit einem wirklichen Mörder auf die Spur zu kommen.

Um vier rief ich Harko an und fragte ihn, wie weit er mit seinen Überlegungen gekommen sei. Er sei nicht Sherlock Holmes, entgegnete er, der seine Fälle nur durch Nachdenken lösen könne, er müsse erst einmal Fakten sammeln. Außerdem sei er kein aktiver Polizist mehr und könne folglich keine Verdächtigen zu einer Vernehmung laden, was ihn in seinen Möglichkeiten stark einschränke. Er denke noch über dieses Problem nach.

Eine Stunde später kam mir, leider nicht zum erstenmal, siedendheiß die Erkenntnis, dass ich ein Idiot bin. Ich hatte eine Verabredung mit einer attraktiven jungen Frau, noch dazu ein verspätetes Geburtstagsessen, und ich hatte weder an ein Geschenk noch an Blumen gedacht. Um diese Zeit würde ich auch nichts mehr bekommen – Montag Abend sind die Geschäfte in Korfu-Stadt geschlossen und hier auf dem Land war sowieso nichts Passendes zu finden.

Dann fiel mir Perdita ein: Neben Lampen und Spiegeln produzierte sie auch Schmuck aus Glas. Ihr Geschäft war außerhalb der Saison geschlossen, doch als ich sie anrief und ihr von meinem

Problem erzählte, war sie sofort bereit, mir zu helfen; sie würde in einer halben Stunde in ihrem Laden in Agios Stefanos sein. Ich machte mich sofort auf den Weg.

In Afionas konzentriert sich der Tourismus vor allem auf die Agios Georgios Bucht, im Ort selbst gibt es außer einigen Tavernen und zwei kleinen Geschäften keine touristischen Einrichtungen. Agios Stefanos dagegen hatte sich voll dem Tourismus erschlossen, jetzt, außerhalb der Saison, war es praktisch ein Geisterdorf.

Perdita erwartete mich in ihrem Geschäft. »Hast Du gehört, was mit dem Professor geschehen ist?« fragte sie mich sofort. »Ist das nicht schrecklich?«

Ich erzählte ihr, dass ich es nicht nur wusste, sondern dass ich den Leichnam sogar gesehen hatte. Von Harkos Ermittlungen sagte ich nichts.

»Gestern war er noch so vergnügt,« murmelte sie. »Und jetzt ist er tot.« Sie seufzte und sagte noch einmal: »Schrecklich«.

»Ist Dir gestern irgend etwas an ihm aufgefallen?«

Perdita runzelte die Stirn. »Du meinst, etwas Besonderes?« Sie dachte nach. »Nein, nicht dass ich wüsste.«

»Er hat sich in der letzten Woche einen Sarg gemacht. Als hätte er etwas geahnt.«

Perdita starrte mich mit offenem Mund an. »Xaver? Das kann ich nicht glauben. Der liebte das Leben und wollte mindestens hundert Jahre alt werden. Der dachte nicht einmal an den Tod.«

»Und der Sarg?« gab ich zu bedenken. »Aus Edelstahl.«

Perdita lachte. »Damit wollte er nur wieder jemanden schockieren. Der war sicher als Kunstwerk geplant. Xaver hätte ich zugetraut, sich in dem Sarg liegend durch Korfu fahren zu lassen, um Werbung für seine Kunst zu machen. Edelstahl – Kunst für die Ewigkeit. Oder so was ähnliches.«

Dann wurde sie geschäftsmäßig. »Für wen ist denn das Geschenk? Und an was hast Du gedacht? Die meisten Stücke habe ich verkauft, aber das eine oder andere Juwel ist noch da.«

Ich war mit meinen Gedanken mehr beim Professor als beim Geschenk für Daphni und warf nur halbherzige Blicke auf das, was mir Perdita zeigte. Tiffany-Lampen, Spiegel mit Glas-Einlegearbeiten, Bilder aus Glas.

»Es ist für Daphni,« sagte ich, »das Mädchen, das gestern mit mir auf der Feier war.«

»Dann brauchst Du nichts für die Wohnung, dann brauchst Du ein Schmuckstück. Eins, das zu ihr passt. Was trägt sie denn sonst?«

Ich wusste es nicht, schließlich kannte ich sie erst seit einer Woche. Perdita legte mir eine Reihe von Broschen vor, eine schöner als die andere. Die Entscheidung fiel mir schwer.

»Daphni hat langes, braunes Haar,« sagte Perdita.

»Fast schon schwarz.«

»Dann würde ich Dir eines von diesen Stücken empfehlen.« Sie deutete auf eine Reihe von Halbkugeln aus blauem Glas, in Silber gefasst. Ich verließ mich auf ihren Rat und entschied mich für die schönste.

»Hältst Du es für möglich, dass der Professor Selbstmord begangen hat?« fragte ich, während Perdita die Brosche in eine kleine Geschenkbox packte und mit einem blauen Band verzierte.

Ihr »Nein« kam spontan.

»Weißt Du, dass er ganz genaue Anweisungen für seine Bestattung gegeben hat? Mit dem Sarg als Kunstwerk hast Du recht: Er lässt sich darin inmitten all seiner Werke ausstellen, macht sich, über seinen Tod hinaus, selbst zum Kunstwerk. Tut das jemand, der hundert Jahre alt werden will?« Den möglichen Mord ließ ich unerwähnt.

Perdita wurde nachdenklich. »Was Xaver an seinem Edelstahl gefunden hat, habe ich nie verstanden. Stahl ist ein totes Material, hat keine Farbe, keine Faszination.« Sie deutete auf die Stücke in ihrem Geschäft. »Meine Kunden lieben Glas, weil es lebendig ist, weil es einer Wohnung Fröhlichkeit verleiht. Xavers Werke sind mir zu düster, abgestorbenes Holz und nüchternes Metall.«

Sie gab mir das Päckchen, ich bezahlte einen Freundschaftspreis.

»Ich arbeite,« sagte Perdita zum Abschied, »vermutlich genau wie Du, um zu leben. Ich produziere, was den Kunden gefällt, und bin darauf angewiesen, meine Waren auch zu verkaufen. Xaver war Künstler um der Kunst willen, ihm war der Ruhm wichtiger als der Erfolg. Und Xaver war sehr konsequent. Zu ihm passen würde es. Glaubst Du, es war Selbstmord?«

»Ich weiß es nicht,« sagte ich. Dass ich Angst hatte, ihn durch meine eigenen Probleme mit dem Schreiben zum Selbstmord inspiriert zu haben, sagte ich nicht.

Um acht stellte ich meinen Wagen am Liston ab und ging zu Fuß in die Altstadt. Im Sommer wimmelt es in der Stadt um diese Zeit vor Menschen; die Touristen bummeln durch die Gassen, besehen sich die Auslagen in den Geschäften und drängen sich in den Tavernen. Jetzt war die Saison zu Ende und die Altstadt verwaist. Bis auf einige Supermärkte boten die Geschäfte nur Schmuck oder Andenken, für die Korfioten natürlich wenig Bedarf haben; die meisten Tavernen, Bars und Cafés waren geschlossen. Ein Erlebnis war es trotzdem, durch die engen Gassen zu gehen, die sich in den letzten 500 Jahren nur wenig verändert haben.

Das Kokoria, was übersetzt *Hähnchen* bedeutet, befindet sich in einem der kleinen Gäßchen unweit des Liston. Es hat sich nicht auf Touristen spezialisiert, sondern ist ursprünglich geblieben und daher auch bei den Einheimischen beliebt. Das Essen ist gut und oft gibt es Live-Musik – hatte mir Daphni verraten.

Punkt acht betrat ich das Kokoria, konnte aber Daphni nirgendwo sehen: Von den fünf Tischen des kleinen Schankraums waren nur zwei besetzt, jeweils mit Pärchen. Acht Uhr war sehr früh, die meisten Griechen gehen erst ab zehn Uhr aus, bleiben dafür bis weit nach Mitternacht.

Ein Ober kam auf mich zu. »Señor Bardéz?«

Ich war überrascht, dass er meinen Namen kannte, ich war erst einmal zuvor im Kokoria gewesen.

Er deutete auf mein Gesicht. »Ihr roter Bart – so etwas sieht man hier selten.« Er wies auf den hinteren Teil der Taverne: »Sie werden erwartet.«

Das Hinterzimmer hatte ich übersehen. Daphni sah hinreißend aus: Dezent geschminkt, die schönen mandelförmigen Augen mit Cajal hervorgehoben, die Wangen mit Rouge leicht betont. Sie trug eine weiße Jeans und eine hellblaue Bluse, darüber eine graue Weste. Und sie strahlte mich an. Plötzlich hatte ich einen Kloß im Hals.

Sie bemerkte meine Unsicherheit. »Was ist mit Ihnen? Sie sehen aus, als hätten Sie ein Gespenst gesehen.«

Ich gab ihr förmlich die Hand und setzte mich, nicht wissend, was ich sagen sollte. Tapfer versuchte ich zu lächeln. »Sind Sie schon außer Dienst oder sind Sie noch Psychologin?«

»Brauchen Sie Hilfe? Wegen Ihres toten Freundes, des Professors?«

»Ich weiß es nicht,« gestand ich ihr. »Ich weiß es wirklich nicht.«

Vermutlich ging es mir so wie Frau Uhlmann an diesem Morgen, irgend etwas hatte sich angestaut und brach sich nun Bahn, ich musste reden. Ich tat es, wenn auch ziemlich wirr. Wie nett ich sie fände, wie schade, dass wir uns gerade zu einer Zeit treffen mussten, in der es mir nicht gut geht; ich erzählte ihr vom Professor, wie er ums Leben gekommen war, warum Harko überzeugt sei, dass es Mord war; welche Ironie des Schicksals es sei, wenn er jetzt, nach seinem Tod, berühmt würde; wie leid es mir tue, ihn verkannt zu haben, wie überheblich ich gewesen sei – an den Rest kann ich mich nicht mehr erinnern.

Daphni hörte geduldig zu, fragte gelegentlich, unterbrach mich jedoch kein einziges Mal. Als ich fertig war, fühlte ich mich keineswegs besser, ich fühlte mich im Gegenteil hundeelend. Statt einer attraktiven Frau den Hof zu machen, hatte ich sie als Müllplatz für meinen Kummer benutzt. Unsere mögliche Freundschaft war zu Ende, ehe sie begonnen hatte. Und ich wusste nicht einmal, warum ich so idiotisch gehandelt hatte.

»Es tut mir leid,« war alles, was ich noch herausbrachte. Ich schloss die Augen und schlug die Hände vor mein Gesicht.

Das nächste, was ich fühlte, waren Daphnis Finger, die behutsam meine Hand ergriffen. Sie fragte: »Darf ich Du zu Dir sagen?«

Erstaunt ließ ich die Hände sinken und öffnete die Augen. »Sie... Du...Du bist mir nicht böse?«

»Wegen des Kummers, der sich bei Dir angestaut hat? Wegen Deiner Offenheit?« Sie lächelte. »Ich habe Dich anfangs für einen Übermenschen gehalten, einen erfolgreichen Schriftsteller, der mit seinen Problemen kokettiert. Jetzt sehe ich, dass hinter dieser Fassade ein verletzlicher Mensch steht. Das gefällt mir wesentlich besser.«

»All das Chaos?« fragte ich entsetzt.

»Welches Chaos?«

Das erstaunte mich.

»Stört es Dich, wenn ich erst etwas zu Essen bestelle? Ich habe riesigen Hunger.«

Sie rief den Ober, warf aber keinen Blick in die Speisekarte, sondern bestellte mehrere Vorspeisen und ein halbes Kilo Rotwein. Warum die Griechen den Wein in Kilo und nicht in Litern messen, werde ich nie verstehen – genausowenig, wie ich je begreifen werde, was wirklich in einer Frau vor sich geht.

»Ich glaube,« sagte sie, »der Tod des Professors trifft Dich härter, als Du Dir selbst eingestehen willst. Und das nicht, weil er in Deiner Nähe wohnte, sondern weil er Dir menschlich viel näher stand als Du selbst ahnst.«

»Wie kommst Du darauf? Ich hatte nicht viel mit ihm zu tun. Die wenigen Male, die wir miteinander gesprochen haben, haben wir uns nur gestritten. Unsere Auffassung von unserer Arbeit war grundverschieden.«

»Das glaubst Du und das mag auch er am Anfang gedacht haben. Doch ich bin sicher, er hat verstanden, dass euch mehr verbindet als trennt.«

Ich sah sie wohl verständnislos an.

»Du wirst es gleich begreifen,« sagte sie. »Lass es mich über die Astrologie erklären.«

»Über die Astrologie?« Was hatte die Astrologie mit meinem Verhältnis zu Professor Hintermooser zu tun?

Daphni wirkte jetzt sehr ernst. »Ich habe sein Horoskop erstellt und auch Deines – doch es würde Dir nichts nützen, wenn ich Dir gleich die Ergebnisse sage. Du musst wissen, was hinter der Astrologie steckt. Dann verstehst Du auch, warum ihr Beiden euch in Wahrheit sehr nahe standet.«

Sie begann mit einer weitgefassten Erklärung, kam aber schnell auf konkrete Punkte – ich staunte, was sie herausgefunden hatte und welches Potential in der Sternendeutung steckte. Denn zumindest das, was sie über mich sagte, stimmte praktisch zu 100%.

»Es gibt,« begann sie, »in der Astrologie zwölf Sternzeichen mit charakteristischen Merkmalen. Doch diese Merkmale sind nicht der eigentliche Schlüssel zum Verständnis der Astrologie – es ist die Einteilung dieser Zeichen in Gruppen.«

Sie erklärte mir, dass die zwölf Zeichen den vier Elementen zugeordnet sind: Feuer, Erde, Luft und Wasser. Innerhalb jeder Gruppe gibt es ein dominierendes, ein beharrendes und ein flexibles Zeichen. Um dies zu verdeutlichen, zeichnete sie die Struktur für mich auf einer Serviette auf.

	dominierend	beharrend	flexibel
Feuer	Widder	Löwe	Schütze
Erde	Steinbock	Stier	Jungfrau
Luft	Waage	Wassermann	Zwilling
Wasser	Krebs	Skorpion	Fisch

Ich deutete auf das Schema. »Ich bin Schütze, ein Feuerzeichen, und zwar das flexible. Der Professor ist – genau wie Du – ein Wasserzeichen, ein beharrendes. Was sollte uns da verbinden?«

Kaum war es heraus, bereute ich, was ich gesagt hatte: Wenn es zwischen Skorpion und Schütze keine Verbindung gab, dann hatten auch Daphni und ich nichts Gemeinsames…

Sie schmunzelte nur. »Jetzt machst Du den gleichen Fehler wie alle Menschen, die sich nur oberflächlich mit Astrologie befassen: Sie gehen nur von der Sonne aus. Die ist zwar das wichtigste Zeichen in einem Horoskop, aber nicht das einzige. Was uns beide anbelangt, sage ich Dir später, was uns verbindet. Doch zum Professor kann ich Dir jetzt schon eine Menge verraten. Der Professor hatte seinen Aszendenten im Löwen und den Mond im Wassermann, Du hast Deinen Aszendenten im Krebs und den Mond ebenfalls im Wassermann.«

»Und was bedeutet das?« Mir sagte das nicht das geringste.

»Das bedeutet, dass der Professor von seiner Sonne her dem Element Wasser zugeordnet war, vom Aszendenten her aber zu den Feuerzeichen gehörte. Bei Dir ist es genau umgekehrt: Du bist von der Sonne Feuer, vom Aszendent her jedoch Wasser. Damit habt ihr viel gemeinsam, wenn auch von unterschiedlichen Richtungen her. Grob gesagt stand jeder von Euch dort, wo der andere hinwollte – ohne es zu wissen, wart ihr aufeinander neidisch.«

»Neidisch?« fragte ich überrascht. »Neid ist mir vollkommen fremd.«

Ich hätte es besser wissen müssen. Beim Schreiben benutze ich viele Worte als Reizworte, füge sie, ohne dass meine Leser dies bewusst wahrnehmen, in den Text ein, um bestimmte Stimmungen zu schaffen oder Spannung zu erzeugen. Ein *plötzlich* schreckt die meisten Leser auf, ein *geheimnisvoll* schafft Spannung, ein *überraschend* macht neugierig. Doch viele Worte haben mehrere Bedeutungen. Ich hatte mit Neid assoziiert, dass ich etwas vom Professor haben wollte, ich hatte, das musste ich mir eingestehen, wie einer meiner Leser auf ein Stichwort reagiert. Daphni aber hatte etwas anderes damit gemeint.

»Neid nicht in dem Sinn, dass Du etwas Materielles wolltest, was er besaß,« stellte sie klar. »Du strebst danach, wie ein Wasserzeichen zu sein, kommst dabei vom Feuer, während der Professor zum Feuer wollte, aber im Wasser zu Hause war.«

»Und das heißt?« Diesmal wollte ich mich nicht auf meine eigene, vorschnelle Interpretation verlassen.

»Der Professor wäre gerne Löwe gewesen – er wollte sich im Glanz seines Ruhmes sonnen. Gehandelt aber hat er wie ein Skorpion – er war auf Provokation aus, fühlte sich auch schnell selbst angegriffen. Er spürte sehr genau, wie seine Angriffe wirkten, war aber nicht Willens, sie zu stoppen. Zumal er nicht nur die Sonne im Skorpion hatte: Auch Merkur und Venus standen in diesem Zeichen.«

Ich verstand nur Bahnhof.

Daphni war geduldig. »Ich sagte Dir bereits, ein Horoskop hat für mich nichts mit den wirklichen Sternen zu tun, die Sterne oder Planeten sind nur Symbole. Merkur beispielsweise steht für das Denken, Venus für die Weiblichkeit und das äußere Auftreten, Mars für die Männlichkeit und das Durchsetzungsvermögen. Wenn das Denken des Professors vom Skorpion beeinflusst war, fühlte er sich auch intellektuell schnell angegriffen und schlug deshalb sofort verbal zurück – ob es einen Grund gab oder nicht. Auch sein Auftreten war vom Skorpion geprägt. Er war kein Schmeichler, sondern ein streitbarer Geist. Mars aber steht in seinem Horoskop im Zeichen der Jungfrau: Wenn es darauf ankam, fehlte ihm die Durchsetzungskraft. Und der Mond im Wassermann machte ihn zum Querdenker – genau wie Dich.«

Die astrologischen Begriffe schwirrten mir durch den Kopf, nur langsam formten sie sich zu einem Bild. Ich dachte an die Aktion des Professors mit den zwölf Aposteln, wie sie zu dem passte, was Daphni über ihn herausgefunden hatte: Er wollte provozieren, wollte Ruhm ernten, wollte Neues schaffen, spürte deutlich, wie er dabei die Leute verärgerte, dachte aber nicht daran, einen Rückzieher zu machen und konnte sich am Ende doch nicht durchsetzen.

»Du meinst,« fragte ich aufgeregt, »er hat genau gewusst, wie sehr er die Gefühle der Menschen mit seiner Provokation verletzt?«

»Nicht nur die Menschen in Afionas, die seine Kunst ablehnten. Er selbst litt genauso darunter. Skorpione verletzen nicht nur andere, sondern auch sich selbst.«

Es musste ihr sehr weh getan haben, dachte ich, das auch über sich selbst herauszufinden.

»Doch der Professor,« fuhr sie fort, »war zu stolz, das zuzugeben. Gespürt aber hat er es genau.«

»Und ich? Wie stehe ich zu meiner Arbeit? Zumindest aus Sicht der Astrologie?«

Sie schmunzelte. »Ich habe im Internet nach Dir recherchiert. Du bist auf dem amerikanischen Kontinent ein bekannter Autor. Doch Du lebst hier auf Korfu, wo Dich kaum jemand kennt. Ruhm bedeutet Dir folglich nicht viel.«

Da hatte sie – leider? – recht.

»Als Schütze zieht es Dich hinaus in die Welt, deshalb hast Du Deine Heimat verlassen. Der Krebs in Dir aber braucht ein Heim. Ich bin sicher, Du fühlst Dich in Afionas wohl, Du hast es geschafft, in der Fremde heimisch zu werden. Und Deine Arbeit? Der Schütze liebt die Wahrheit; ich vermute, Du steckst viel Zeit in Deine Recherchen. Vom Wassermann hast Du etwas Revolutionäres: Du gehst ungern die gleichen Wege, die alle gehen, Du willst Neues schaffen. Dem Krebs sind Emotionen wichtig: Du willst Deine Figuren mit all ihren Gefühlen darstellen.«

Sie legte ihre Hand auf meine, sah mir mit einem spöttischen Blick in die Augen. »Der Krebs macht Dich auch anfällig für Kritik: Wenn es jemand wagt, Deine Bücher zu kritisieren, bei denen Du Dir soviel Mühe gegeben hast, wirst Du ziemlich ungehalten.«

Das ist ein Seelen-Striptease – die zieht mich in wenigen Minuten aus. Nicht nur bis auf die Unterwäsche, sondern ganz. Aber sie war noch nicht fertig, obwohl es, dachte ich zumindest, nichts mehr zum Ausziehen gab.

»Jetzt stell Dir vor, was passiert, wenn sich zwei solche Menschen begegnen. Der Professor als Künstler, für den die Selbstverwirklichung an erster Stelle steht, und Du, ein Autor, dem vor allem die Qualität der Bücher am Herzen liegt. Ihr seid beide engagiert, aber unzufrieden, weil ihr glaubt, die Ergebnisse ließen zu wünschen übrig. Der Professor sieht, wie Du Dich bemühst, er muss anerkennen, dass Du Erfolg hast, aber er spürt, dass Du als Künstler nicht die richtige Erfüllung findest. Du wiederum triffst einen Menschen, der wie Du all seine Kraft in seine Arbeit legt, der aber keinen Erfolg hat. Unbewusst hast Du Angst, Dir könne das gleiche passieren, dass auch Du mit Deinen neuen Ansätzen in einer Sackgasse landest. Fandet ihr nicht beide die Idee reizvoll, würdevoll abzutreten, wenn nichts mehr geht?«

Mein rechtes Knie begann plötzlich unkontrolliert zu zittern…

»Ihr habt beide den Anderen gesehen und dabei einen Blick in eure eigene Seele geworfen,« sagte Daphni leise und umfasste meine Hand fester. »Auch wenn Du behauptest, der Tod des Professors ginge Dir nicht nahe: In Wirklichkeit hat er Dich zu Tode erschreckt.« Es war keine Frage, es war eine Feststellung.

»Ich… ich… ich weiß nicht, was ich sagen soll.«

Es war faszinierend, ihr zuzuhören, gleichzeitig erschreckend. Diese Frau konnte in mir lesen wie in einem offenen Buch. Und sie sah Dinge mit einer Klarheit, die ich nicht einmal mit viel Nachdenken über mich selbst herausgefunden hätte. Und, verdammt nochmal, sie hatte recht.

Als das Essen kam, war ich froh über die Unterbrechung. Appetit hatte ich keinen, nur Daphni langte ordentlich zu.

»Bist Du sicher,« fragte sie, »dass der Professor wirklich durch einen Unfall ums Leben kam?«

»Ich weiß es nicht,« gestand ich. »Ich weiß es wirklich nicht. Im Polizeibericht steht, es war ein Unfall, doch Georgos, der den Bericht verfasst hat, geht von einem Selbstmord aus. Er will mit seiner offiziellen Lüge den Ruf des Professors schützen. Ich glaube, nein, ich fürchte, es war Selbstmord, und ich selbst habe den Professor auf die Idee dazu gebracht. Harko ist überzeugt davon, es war Mord. Auch damit habe ich ein Problem: Habe ich, nein, besser gesagt, haben wir den Mord durch die Diskussion in Sokraki erst beschworen?«

Daphni sah mich überrascht an. »Sokraki?«

Ich erinnerte sie an die Idee von Konstantinos, den Unfall des Professors als möglichen Mordanschlag zu interpretieren.

»Das war doch nur Spaß,« sagte sie.

»Der Professor hat mit seinen Gästen über diesen Spaß gesprochen. Was ist, wenn er damit den Mörder erst auf die Idee brachte?« Ich berichtete ihr von dem Gespräch, das Harko drei Tage zuvor belauscht hatte. Und ich erzählte ihr von der Verfügung des Professors, sich in einem Edelstahlsarg als Kunstwerk beisetzen zu lassen – nicht unter der Erde, sondern, luftdicht abgeschlossen, für alle Ewigkeit in der Öffentlichkeit.

»Du siehst,« sagte ich, »alle drei Varianten sind möglich.«

»Darf ich Dich etwas fragen?«

»Natürlich.«

»Wärst Du enttäuscht, wenn es kein Selbstmord, sondern ein Mord war?«

Darüber hatte ich noch nicht nachgedacht und das sagte ich ihr auch.

»Oh doch,« widersprach sie, »darüber denkst Du schon den ganzen Tag nach. Nur nicht bewusst. Doch wenn Du ehrlich zu Dir selbst bist…«

Ich trank einen Schluck Wein. »Wenn ich ehrlich zu mir selbst bin… Ich bin traurig darüber, dass er tot ist. Wir hätten gute Freunde werden können, uns in mancher Hinsicht gegenseitig befruchten… Vielleicht hast Du recht – ein Selbstmord wäre konsequenter gewesen.«

Mir kam eine verrückte Idee. »Könnte es sein, dass der Professor wirklich seinen Selbstmord geplant hat, der Mörder ihm aber zuvorkam? Ich meine: Im Nachhinein betrachtet, erscheint mir Sophies mangelnde Standfestigkeit, die der Professor nachdrücklich in Kauf genommen hat, nicht mehr so zufällig. Er könnte alles inszeniert und wirklich vorgehabt haben, sich in der Nacht oder am nächsten Morgen selbst zu töten. Der Mörder aber hat die gleichen Möglichkeiten gesehen und nichts von dem geplanten Selbstmord geahnt. Und ist dem Professor vielleicht nur um Stunden zuvorgekommen.«

»Denkbar,« sagte sie. »Denkbar wäre es.«

Die Theorie hatte nur wenige Sekunden Bestand, ich selbst verwarf sie wieder. »Nein, eigentlich kann er gar nicht vorgehabt haben, sich umzubringen.«

»Und warum nicht?«

»Erinnerst Du Dich an Perikles, den Griechen, der aufs Grundstück kam, als wir von der Besichtigung der Kunstwerke zurück ins Haus wollten?«

»Mit dem sich der Professor gestritten hat?«

Ich sah die Beiden lebhaft vor mir: Perikles, der scheinbar nur zum Geburtstag gratulieren will, und der Professor, der sich fürchterlich über den ungebetenen Gast aufregt.

»Professor Hintermooser hat ihm gesagt, sein Anwalt würde in den nächsten Tagen Klage gegen ihn einreichen. Das hätte der Professor doch nie getan, wenn er sich hätte umbringen wollen.«

Daphni dachte nach. »Nein – zu einem Selbstmord passt das wirklich nicht. Aber vielleicht ist Perikles der Mörder?«

»Bislang steht er nicht auf Harkos Liste der Verdächtigen – Harko ist überzeugt, der Täter ist Deutscher. Denk an das Gespräch, das Harko gehört hat. Außerdem wurde der Mord mindestens drei Tage vor der Geburtstagsfeier geplant. Da wusste Perikles noch nichts von der Klage.«

»Bist Du sicher?« fragte sie. »Der Anwalt könnte geplaudert haben. Vielleicht kam Perikles nur deshalb zur Geburtstagsfeier, weil er mit dem Professor darüber sprechen wollte.«

Das mochte ich nicht glauben. »Ich hatte den Eindruck, er wusste wirklich nichts davon.«

Daphni schob sich genüsslich ein Stück Käse in den Mund. »Ein griechischer Tavernenbesitzer, der nicht gleichzeitig ein guter Schauspieler ist, muss erst noch erfunden werden. Jeder Wirt muss seinen Gästen ständig das Gefühl geben, willkommen zu sein, auch wenn er selbst einen schlechten Tag hat. Denk mal darüber nach.«

Ich setzte Perikles auf die Liste der Tatverdächtigen und fragte mich gleichzeitig, was Harko dazu sagen würde.

»Möchtest Du noch etwas über Dich wissen?« fragte sie.

Heftig wehrte ich ab. »Nein, das reicht mir für heute. Ich möchte lieber etwas über Dich wissen – aber nicht über Dein Horoskop! Erzähl mir, was Du machst, wenn Du keine Sterne deutest.«

Wir unterhielten uns, bis die Taverne um zwei Uhr schloss. Als wir gingen, bot ich ihr an, sie nach Hause zu begleiten.

Wir standen auf der Straße, Daphni legte mir eine Hand auf die Brust, eine Geste, die sowohl Einladung zu Zärtlichkeiten als auch Abwehr derselben bedeuten konnte. »Wie läuft so etwas in Argentinien? Bitten da die Frauen die Männer noch auf einen Kaffee in ihre Wohnung?«

»Ich habe keine unlauteren Absichten!« sagte ich entrüstet.

»Du vielleicht nicht, aber weißt Du, ob ich keine habe? Um gar nicht erst in Versuchung zu kommen, ist es besser, wir sagen uns hier Gute Nacht.«

Sie strich mir sanft über die Wange, ich hielt ihre Hand fest, küsste sie. »Mist,« sagte sie plötzlich und zog heftig ihre Hand weg. »Wir haben vergessen, über die Horoskope der Geburtstagsgäste zu sprechen.«

Auch mir fiel siedend heiß ein, was ich vergessen hatte. »Vergiss die Horoskope,« sagte ich und holte mein Geschenk heraus. »Das ist jetzt viel wichtiger: Alles Liebe zum Geburtstag.«

Perditas Vorschlag war richtig gewesen, Daphni war begeistert. »Die ist wunderschön!«

Ich wollte ihr zu der Brosche noch einen Kuss geben, doch Daphni drehte sich um und ging weg. Ich sah ihr nach, bis sie im Dunkel der Gassen verschwunden war.

Ich war voller Tatendrang. Ob der Abend mit Daphni meinen Kummer und meine Blockade beseitigt hatte oder ob ich einfach nur verliebt war, ich wusste es nicht. Ich fühlte mich unglaublich gut.

Mit meinem Morgenkaffee setzte ich mich auf die Terrasse, rauchte eine Zigarette und dachte nach. Daphni hatte recht, der Tod des Professors berührte mich stärker, als ich mir selbst eingestanden hatte. Er war kein enger Freund gewesen, aber er hätte einer werden können. Vor allem ärgerte mich, dass wir uns in der kurzen Zeit, die wir uns kannten, nur zankten. Wir hatten uns nicht um gegensätzliche Standpunkte, sondern um zwei Seiten der gleichen Medaille gestritten: Die Medaille war der Leser oder der Kunstliebhaber, und sowohl der Professor als auch ich wollten unsere *Kunden* glücklich machen. Nur versuchte ich es mit Locken, während er davon überzeugt war, Provokation sei der richtige Weg.

Hatte er womöglich recht gehabt? Ich hatte mir noch in der Nacht, zu aufgedreht, um zu schlafen, die Biographie von Joseph Beuys durchgelesen. Wie es schien, war ich der Einzige, der ihn seiner Talente als Verkäufer wegen bewunderte; der Biograph hielt ihn für den größten Künstler der zweiten Hälfte des 20sten Jahrhunderts, nannte ihn in einem Atemzug mit Pablo Picasso, dem Star der ersten Hälfte. Vor Picasso hatte ich großen Respekt. Der hatte in seinem Leben viel Wirres gemalt, aber er konnte auch anders: Picasso war ein Könner, der sich für abstrakte Malerei entschieden hatte, während ich bei vielen zeitgenössischen Malern das Gefühl hatte, ihr Gekleckse war alles, was sie konnten.

Der Ausdruck *Gekleckse* erschien mir hart, doch er stammte nicht von mir, ich hatte ihn im Internet gefunden. Abstrakte Kunst, hatte ein deutscher Kunstkritiker geschrieben, komme von *abstrahieren* – selbst wenn die Vorlage noch so stark abstrahiert werde, müsse sie zumindest im Kern erkennbar bleiben. Das, so hatte er dargelegt, sei wohl vielen angeblichen Künstlern und auch Kunstkritikern nicht bekannt, die jede Anordnung von Farben und Formen als abstrakt bezeichneten – während es sich in Wahrheit nur um sinnloses Geklecksel handle, das nur in den seltensten Fällen einen Anspruch auf Kunst erheben dürfe.

Beuys wurde jedoch nicht für seine Werke, sondern für sein gelebtes Kunstverständnis gelobt. Ging es den Menschen bei der Kunst gar nicht um Schönheit? Wollten sie nur zum Nachdenken angeregt, am Ende wirklich provoziert werden, wie es der Professor die ganze Zeit getan hatte? Ich war mir nicht mehr sicher.

Im Zeitalter der Digitalfotografie war der Bedarf an gegenständlichen Malern nicht mehr groß. Wer etwas Gegenständliches auf einem Bild haben wollte, beauftragte dazu keinen Porträtisten, keinen Landschaftsmaler und keinen Aquarellisten, sondern drückte auf den Auslöser seiner Kamera, schickte das Foto per Internet ins nächste Labor und hatte wenige Tage später ein Bild, wie es auch der beste gegenständliche Maler nicht realistischer malen konnte. Doch ein Pfund ranziger Butter in einer alten Badewanne zu sehen, wie es Beuys arrangiert hatte, das regte zum Nachdenken an. Oder?

Nein, gestand ich mir ein, den Zugang zur modernen Kunst würde ich niemals finden. Ich hätte den Fettfleck, wie es die Putzfrau im Museum auch getan hatte, mit Meister Propers Hilfe entfernt. Mein Verstand weigerte sich, unsinnige Aktionen als Kunst zu interpretieren, mochten sie noch so provokant sein. Auch mein Gefühl sträubte sich dagegen, und zwar heftig. Gab es vielleicht einen eigenen Sinn für Kunst, der mir fehlte? Der beim Professor gut ausgebildet war?

Das glaubte ich mittlerweile verstanden zu haben: Der Künstler war er, ich war der Handwerker. Noch vor 24 Stunden hätte ich ein *nur* davorgesetzt, und mich ihm unterlegen gefühlt. Jetzt aber wusste ich, ich stand nur auf der anderen Seite der Medaille, zusammen mit den alten Meistern, die Kunst mit Können gleichgesetzt und die ihr Leben lang an der Verbesserung ihrer gestalterischen Fähigkeiten gearbeitet hatten.

Noch etwas wurde mir bei meinen Überlegungen deutlich: Ich war wütend auf den Mörder, verdammt wütend. Er mochte dem Professor vielleicht nur eine Stunde zuvorgekommen sein, dessen geplanten Selbstmord sah ich inzwischen als sicher an. Xaver Hintermooser hatte sein Leben der Kunst gewidmet, er hatte als Künstler gelebt und hatte auch als Künstler sterben wollen. Von einem Anderen dahingemeuchelt zu werden, passte nicht in das Bild, zerstörte das Kunstwerk eines ganzen Lebens.

Doch wie überführt man einen Mörder? Wenn ein Krimi-Autor diese Frage stellt, wirft das kein gutes Licht auf seine handwerklichen Fähigkeiten, gestand ich mir ein. Zu meiner Verteidigung konnte ich nur anführen, dass ein gewissenhafter Mörder am Tatort brauchbare Spuren hinterlässt, die schließlich zu seiner Entlarvung führen. Sollte es am Tatwerkzeug Spuren gegeben haben, hatten Mannis Schweißarbeiten diese gründlich vernichtet. Am Tatort selbst mochte es weitere Spuren geben – Fußabdrücke beispielsweise. Da jedoch alle potentiell Verdächtigen während der Geburtstagsfeier den späteren Tatort ausgiebig begutachtet hatten, waren diese Spuren wertlos. Was blieb, war Harkos Ansatz, die Beziehung zwischen Opfer und möglichem Täter zu durchleuchten.

An diesem Punkt meiner Überlegungen angelangt, musste ich mit Harko darüber reden. Ich stieg in den Wagen und fuhr zu ihm.

Im Garten vor Harkos Mühle begrüßten mich die Zwillinge. Sina spielte mit den Hunden, Tina saß in einem Stuhl und las ein Buch.

»Du willst zu Papa?« fragte mich Tina über den Rand ihres Buches hinweg. »Wegen dem Professor?«

»Das habe ich vor.«

»Keine gute Idee.« Sie machte mit dem Buch einen Schwenk in Richtung auf das Haus. »Dicke Luft.« Dann las sie weiter.

Auf einen Ehekrach hatte ich keine Lust. Andererseits kam ich mit meinen Überlegungen nicht weiter, ich musste wissen, wie weit Harko inzwischen gekommen war. Ich ging hinein.

Marianne stand in der großen Küche am Tisch, mit Kuchenbacken beschäftigt, Harko saß auf der großen Terrasse, einen Stapel Papier vor sich und entgegen seiner sonstigen Gewohnheit kein Bier, sondern eine große Tasse dampfenden Kaffees daneben. Jetzt musste ich noch herausfinden, was hier für dicke Luft sorgte.

Marianne sagte es sehr direkt: »Machst Du auch mit beim großen Mörderspiel?«

»Wie meinst Du das?«

Sie warf das Messer, mit dem sie Äpfel schälte, zornig auf den Tisch. »Xaver ist tot. Ein Freund und Nachbar. Weiß Gott, wir haben hier wirklich nicht viele Freunde. Doch was macht Harko? Er findet es spannend, einen Mörder zu suchen. Der trauert kein bisschen. Bist Du genauso herzlos?« Sie hatte Tränen in den Augen.

Betroffen sah ich zu Boden. Es war ein Fehler gewesen, den Krimi über einen möglichen Mord am Professor zu schreiben. Wobei der Fehler darin bestand, über einen Menschen zu schreiben, den ich kannte. In einem Krimi stand die Jagd nach dem Mörder immer im Vordergrund. Da gab es eine Leiche, die weder die Ermittler noch der Autor persönlich kannten, und Ziel der Geschichte war es, den Mörder zu finden. Als Schriftsteller stand ich außerhalb, konnte die Gefühle der Angehörigen und Freunde des Opfers aus der Sicht des Beobachters beschreiben.

Harko musste es bei seinen Ermittlungen ähnlich gehen, auch er stand außerhalb, war neutral. Diese Neutralität war wichtig, um die Verdächtigen objektiv zu überprüfen. Sicher ging er den Fall des Professors mit der gleichen Objektivität an, nach 20 Jahren Berufspraxis war Harko Ermittlungsprofi. Marianne musste das herzlos vorkommen. Doch es war die einzige Möglichkeit, den Täter zu finden.

»Da hast Du´s,« sagte Marianne, noch bevor ich auf ihre Frage antworten konnte. »Auch Dir ist die Jagd nach dem Mörder wichtiger als der Professor. Dass er tot ist, interessiert Dich einen feuchten Dreck.«

Ich setzte mich. »Geht Dir sein Tod so nahe, weil er ein Freund war, oder weil er wie Du aus Deutschland kam?«

»Ich würde auch um Dich trauern,« sagte sie aggressiv. »Xaver war vielleicht kein einfacher Mensch, aber er war einer der wenigen, mit dem ich mich niveauvoll unterhalten konnte. Mich trifft sein Tod. Ob er ermordet wurde oder ob ihn der Wind erschlagen hat, ist mir vollkommen gleichgültig. Harko aber benimmt sich, als wäre es nur eine spannende Aufgabe, den Täter zu suchen. Er ist so… so… so hundsgemein.«

Harko konnte unsere Diskussion durch die geöffnete Tür zur Terrasse gut mitverfolgen. Doch als ich ihm einen hilfesuchenden Blick zusandte, steckte er seine Nase demonstrativ in seine Papiere. Vermutlich hatte er ähnliche Diskussionen in den Jahren seiner Ehe mehr als einmal geführt.

»Interessiert es Dich nicht, den Mörder des Professors hinter Schloss und Riegel zu bringen?« fragte ich Marianne. Was, wie ich sofort merkte, genau die falsche Frage war.

»Das hier ist keiner Deiner verdammten Krimis und es ist auch keiner von Harkos verdammten Kriminalfällen!« Marianne sah mich mit zornblitzenden Augen an. »Das hier ist die gottverdammte

Realität. Xaver hatte seine Marotten, er war ein Eigenbrötler, ein Querulant und manchmal auch schrecklich borniert, doch insgesamt war er ein lieber Kerl. Aber sehe ich nur einen Hauch von Trauer bei Harko oder Dir? Sehe ich nur eine einzige Träne fließen?«

»Jeder trauert auf seine Art,« entgegnete ich leise. »Vielleicht trauere ich nicht wie Du, Du kanntest ihn länger als ich. Sein Tod aber geht mir nahe. Mehr, als Du ahnst. Wenn er ermordet wurde, möchte ich seinen Mörder überführen. Das ist das einzige, was ich noch für ihn tun kann.«

»Du bist der gleiche hinterwäldlerische Hohlkopf wie Harko.« Oh ja, Marianne kannte wirklich eine Menge Schimpfworte.

Sie drehte sich abrupt um und ging nach draußen, kurz darauf hörte ich sie mit dem Land-Cruiser wegfahren.

Dafür kam Harko in die Küche. »Kaffee?« fragte er, ohne mich zu begrüßen.

»Hat sie das öfter?«

Harko schaltete die Kaffeemaschine ein. »Marianne hat nie verstanden, dass ich in meinem Beruf Abstand zu meinen Fällen brauche. Sie sieht nur die Menschen, die betroffen sind. Doch ich würde wahnsinnig, wenn ich mit jedem Opfer Mitleid hätte. Kein Polizist kann sich das erlauben.«

Es klang herzlos, ich wusste aber, dass es vielen Menschen in ihren Berufen so ergeht. Vermutlich jedem, der helfen wollte. Ärzte, Psychologen, sicher auch Polizisten: Sie brauchten die Distanz, sonst machten sie sich selbst kaputt.

»Standen sich Marianne und der Professor so nahe?«

»Nicht die Spur,« winkte er ab. »Xaver liebte nur sich selbst und seine Kunst, die restliche Welt war für ihn höchstens Publikum. Sein Tod hat Marianne jedoch vor Augen geführt, wie einsam sie hier ist.«

»Einsam?«

Der Kaffee war fertig, Harko schenkte mir eine Tasse ein. Wir gingen nach draußen auf die große Terrasse.

»Hast Du nicht ab und zu Sehnsucht nach Argentinien? Nach Menschen, die Du dort kennst?«

»Meine Freunde leben über die ganze Welt verstreut,« antwortete ich. »Es gibt immer gute Freunde, die ich vermisse. Ob ich hier auf Korfu oder in Argentinien oder sonstwo bin. Hier aber habe ich alles, was ich zum Leben brauche, vor allem die Ruhe zum Schreiben. Die würde ich woanders vermissen.«

Harko sah mich neugierig an. »Geht das allen Künstlern so? Nur sie und ihre Arbeit? Mehr brauchen sie nicht zum Leben?«

»Wie meinst Du das?«

»Marianne vermisst unsere alten Nachbarn aus Stuttgart, mir fehlen Freunde und Kollegen. Korfu ist ein Paradies, aber wir leben erst seit wenigen Jahren hier, sind keineswegs so integriert, als wären wir hier aufgewachsen.«

»Das geht jedem so, der seinen Geburtsort verlässt,« sagte ich. »Das hat doch nichts mit Korfu zu tun.«

»Mit Korfu nicht,« bestätigte Harko. »Trotzdem ist die Insel etwas Besonderes. Das ist mir durch Xavers Tod klargeworden.«

Hatten Harko und Marianne plötzlich ein Problem damit, im Ausland zu leben? Ich war Argentinier, geboren und teilweise aufgewachsen in meinem sogenannten Heimatland, doch ich fühlte mich nicht als Argentinier, ich war inzwischen Korfiote. Das aber war es nicht, was Harko meinte.

»Bei einem Mord ist der Täter fast immer im persönlichen Umfeld des Opfers zu finden. Es kann jeder sein, der das Opfer kannte. Wenn ich in Stuttgart an einem Mordfall arbeitete, haben wir die Familie, die Nachbarn, die Freunde, auch die Bekannten des Opfers unter die Lupe genommen. Gestern habe ich versucht, in Xavers Fall eine Liste möglicher Verdächtiger zusammenzustellen. Weißt Du, was dabei herausgekommen ist?«

»Er kannte Gott und die Welt.«

»Eben nicht. Sein Haus liegt abseits, er hat keine direkten Nachbarn. In Afionas selbst hatte Xaver keine Freunde, zumindest keine engen. Deshalb war ihm auch vollkommen egal, was die Dorfbewohner von seiner Kunst halten. Und wenn Du an die Geburtstagsfeier denkst: Wenn ich mal 70 werde, wird das eine Riesenfeier. Doch wer war bei Xavers Party? Du mit drei Griechen, die Xaver erst eine Woche zuvor kennengelernt hat, Marianne, die Zwillinge und ich, zwei andere Künstler, die Xaver nur oberflächlich kannte, ein Kollege, den er nicht mochte, eine Verflossene, eine Tochter, mit der er sich nicht verstand und sein Mitarbeiter nebst Freundin. Verstehst Du, was ich meine? Xaver lebte hier wirklich nur für seine Arbeit. Es gibt kein Umfeld.«

Harko hatte recht. Mein kleiner Mann im Ohr lachte hämisch, ich hatte diesen Aspekt vollkommen übersehen. Ich sagte ihm, er solle den Schnabel halten, er hätte es schließlich auch nicht gemerkt.

Was der Agent aus Hollywood dazu sagte, wollte ich gar nicht wissen.

»Wir leben hier im Paradies,« sagte Harko. »Du würdest nicht glauben, wieviele meiner alten Bekannten mich um dieses Leben beneiden. Doch Marianne hat plötzlich das Gefühl, es ist ein einsames Leben. Korfu ist eine Insel, eine kleine, abgeschottete Welt. Wenn kein Besuch von außerhalb kommt, ist nichts los.«

»Wenn sie wieder arbeitet? Für eine gute Tierärztin gibt es hier genug zu tun.«

Harko schnaufte wütend. »Was glaubst Du, was die Griechen dazu sagen? Der Kommissar aus Deutschland schiebt eine ruhige Kugel und schickt seine Frau zum Arbeiten. Darauf kann ich verzichten.« Er stand auf. »Das soll jetzt nicht unser Problem sein. Suchen wir lieber Xavers Mörder. Sein abgeschiedenes Leben hat auch sein Gutes: Der Kreis der Verdächtigen ist überschaubar.«

»Sei Dir da nicht so sicher,« frohlockte ich, stolz, auch etwas herausgefunden zu haben. Ich berichtete Harko, was ich mit Daphni besprochen hatte und dass wir der Ansicht waren, auch Perikles Vasilopoulos, der Grieche, mit dem sich der Professor an seinem Geburtstag gestritten hatte, käme als möglicher Täter in Frage. Statt eines Lobes über meine Schlussfolgerungen handelte ich mir jedoch eine heftige Standpauke ein.

»Du bist ja wohl der größte Depp,« sagte Harko und setzte dann zu einer langen Erklärung an, an deren Ende ich so klein war, dass ich mühelos in einen Fingerhut gepasst hätte.

»Das Gespräch,« sagte er ungehalten, »das ich belauscht habe, ist der einzige Hinweis auf den Mord. Das ist nicht nur die einzige heiße Spur, die wir bei unseren Ermittlungen haben, sondern zugleich unser einziger Trumpf. Wenn Du den jetzt aufdeckst, haben wir nichts mehr auf der Hand – absolut nichts. Verstehst Du das?«

Ich verstand es nicht, doch er erklärte es mir anschaulich und machte mir einmal mehr bewusst, wie stark sich die wirkliche Arbeit der Polizei von meinen Krimis unterschied.

In einem Mordfall, legte Harko dar, waren Spuren am Tatort bei weitem nicht der wichtigste Ansatzpunkt. Sehr viel wichtiger war, ein umfassendes Bild des Opfers zu bekommen, vor allem seines Umfeldes, in dem sich mit größter Wahrscheinlichkeit der Täter fand. Genau das hatte Harko durch die Analyse des Bekanntenkreises von Professor Hintermooser gemacht. Danach galt es, Beziehungen zwischen Opfer und möglichen Tätern herauszufinden und verschiedene Theorien zu entwickeln, wie sich der Mord tatsächlich zugetragen hatte. Diese Theorien mussten anschließend auf ihre Wahrscheinlichkeit hin überprüft werden.

»Entscheidend dabei ist,« sagte Harko, »dass die Polizei Dinge weiß, die nur dem Täter bekannt sein können, und die ihr dabei helfen, den Täter zu überführen.« Wenn ein Verdächtiger bei einer Vernehmung etwas sagte, was nur der Täter wissen konnte, war das ein entscheidender Ansatzpunkt, um den Verdächtigen als Mörder zu überführen. Doch wenn diese Information allgemein bekannt war, war sie wertlos.

»Der Rechtsanwalt des Tatverdächtigen kann und wird vor Gericht behaupten, sein Mandant habe diese Information in der Zeitung gelesen – und jeder Richter wird das glauben müssen, selbst wenn der Täter Analphabet ist: Er hätte es auch sonstwo hören können. Deshalb wird die Polizei bei ihren Ermittlungen niemals alle Karten offenlegen. Verstehst Du?«

Jetzt hatte ich es verstanden. Doch Harko war noch nicht fertig. »Einen Täter zu einem Geständnis zu bringen, mag in einem Deiner Krimis die Auflösung sein – für die Polizei ist es nur ein Zwischenschritt. Ein labiler Tatverdächtiger kann in einer harten Vernehmung alles zugeben, nur damit er seine Ruhe hat. Deshalb muss die Polizei nicht nur ein Geständnis erreichen, sie muss auch sicherstellen, dass es in sich schlüssig ist.«

Er sah mich zum Glück schon wieder versöhnlicher an. »Was glaubst Du, wie oft wir in der Praxis mit falschen Geständnissen zu tun haben? Da mag sich ein Niemand großtun wollen und eine Tat auf sich nehmen, die er gar nicht begangen hat, nur um im Rampenlicht zu stehen. Oder ein Verdächtiger klappt zusammen und gesteht alles, was man ihm vorwirft. Kommt es dann zur Tatrekonstruktion, zeigt sich schnell, ob der Verdächtige wirklich der Täter ist: Spielt er nur das vor, was allgemein bekannt ist, wissen wir, er kann es nicht gewesen sein. Erst wenn er Details kennt, die nur der Polizei und dem wahren Täter bekannt sind, wissen wir, er war es wirklich. Deshalb gibt es bei jedem Mordfall zwei Realitäten: Eine, die öffentlich bekannt ist, und eine, die nur der Mörder kennen kann. Die Polizei unternimmt große Anstrengungen, möglichst viel über diese zweite Realität zu erfahren, aber nichts davon preiszugeben. Doch das wirst Du als schreibendes Klatschmaul nie begreifen.«

Auch Däumlinge haben ihren Stolz, ich reckte in meinem Fingerhut trotzig den Kopf hoch. »Bei den Fällen, die wir bislang gemeinsam gelöst haben, ist Dir meine angebliche Geschwätzigkeit mehr als einmal hilfreich gewesen. Ich habe eben andere Methoden als Du, an Informationen zu kommen. Was ist schon dabei, wenn ich mit einer griechischen Freundin über den Fall spreche? Die Verdächtigen sind alle Deutsche und haben keinen Kontakt zu Daphni.«

»Dann solltest Du sicherstellen, dass das auch so bleibt. Sonst sind *meine* Ermittlungen am Ende.«

Vor fünf Minuten waren es noch *unsere* Ermittlungen, dachte ich grimmig, und rief sofort Daphni an, um sie zum Schweigen zu ermahnen. Sie freute sich, meine Stimme zu hören, aber als ich ihr sagte, was ich von ihr wollte, wurde sie kleinlaut.

»Konstantinos hat mich vor einer halben Stunde angerufen und ich habe ihm alles gesagt. Ich glaube, er schreibt bereits einen Artikel über den Mord.«

Mir wurde schlecht, ich wagte kaum, Harko in die Augen zu sehen.

»Ich melde mich später nochmal,« sagte ich und legte auf.

Zu meinem Erstaunen nahm Harko die Hiobsbotschaft völlig gelassen auf. »Korfu ist ein Dorf,« sagte er, »siehst Du das endlich ein?« Er bat mich um Konstantinos Nummer in der Redaktion.

Die beiden telefonierten fast eine halbe Stunde und ich staunte, mit welcher Professionalität Harko das Gespräch führte. Er berichtete Konstantinos haarklein, was geschehen war, sagte ihm, was seiner Meinung nach davon veröffentlicht werden durfte und was nicht.

»Warum hast Du das gemacht?« fragte ich, nachdem er das Gespräch beendet hatte. »Ich meine: Mir hältst Du eine Strafpredigt, weil ich aus Versehen etwas ausplaudere und Du selbst gibst kurz darauf alle Details preis. Ist auch das ein Polizeitrick, den ich noch nicht kenne?«

Harko sagte nichts, stand auf und holte sich eine Flasche Alfa-Bier aus der Küche. »Die habe ich mir verdient,« sagte er, setzte sich und trank genüsslich.

Dann sah er mich – wie ich fand, ziemlich von oben herab – an. »Nachdem Du Plaudertasche das Geheimnis hinausposaunt hast, war es keines mehr. Konstantinos ist von Deiner Freundin ausführlichst informiert worden. Doch im Gegensatz zu Dir scheint er ein

Profi zu sein: Er hat sofort erkannt, dass er von dem belauschten Gespräch nichts schreiben darf. Auf den Artikel wollte er jedoch nicht verzichten, er hält ihn für einen Knüller. Also habe ich ihm alles gesagt und mit ihm vereinbart, was er berichten darf und was er verschweigen muss. So einfach ist das.«

Er deutete auf den Stapel Papier auf dem Tisch. »Nachdem ich Dich ordentlich heruntergemacht habe, sollte ich Dich wieder aufbauen. Wenn ich ehrlich bin, hast Du mir mit Deiner Geschwätzigkeit sogar einen Gefallen erwiesen.«

Wäre ich nicht als Däumling sicher in meinem Fingerhut gesessen, ich wäre aus allen Wolken gefallen. So aber kletterte ich – metaphorisch gesprochen – aus meinem Fingerhut und baute mich – ebenfalls nur metaphorisch – in voller Größe vor Harko auf. »Das, mein lieber Herr Kommissar, solltest Du mir jetzt genauer erklären.«

»Aber gern, Señor Krimischreiber.«

Er nahm seine Aufzeichnungen in die Hand. »Hier drin steht alles, was ich über Xaver und seine Beziehungen zu seinen möglichen Mördern weiß. Viel ist es, das muss ich zugeben, nicht. Wäre ich noch Polizist in Deutschland, würde es genügen, um die Verdächtigen zu befragen, vielleicht sogar den einen oder anderen offiziell zu vernehmen. Doch erstens bin ich nicht mehr im Dienst, zweitens ist bislang noch nicht offiziell von einem Mord die Rede. Welchen Grund sollte ich also haben, die Verdächtigen zu befragen? Über dieses Problem habe ich nachgedacht, als Du vorhin gekommen bist. Morgen erscheint Konstantinos Bericht in der Zeitung, in dem er die Frage aufwirft, ob es auch Mord gewesen sein könnte – die Redaktion hat einen entsprechenden anonymen Hinweis erhalten. Damit habe ich endlich einen Grund, neugierige Fragen zu stellen.«

»Das ist Dir alles eingefallen, während Du mit Konstantinos telefoniert hast?« Ich konnte es kaum glauben.

»Nein,« entgegnete Harko, »das ist mir nicht alles eingefallen, während ich mit Konstantinos gesprochen habe. Aber glaubst Du, Du bist der Einzige, der Ermittlungsergebnisse preisgibt? Im Lauf der Jahre lernt man, mit geschwätzigen Ermittlern umzugehen.«

»Danke.«

Harko stand auf. »Kommst Du mit?«

»Wohin?« fragte ich ärgerlich. »Zum nächsten Fettnäpfchen, in das ich treten kann?«

»Ob Du in ein Fettnäpfchen trittst oder nicht, ist Deine Sache. Ich muss jetzt zu Georgos: Wenn der Artikel morgen in der Zeitung erscheint, wird die Sache offiziell zu einem Mordfall. Das sollte Georgos rechtzeitig wissen.«

Vor uns standen zwei dampfende Heleniko, uns gegenüber saß Georgos Katsatopoulos hinter seinem großen Schreibtisch und zupfte sich bedächtig an seinem Schnauzbart.

»Das ist eine ziemlich verworrene Geschichte, die ihr mir da erzählt,« sagte der Reviervorsteher von Karousades. Er sah Harko mit ernstem Gesicht an. »Jeden anderen hätte ich mit dieser Räuberpistole sofort hinausgeworfen.«

Harko hatte Georgos von seinem belauschten Gespräch, seinen bisherigen Beobachtungen und Schlussfolgerungen sowie von dem Artikel berichtet, der morgen in der Zeitung Kathimerini Enimerosi erscheinen würde; ich hatte seinen Bericht durch meine Überlegungen ergänzt, der Mörder könne einem geplanten Selbstmord vielleicht nur um wenige Stunden zuvorgekommen sein.

Die Geschichte klang, das musste auch ich zugeben, reichlich suspekt, doch Georgos hatte großen Respekt vor Harkos beruflichen Fähigkeiten, seinem Instinkt und seinen Methoden.

»Du glaubst also,« sagte er zu Harko, »einer der Geburtstagsgäste hat den Professor getötet, während dieser gerade dabei war, seinen Selbstmord vorzubereiten?«

Harko warf mir einen zweideutigen Blick zu. »Den geplanten Selbstmord schreib mal lieber Robertos blühender Phantasie zu. Ich gebe zu, man könnte es so sehen, doch ich kannte Xaver lange genug: Der hing am Leben und hätte nie Selbstmord begangen. Gut, er hatte ein Faible für das Morbide, und vielleicht war er nach seiner letzten Aktion mit den zwölf Aposteln wirklich depressiv. Doch Xaver hatte in seinen 70 Lebensjahren mehr als eine Krise zu überstehen, er hätte auch diese gemeistert. Ich denke, er hat seine depressiven Stimmungen nur genutzt, um damit seine Kreativität zu fördern – einen Sarg baut man nicht, wenn man gut drauf ist. Doch ich bezweifle, dass er vorhatte, ihn so schnell zu beziehen. Nein – ich bin sicher, der Sarg hat den Mörder inspiriert. Deshalb bin ich auch überzeugt davon, dass zwei seiner Gäste den Mord begangen haben. Die Frage ist nur: Wer hat es getan?«

»Dr. Uhlmann, seine Frau oder die Tochter des Professors,« sagte ich.

»Oder Manni,« ergänzte Harko.

»Manni?« fragte Georgos.

»Der Gehilfe des Professors. Er hat Xaver geholfen, den Sarg zu bauen.«

»Und welches Motiv sollte Manni haben?« fragte ich. Dann tat ich so, als hätte ich eine Erkenntnis: »Natürlich! Dass ich da nicht gleich draufgekommen bin. Manni hat sich geärgert, weil ihm der Professor nicht geglaubt hat, Sophie sei zu schwach auf den Beinen. Und um dem Professor zu beweisen, dass er recht hat, ließ er ihm Sophie auf den Kopf fallen.«

»Du bist ein Quatschkopf,« sagte Harko.

»Nein, ich bin Schriftsteller,« entgegnete ich. »Und ich erinnere mich an eine Kurzgeschichte des deutschen Autors Siegfried Lenz. Darin treibt ein Knecht jeden Tag die Kühe aus dem Stall und er geht dabei immer rechts von ihnen. Eines Tages befiehlt der Bauer dem Knecht, von nun an links von den Kühen zu gehen, da dies die einzig richtige Art sei. Was den Knecht recht verdrießt. Eine Woche lang tut er wie befohlen, dann zündet er den Stall an. Als er die Kühe aus dem brennenden Stall treibt, geht er wieder rechts von ihnen. Und wie er am Bauern vorbeikommt, sagt er: *Mir scheint, den Kühen ist es ziemlich gleichgültig, von welcher Seite sie getrieben werden.*«

Georgos bog sich vor Lachen, Harko sah mich böse an. »Wir reden hier über einen Mord, nicht über eine Deiner dämlichen Geschichten.«

»Ich habe nur versucht, ein mögliches Motiv für den Mord zu finden,« sagte ich grinsend. Leider erwies sich mein Beitrag als Eigentor, bei der weiteren Besprechung nahmen mich die Beiden nicht mehr ernst. Humor und Polizei, dachte ich, das passt einfach nicht zusammen.

»Was willst Du unternehmen beziehungsweise was kann ich für Dich tun?« fragte Georgos.

»Mir freie Hand lassen,« sagte Harko ganz direkt.

»Das kann ich nicht. Mord ist ein Kapitalverbrechen, das meine Kompetenzen bei weitem übersteigt. Sobald morgen der Bericht in der Zeitung erscheint, muss ich die Mordkommission verständigen. Wenn sie nicht von selbst anrückt.«

»Und was will die tun? Spuren gibt es keine, das habe ich selbst überprüft. Sie müssten den Verdächtigen sagen, was ich gehört habe, und sie sofort vernehmen. Und alles, was die möglichen Tatverdächtigen zu tun haben, ist, den Mund zu halten, bis die Vernehmung vorbei ist. Ein dringender Tatverdacht ist bei keinem der möglichen Täter gegeben, folglich wird die Ermittlung nicht als ordentliche Vernehmung geführt, sondern nur als erste Befragung. Falls sie es noch nicht getan haben, müssen sich der oder die Mörder nur eine plausible Geschichte ausdenken, die sie entlastet – und die Polizei kann ihnen nicht das Geringste nachweisen.«

»Darf ich fragen,« unterbrach ich, »was der Unterschied zwischen einer Befragung und einer Vernehmung ist? Für mich ist das ein und das selbe. Und ich würde die Tatverdächtigen nicht befragen oder vernehmen, ich würde sie verhören!«

Harko sah mir eindringlich in die Augen. »Verhört werden Verdächtige in Krimis, in Agentenfilmen und in Österreich – dort ist jede Einvernahme ein Verhör, zumindest im Sprachgebrauch. Doch in Deutschland werden Verdächtige nicht verhört, sie werden befragt oder vernommen. Wenn ich Dich frage, wo Du gestern Abend um 20 Uhr 30 gewesen bist, dann ist das eine Befragung. Wenn ich Dich frage, was Du gestern Abend um 20 Uhr 30 in der Nähe der Nationalbank gemacht hast, als diese gerade ausgeraubt wurde, dann ist das der Beginn einer Vernehmung. Bei einer Befragung notiere ich Deine Anschrift und lasse Dich wieder laufen. Bei einer Vernehmung, bei der ich Dich in Verdacht habe, etwas angestellt zu haben, belehre ich Dich über Deine Rechte und dann rate ich Dir, Deine Teilnahme an dem Überfall zu gestehen, um Dein Gewissen zu entlasten. Ich frage Dich nicht nur einmal, wenn es sein muss, frage ich Dich hundertmal. Wenn Du von der Vernehmung ausgelaugt bist, lasse ich Dich in Deine Zelle bringen. Und beobachten. Wenn Du kurz vor dem Einschlafen bist, lasse ich Dich wieder vorführen. Und frage Dich das selbe noch einmal. Ich behaupte, vorhin hättest Du etwas anderes gesagt. Bist Du ein wirklich schlimmer Finger, werde ich die Vernehmung intensivieren. Wenn Du Raucher bist, lege ich Dir eine Schachtel Zigaretten vor die Nase und sage Dir, Du darfst Dir eine nehmen, wenn Du gestehst. Wenn Du Nichtraucher bist, qualme ich selbst und blase Dir den Rauch ins Gesicht.«

Unwillkürlich musste ich an alte französische Polizeifilme denken, die Serie Noir, noch in schwarz-weiß gedreht. Ich sah mich selbst, auf einem einfachen Holzstuhl sitzend, das Zimmer total verdunkelt, vor mir eine umgedrehte Schreibtischlampe, deren Licht mir direkt ins Gesicht fiel und mich blendete. Meine Befrager sah ich nur schemenhaft hinter der Lampe, eingehüllt in dichten Zigarettenqualm, mir keineswegs freundlich gesonnen. War das die Vernehmung, von der Harko sprach? Wo blieben die feinen psychologischen Verhörtechniken, die ich in meinen Krimis so schätze?

Sie kamen, denn Harko war noch nicht fertig mit seinen Ausführungen. »Ich hole einen Kollegen, der so tut, als wäre er Dein Freund, der Dir helfen will. Während er Dir verspricht, Dich rauszupauken, telefoniere ich zwei Meter weiter mit dem Haftrichter und sage, Du stehst kurz vor dem Zusammenbruch. Dieses Spiel wiederholen wir so lange, bis Du gestehst oder wir von Deiner Unschuld überzeugt sind. Das, mein lieber Roberto, ist der Unterschied zwischen einer Befragung und einer Vernehmung.«

Als Harko mir vor einer knappen Stunde gesagt hatte, er wisse nicht, wie er die Tatverdächtigen vernehmen solle, da hatte ich in meiner Naivität geglaubt, ihm fielen keine guten Fragen ein. Jetzt erkannte ich, sein Problem war größer gewesen. Bedeutend größer.

»Arbeitet die griechische Polizei mit ähnlichen Methoden?« fragte ich Georgos.

Der antwortete mit einer Gegenfrage. »Meinst Du offiziell oder inoffiziell?«

Die Antwort auf diese rhetorische Frage schenkte ich mir.

»Du siehst,« sagte Harko zu Georgos, »mit offiziellen Vernehmungen kommen wir nicht weiter.«

»Was also tun wir?«

Harko tat, als würde er überlegen, doch inzwischen war ich mir sicher, er hatte den Schlachtplan bereits detailliert ausgearbeitet in einer Schublade seines Polizistenhirns vorliegen.

»In dem Artikel morgen wird nur die Rede von einem anonymen Hinweis sein.«

»Woher weißt Du das?« fragte Georgos. »Hast Du den Artikel etwa schon gelesen?«

»Ich habe dem Journalisten gesagt, was er schreiben soll.«

Ich konnte förmlich sehen, wie Georgos Respekt vor Harko wuchs. Offenbar hatte die griechische Polizei nicht soviel Einfluss auf die Presse.

»Für die Polizei gibt es keinen Grund, offiziell mit den Ermittlungen zu beginnen,« fuhr Harko fort. »Du weißt selbst, wieviele Spekulationen es bei jedem geheimnisvollen Todesfall gibt. Du könntest jedoch die Mordkommission heute schon auf den Artikel hinweisen und sie bitten, vorläufig nichts zu unternehmen.«

Georgos zupfte sich nachdenklich an seinem Bart. »Wenn Du mich ständig auf dem Laufenden hältst und ich den Beamten in Korfu-Stadt sage, dass wir sie bei einer konkreten Spur sofort in Kenntnis setzen – kann sein, dass sie sich darauf einlassen.«

Georgos schien zuversichtlich zu sein, das durchsetzen zu können.

»Und was wirst Du tun?« fragte er Harko.

»Mit Deinem Einverständnis und Deiner Hilfe möchte ich das alte Spiel von Gut und Böse spielen.«

»Ich bin der Böse,« sagte Georgos mit der größten Selbstverständlichkeit.

Die Frage, was Harko mit dem alten Spiel von Gut und Böse meinte, lag mir auf der Zunge, doch ich wollte mir keine weitere Blöße geben. Allmählich hatte ich das Gefühl, mir mangle es nicht nur an der Fähigkeit, meinen Figuren genügend Tiefe zu verleihen, sondern auch an dem für einen Kriminal-Schriftsteller notwendigen Basis-Know-how über die Polizeiarbeit.

»Bevor Du wieder eine Deiner dummen Fragen stellst, sage ich Dir lieber, was es mit diesem Spiel auf sich hat.«

Ich kam mir vor wie ein Schüler, der dabei ertappt wurde, nichts zu wissen.

»In Vernehmungen ist das Spiel von Gut und Böse ein alter Hut: Ein Vernehmender tut so, als stünde er auf der Seite des Verdächtigen, der andere spielt den harten Bullen. Zuerst macht der Böse, der harte Bulle, den Verdächtigen mürbe, setzt ihn gnadenlos unter Druck. Dann kommt der Gute, entschuldigt sich für seinen aggressiven Kollegen und versucht, das Vertrauen des Verdächtigen zu gewinnen. Nach einer Weile wird er herausgerufen und der Böse kommt zurück, macht wieder Druck. Dann kommt wieder der Gute. Dieses Spiel wird so lange gespielt, bis der Verdächtige zusammenbricht und gesteht.«

Georgos strahlte: Er schien sich mächtig auf die Rolle des Bösen zu freuen. Das konnte aber nicht alles sein: Derartige Methoden – ob nun bei einer Befragung, einer Vernehmung oder einem Verhör – gehörten auch für mich zum Standardrepertoire. Wie ich vermutet hatte, war Harko noch nicht fertig mit seiner Erklärung.

»Dieses Vorgehen bewährt sich nicht nur bei Vernehmungen, es funktioniert auch gut bei Ermittlungen. Ein Beamter in der Ermittlungsgruppe tritt grob auf und versucht, die Verdächtigen, oft auch die Zeugen, einzuschüchtern, ein anderer ist besonders freundlich.«

»Das ist unfair,« sagte ich. Jetzt verstand ich, warum in Fernsehkrimis so viele Ermittler unfreundlich sind. Meine Kommissare waren immer wohlerzogen.

»Das mag unfair sein, aber es ist effektiv,« sagte Harko und Georgos nickte bestätigend. »Viele Menschen haben Respekt vor der Polizei, sie sagen auch dem Bösen unter Druck, was er wissen will. Andere wehren sich gegen den Druck, ergreifen aber die erste Gelegenheit, sich dem Guten anzuvertrauen.«

»Wenn ich das nächstemal etwas mit der Polizei zu tun habe,« sagte ich trotzig, »sage ich kein Wort mehr. Ihr seid ja schlimmer als die schlimmsten Banditen.«

Harko und Georgos lachten, als hätte ich ihnen gerade ein großes Kompliment gemacht.

»Was also soll ich tun?« fragte Georgos.

»Wenn der Artikel morgen erscheint,« sagte Harko, »wirst Du Dir die Verdächtigen vorknöpfen. Frag sie, was Du willst – aber mach ihnen Angst. Sie wissen nicht, dass Du in einem Mordfall nicht zuständig bist. Von mir aus tu so, als würdest Du nur den Verdacht überprüfen und droh ihnen damit, dass die Mordkommission bald anrückt. Dann komme ich und spiele den Guten – ich habe von dem Verdacht gehört, finde ihn natürlich lächerlich und tue angeblich alles, um ihn zu entkräften. Was ich aber nur kann, wenn ich alles genau weiß.«

Die beiden schienen sich auf das Spiel zu freuen, doch diesmal witterte ich Morgenluft: Sie hatten zwei wichtige Punkte übersehen.

»Euer Plan ist nett, aber er wird nicht funktionieren. Punkt 1: Georgos spricht kein deutsch, die Verdächtigen kein griechisch und Harko scheidet diesmal als Dolmetscher aus. Und Punkt 2.« Ich sah Harko an. »Hast Du mir nicht vor zwei Tagen noch gesagt, der oder die Täter können einfach nach Deutschland zurückzukehren, wenn ihnen der Boden hier zu heiß wird?«

Ich hatte mich zu früh gefreut, Harkos Schlachtplan war lückenlos ausgearbeitet.

»Zu Punkt 1,« sagte er. »Da für Dich im Spiel Gut und Böse kein Platz ist, ich aber Deine grenzenlose Neugier kenne, wirst Du den

Dolmetscher spielen. Du sprichst beide Sprachen. Als Argentinier kennst Du Dich weder im griechischen noch im deutschen Rechtssystem aus, bist aber als Krimi-Autor vom Fach. Du bist folglich der ideale Übersetzer. Und zu Punkt 2: Das war vor zwei Tagen. Meine Hauptverdächtigen sind Dr. Uhlmann und Gertrud. Vor zwei Tagen kannte ich sie nur flüchtig, inzwischen weiß ich, dass beide scharf sind auf Geld: Gertrud will Xavers Haus, Dr. Uhlmann seine wertvollsten Kunstwerke. Zumindest die zwei werden den Teufel tun, das Feld kampflos zu räumen.«

Ich musste Harko in beiden Punkten recht geben. Harko sprach mit Georgos noch über die möglichen Motive der einzelnen Verdächtigen, sagte Georgos, in welcher Reihenfolge sie vernommen werden sollten und wo er ihre Schwachpunkte vermutete. Harko hatte sich wirklich eine Menge Gedanken gemacht.

Wir blieben fast zwei Stunden bei Georgos, bis die Beiden ihre Strategie festgelegt hatten. Ich fühlte mich an die Verhältnisse in Südamerika erinnert, an den Polizeistaat zu Zeiten der Diktatur. Kein schönes Gefühl. Was ich Harko auch sagte, als wir wieder im Wagen saßen.

Wider Erwarten machte er keine dumme Bemerkung. Er sah mich ernst an. »Wenn Du diesen Eindruck hast, tut es mir leid – mir ging es vor allem darum, Georgos heiß zu machen. Vielleicht bin ich dabei über´s Ziel hinausgeschossen.«

Ich staunte. Soviel Selbstkritik? »Heißt das jetzt, nichts von dem stimmt, was Du mir über die Unterschiede zwischen einer Befragung und einer Vernehmung gesagt hast?«

Harko antwortete mit einer Gegenfrage. »Hast Du von dem Skandal in Frankfurt gehört? Bei dem diesen Sommer ein Polizist wegen einer zu scharfen Vernehmung angeklagt wurde?«

»Was hat er gemacht?« fragte ich bissig. »Dem Verdächtigen zuviel Rauch ins Gesicht geblasen?«

»Er hat ihm mit Folter gedroht.«

Ich schluckte. »Also doch Polizeistaat.«

Harko sah mich nachdenklich an. »Du hast in Argentinien viel Schlimmes erlebt, stimmt´s?«

»Wie man´s nimmt. Meine Freundin wurde ermordet, mein Vater umgebracht, meine Mutter ist vor Gram gestorben, einige meiner Freunde sind morgens aus dem Haus gegangen und nie mehr wiedergekommen – doch, ich glaube, ich hab damals einige schlimme Dinge erlebt.«

»Siehst Du – in Deutschland war es im Dritten Reich ähnlich. Deshalb wurden bei der Gründung der Bundesrepublik Gesetze erlassen, die so etwas von vornherein ausschließen.«

»Scheinen aber nicht sehr wirkungsvoll zu sein, diese Gesetze – wenn jetzt ein Beamter wegen Folter angeklagt ist.«

Harko sah nach draußen, sein Blick verlor sich in weiter Ferne. Er schwieg lange. Als er sprach, war seine Stimme sehr leise.

»Eine Vernehmung ist die hohe Schule der Polizeiarbeit. Das Spiel mit einem guten und einem bösen Vernehmungsbeamten ist nur eine Variante des Spiels und bei weitem nicht die effektivste. Es gibt viel wirksamere Methoden. Keine davon basiert auf Gewalt, mit Gewalt erreichst Du nur selten etwas. Meist ist es eine Art Zweikampf, eher eine geistige Auseinandersetzung als eine physische. Der Beamte legt es keineswegs immer darauf an, ein Geständnis zu bekommen. Ganz im Gegenteil: Oft gibt er die Vernehmung schnell auf.«

»Weil nichts dabei herauskommt?«

»Nein. Vielleicht brauchst Du in Deinen Krimis ein Geständnis des Täters, um Deine Leser zu befriedigen. Im wirklichen Leben ist das anders. Ist die Beweislage eindeutig, ist das Geständnis überflüssig. Ein Geständnis wirkt fast immer strafmildernd. Wenn ein Beschuldigter keinen Wert auf diese Strafmilderung legt, soll er es eben lassen. Richtige Vernehmungen, bei denen auch psychologischer Druck ausgeübt wird, sind selten: Wenn die Beweislage nicht ausreicht, wenn der Verdacht erhärtet werden soll, wenn es um weiteres belastendes Material geht. Aber sonst?«

»Warum ist der Beamte dann angeklagt worden?« Ich hatte nichts von dem Fall gehört, aber ich las auch keine deutschen Zeitungen.

»Weil er versucht hat, das Leben eines Kindes zu retten.«

Ich stutzte. »Deshalb wird man doch nicht angeklagt!«

»Scheinbar doch,« meinte Harko seufzend. »Ich sagte Dir doch, als Folge des Machtmissbrauchs im Dritten Reich sind Täter heute bestens geschützt. Besser als die Opfer. In Frankfurt ging es um eine Kindesentführung. Die Polizei hatte den Entführer, nicht aber das verschleppte Kind; der Täter wollte nicht sagen, wo er das Kind versteckt hat. Der Beamte war nun in einem Gewissenskonflikt: Er konnte den Kidnapper härter anfassen, als ihm erlaubt war, oder er konnte darauf warten, bis das Kind in seinem Versteck stirbt. Wie hättest Du Dich in einem solchen Fall entschieden?«

Da brauchte ich nicht nachzudenken. »Dem hätte ich keine Folter angedroht, den hätte ich windelweich geprügelt. Wenn er dann nicht redet, hätte ich ihn wirklich in die Mangel genommen.«

»Amnesty International ist anderer Meinung,« sagte Harko. »Hinterher stellte sich nämlich raus, das Kind war zu dem Zeitpunkt bereits tot. Nur wusste das der Vernehmungsbeamte nicht. Er hat wirklich versucht, das Leben des Kindes zu retten. Ich finde, er hat sich sehr zurückgehalten, indem er harte Maßnahmen nur androhte, den Täter aber weiterhin mit Samthandschuhen anfasste. Amnesty International und andere Organisationen machen sicher einen guten Job, es ist gut, dass es diese Institutionen gibt. Doch die sollten gelegentlich auf den Boden der Tatsachen zurückkehren. Wenn einem von denen das Kind entführt würde, würden sie sicher nicht mehr dafür plädieren, den Entführer gut zu versorgen und darauf zu warten, dass das Kind irgendwo in einer Erdgrube erstickt. Dann würden sie auch selbst zu härteren Maßnahmen greifen.«

»Xaver ist bereits tot,« sagte ich. »Da muss keine Folter mehr angedroht werden.«

»Da hast Du recht. Ihr sollt die Verdächtigen auch nicht wirklich unter Druck setzen. Aber macht ihnen Angst – außer meinem mitgehörten Gespräch haben wir nämlich keinen einzigen Beweis.« Harko sah mich nachdenklich an. »Glaubst Du wirklich, ich bin so schlimm wie die Folterknechte in Südamerika?«

Ich erwiderte seinen Blick. »Schlimmer. Der Psychoterror, den Du Deinem Partner gelegentlich angedeihen lässt, ist ziemlich übel.« Dann schmunzelte ich.

Harko knuffte mich in die Seite. »Manchmal vergesse ich eben, dass Du von Polizeiarbeit keine Ahnung hast.«

»Siehst Du!« sagte ich mit vorgetäuschter Entrüstung, »jetzt geht es schon wieder los!«

Diesmal lachten wir beide.

Der nächste Punkt auf Harkos Schlachtplan war ein Besuch im Haus des Professors; er wollte sich ein Bild davon machen, wie sich die Verdächtigen verhalten, solange noch alles ruhig ist und sie sich in Sicherheit wiegen. Wir fuhren von Karousades direkt in die Agios Georgios Bucht, ich stellte meinen Wagen auf dem Parkplatz des Anwesens ab. Sowohl die Tür zur Ausstellung wie auch das Tor zur Werkstatt waren weit offen. In der Werkstatt stand Manni am Sarg und polierte den Edelstahl. Harko und ich traten ein. Manni begrüßte uns mit einem Kopfnicken, sagte aber nichts.

»Liegt der Professor bereits drin?« fragte ich und deutete auf den Sarg.

»Ich habe ihn gestern gewaschen, frisch gekleidet und in den Sarg gelegt. Jetzt ist der Sarg zugeschweißt.« Manni strich zärtlich über die Schweißnaht. »Schade, dass der Professor den fertigen Sarg nicht mehr sehen kann – er hätte ihm gefallen.«

Manni hatte jahrelang mit dem Professor zusammengearbeitet, von echter Trauer über dessen Tod aber war nichts zu spüren. Unwillkürlich musste ich an Harkos Erlebnis mit dem Bauern denken, dessen Tochter den Bolzenschussapparat zur Schlachtung haben wollte. Konnten Menschen derart herzlos sein?

»Wann findet die Beisetzung statt?« fragte Harko. »Sollte er nicht heute bestattet werden?«

Wegen der großen Hitze im Sommer werden die Toten in Afionas in der Regel am Tag nach ihrem Hinscheiden begraben.

Manni deutete mit dem Daumen auf die Ausstellungshalle. »Da müssen Sie den Doktor fragen. Er macht das.« Er widmete sich wieder seiner Politur.

Wir gingen in den Ausstellungsraum und trafen Dr. Uhlmann, der mit Digitalkamera und Klemmbrett die Kunstwerke katalogisierte. Wieder war er tadellos gekleidet, an diesem Tag in einen dunkelgrauen Anzug.

»Hallo!« sagte Harko. Der Doktor drehte sich überrascht um.

»Oh, Sie sind´s. Ich habe Sie nicht kommen hören. Soviel Arbeit.«

»Sie fotografieren Xavers Plastiken?«

»Die Plastiken, die Kunstobjekte – alles. Ich habe gestern mit einigen Galeristen in Deutschland telefoniert und die wollen Bilder und Beschreibungen von Xavers Werken. Scheint, als würde der alte Knabe jetzt richtig populär.«

Und du verdienst dir dabei eine goldene Nase, dachte ich angewidert.

»Wann findet eigentlich die Beisetzung statt?« fragte Harko.

»Am Freitag,« antwortete eine Stimme vom Eingang her. »Einige Freunde von Vater wollen persönlich von ihm Abschied nehmen.«

Gertrud stand, in Jeans und eine karierte Bluse gekleidet, am Eingang. Sie war ungeschminkt, die Falten in ihrem Gesicht waren noch deutlicher als während der Geburtstagsfeier zu sehen.

»Sie,« sagte sie und deutete auf mich, »Sie will ich ab sofort in diesem Haus nicht mehr sehen.« Sie lächelte, aber nicht freundlich. »Ich habe nicht nur viele Falten, ich habe auch ein gutes Gedächtnis.«

Ich zuckte mit den Schultern. »Ich warte unten im Wagen auf Dich,« sagte ich zu Harko, dann trollte ich mich.

»Ich komme in fünf Minuten,« rief mir Harko nach.

Was sein Zeitgefühl anbelangte, war Harko inzwischen ein echter Grieche geworden: Aus den angekündigten fünf Minuten wurde eine gute halbe Stunde. Als er kam, wirkte er sehr vergnügt.

»Was Neues erfahren?«

»Wie man´s nimmt,« sagte er. »Bei Xavers Tochter hast Du jedenfalls verschissen – die ist nicht gut auf Dich zu sprechen. Hast Du versucht, sie zu vergewaltigen?«

Ich berichtete ihm von unserer kurzen Auseinandersetzung.

Harko sah mich tadelnd an. »Das hättest Du auch freundlicher sagen können.«

»Und wie?«

»Wie wär´s damit: Was haben Sie heute wieder für schöne Falten im Gesicht. Ich bin sicher, da werden sogar die Alpen blass vor Neid.«

Wir lachten beide so laut, dass es sicher bis zum Haus zu hören war.

»Hast Du sonst noch etwas erfahren,« fragte ich, nachdem wir uns wieder beruhigt hatten.

»Nichts Neues. Gertrud stellt das Haus auf den Kopf, um wirklich alle Wertgegenstände zu finden; Dr. Uhlmann macht Bestandsaufnahme bei der Kunst und seine Frau ist todunglücklich. Ihr Gatte hat schon 20.000 Euro für Kunstwerke von Xaver ausgegeben, was sie sehr bestürzt, weil er damit wohl seine eisernen Reserven angreift. Gertrud freut sich, soviel Geld für den alten Plunder zu bekommen und der Doktor macht in Deutschland die Galeristen verrückt. Wie es der Zufall will, sind alle alten Freunde Xavers, die am Freitag zur Beisetzung kommen, entweder Kunstkenner oder Galeriebesitzer: Das wird keine Beisetzung, das wird eine Verkaufsschau.«

Er kratzte sich am Kinn. »Fast tut es mir leid, dass ich in den nächsten Tagen den Guten spielen muss – ich fange an, Georgos zu beneiden. Als Böser hätte ich diesem habgierigen Pack gehörig einheizen können.«

»Und jetzt?«

»Will ich ein Bier. Lass uns zu Alex fahren – mich würde interessieren, was er am Sonntag auf der Geburtstagsfeier gesehen hat.«

Alexandros oder Alex, wie ihn seine Freunde und Bekannten nennen, arbeitete in seiner Werkstatt, einem großen Raum, der gleichzeitig Arbeitsplatz, Ausstellungssaal, Verkaufsraum und im Sommer kommunikatives Zentrum war – viele Künstler und Kunstbegeisterte aus dem Norden Korfus trafen sich hier zu einem Schwatz.

Als erstes bestellte Alex in einer nahegelegenen Taverne eine Flasche Ouzo und eine Platte Mese für uns, dann setzten wir uns an einen alten wackeligen Tisch. »Der sieht zwar heruntergekommen aus,« sagte Alex stolz, »ist aber der letzte echte korfiotische Tisch hier in der Bucht, nicht so ein billiges Ding aus Plastik. Und er ist alt, sehr alt.«

Ich sah mich genauer in seiner Werkstatt um. Der Arbeitstisch – weder alt noch wackelig – war für acht Leute gemacht: Ein ovaler, großer Tisch, mit acht Einbuchtungen versehen, an denen seine Seminarteilnehmer arbeiten konnten.

»Hier,« sagte Alex und zeigte uns seine neueste Kreation. »Ein Olivenkern in Silber. Jeder Teilnehmer erstellt sich seine eigene Gussform, gießt sich ein einmaliges Schmuckstück und nimmt dann den Kern und den Anhänger aus Silber mit.« Für wenig Geld konnte sich jeder Besucher in kurzer Zeit ein eigenes Unikat erstellen.

Der Wirt brachte uns den Ouzo und die Platte mit Wurst, Käse, Oliven und Brot, wir stellten sie auf den Tisch. Alex schenkte die glasklare Flüssigkeit ein, goss Wasser darauf, was dem Ouzo sofort eine milchigweiße Farbe verlieh.

Ich wollte mich über den Professor und seine Bestattung unterhalten, brannte darauf, die Meinung von Alex zu hören, doch er und Harko diskutierten erst über die Olivenbäume Korfus. Harko beharrte darauf, die Korfioten müssten endlich lernen, die Bäume richtig zu beschneiden, um wirklich gutes Öl zu produzieren, er sagte, auf den anderen Inseln seien die Bauern viel weiter, auf seinen letzten Reisen habe er viele gutgepflegte Plantagen gesehen. Alex stimmte ihm zwar im Prinzip zu, wandte aber ein, Korfu habe vielleicht nicht das beste Öl, dafür aber die schönsten Olivenwälder Griechenlands. »Wo sonst,« fragte er, »gibt es diese jahrhundertealten, herrlich verwachsenen Olivenbäume?«

Nach der ersten Flasche Ouzo – Alex bestellte gleich die nächste, samt einer weiteren Platte Mese – kamen wir endlich auf den Professor zu sprechen.

»Provokant bis zum Schluss,« sagte Alex mit einem listigen Lächeln. »Die Sache mit dem Sarg ist ein Meisterstück. Darüber wird man noch in hundert Jahren sprechen.«

»Ist der Sarg künstlerisch etwas derart Besonderes?« fragte ich ungläubig.

Alex griff sich eine Olive von der zweiten Mese-Platte, schob sie in den Mund und spülte mit einem Schluck Ouzo nach. »Vom künstlerischen Standpunkt,« sagte er, »ist es ein witziger Einfall, keine Frage. Doch wenn ihr mich fragt, wollte er damit keineswegs die Kunstwelt schockieren: Diese Aktion ist gegen die Korfioten gerichtet.«

»Wie das?« fragte Harko überrascht.

Alex drehte sein Glas in der Hand. »Ihr wisst sicher, dass Georgos und Alexandros in Griechenland die häufigsten Vornamen sind. Auf Korfu aber ist Spiros der absolute Favorit.«

Das stimmt: Allein in Afionas gibt es rund 15 Spiros Bardis, die nur deshalb voneinander zu unterscheiden sind, weil man sie im Alltag mit ihren Spitznamen bezeichnet.

»Wisst Ihr auch, warum das so ist?«

Weder Harko noch ich kannten den Grund dafür.

»Weil der heilige Spiridon der Schutzheilige der Insel ist. Spiros ist von Spiridon abgeleitet.«

»Was hat das mit dem Professor zu tun?« fragte ich.

Alex schmunzelte. »Agios Spiridon, der heilige Spiros, ist in der Stadt in der Spiridon-Kirche aufgebahrt. Jetzt ratet mal, worin er liegt.«

»In einem Sarg aus Edelstahl!«

»Nein, das nicht. Er ruht in einem Sarg aus Silber. Optisch besteht jedoch zwischen Silber und poliertem Edelstahl kein großer Unterschied.«

Harko lachte schallend. »Der heilige Xaver! Der alte Halunke war noch viel durchtriebener als ich dachte.«

»Früher wurde Agios Spiridon offen in seinem Sarg durch die Stadt getragen. Bis ein Witzbold einen Finger klaute. Seitdem bleibt der Sarg bei Prozessionen geschlossen.«

»Dem hat der Professor vorgebeugt,« sagte ich. »Sein Sarg ist zugeschweißt.«

»Wenn ihr einen Korfioten tödlich beleidigen wollt,« fuhr Alex fort, »müsst ihr ihn nicht mit Malakas[9] titulieren. Werft ihm einfach vor, er habe den Finger von Agios Spiridon geklaut – dann seht ihr ihn in diesem Leben nicht mehr wieder.«

»Was mich noch interessieren würde,« sagte ich zu Alex, »wie siehst Du den Professor als Künstler? Ich meine: Sind seine Werke gut?«

Kunst und Literatur mochten gewisse Berührungspunkte haben, doch als Goldschmied hatte Alex mehr Kunstverständnis als ich.

Statt auf meine Frage zu antworten, stand Alex auf, ging zu einer Vitrine und holte mehrere seiner Werke heraus. Dann ging er zu seinem Schreibtisch, öffnete eine Schublade, entnahm auch dieser einige Gegenstände und legte schließlich alles zusammen auf den Tisch. Es waren Ringe und Broschen.

Alex deutete auf eine der Broschen. »Die habe ich vor zwei Jahren angefertigt. Gefällt sie Dir?«

»Sehr schön,« sagte ich. Es war kein höfliches Kompliment, ich fand das Schmuckstück wirklich gut.

Alex lachte. »Meinen Kunden hat sie auch gefallen, ich habe viele davon verkauft.«

»So wie Du das sagst,« meinte Harko, »gefällt sie Dir selbst nicht.«

Alex nahm die Brosche in die Hand, hielt sie hoch und sah zu, wie sich das Licht in dem eingearbeiteten Edelstein brach.

»Sie ist perfekt gearbeitet,« sagte er, was stolz, aber nicht überheblich klang. »Trotzdem ist sie schlecht.«

Ich wollte widersprechen, doch Alex hob seine freie Hand und bedeutete mir, zu schweigen.

»Sie ist schlecht, weil sie nichts Besonderes ist. Solide Goldschmiedearbeit, wie sie den Leuten gefällt, wie sie sich gut verkaufen lässt und wie sie in Geschäften auf der ganzen Welt in dieser oder einer anderen Form angeboten wird. Vor zwei Jahren war ich

[9] Griechisch: Wichser

noch stolz darauf, sie so gut anfertigen zu können. Erst als ich sah, wieviele andere Goldschmiede auf Messen vergleichbares anboten, erkannte ich, wie gewöhnlich sie ist.«

Alex legte die Brosche zur Seite und hob einen Ring in die Höhe. Er betrachtete ihn wie ein Vater sein Kind, liebevoll, stolz und zärtlich, dann gab er ihn mir. »Wie gefällt Dir dieser Ring?«

Das *gut* lag mir bereits auf der Zunge, doch das war es nicht, was Alex von mir hören wollte. Ich sah mir den Ring genauer an. Er war aus Silber gefertigt, ungewöhnlich breit und dennoch überraschend leicht. Oben war ein blutroter Granat eingesetzt; das Licht der Kerzen, die Alex auf dem Tisch angezündet hatte, erzeugte in ihm ein wildes Feuer. Eine gute Arbeit, dachte ich, aber auch nicht einmalig. Bis ich den Ring in meiner Hand drehte und mir die Innenseite auffiel. Erstaunt sah ich, dass sie nicht kreisförmig, sondern sechseckig war. Und nicht nur das: Jede der sechs Innenflächen war mit Steinen besetzt, die in das Silber eingelassen waren. Die oberste Fläche enthielt nur einen Stein, genau unterhalb des Granats, und als ich mir den Ring noch einmal von oben ansah, konnte ich den kleinen Stein, der ebenfalls rot, aber wesentlich dunkler war, durch den Granat schimmern sehen: Seine Kontur vermischte sich mit dem Farbspiel des Granats, sorgte für eine Tiefe, die ich noch in keinem anderen Ring gesehen hatte. In die anderen Flächen waren kleine, ovale Steine eingelegt, alle zu filigranen Blütenblättern zusammengesetzt.

»Einen solchen Ring habe ich noch nie gesehen,« sagte ich erstaunt.

»Gefällt er Dir?«

»Sehr sogar,« sagte ich ehrlich.

Auch Harko wollte ihn sich ansehen. Ich gab ihm das Schmuckstück, er drehte es aufmerksam hin und her.

»Wie machst Du das?« fragte er. »Ich meine: Wie bekommst Du die Steine innen in den Ring hinein?« Alle Steine waren perfekt eingepasst.

»Das,« sagte Alex, »ist mein Geheimnis.«

»Es sind zwei Ringe,« sagte ich laut überlegend, »die getrennt gefertigt und dann zu einem zusammengesetzt werden. Stimmt´s?«

Ich fürchtete schon, Alex wäre beleidigt, weil ich hinter seinen Trick gekommen war, doch er lachte nur. »Nun ist das Geheimnis kein Geheimnis mehr. Aber darauf kommt es nicht an. Wichtig ist: Die Ringe gefallen mir und meinen Kunden, sie tragen meine

Handschrift und sie sind etwas Besonderes. Kein anderer Goldschmied fertigt bislang eine ähnliche Arbeit.«

Er griff nach seinem Glas und trank einen Schluck Ouzo. »Der Unterschied zwischen der Brosche und dem Ring ist einer der Unterschiede zwischen einem Handwerker und einem Künstler. Der Handwerker produziert Waren, die seinen Kunden gefallen und die sich gut verkaufen lassen. Auch der angehende Künstler produziert Werke, die gefallen, aber in erster Linie geben sie den Geschmack des Künstlers, nicht den des Publikums wieder. Vor zwei Jahren hätte ich solche Ringe zwar herstellen, aber nicht verkaufen können.«

»Warum nicht?« fragte ich neugierig. Denn für einen solchen Ring müssten sich viele Kunden interessieren.

»Vor zwei Jahren kamen die Kunden zu mir, weil sie etwas *Nettes* suchten.« Das nett klang abfällig. »Sie wollten eine Erinnerung an den Urlaub, gelegentlich etwas Extravagantes, aber nichts so Spezielles wie diesen Ring. Er wäre wie ein Schaustück in der Ausstellung gelegen, ein Exot, dem man zwar das handwerkliche Können angesehen, dieses aber nicht mit mir in Verbindung gebracht hätte. Erst seit die Kunden wissen, dass ich nicht nur den Schmuck mache, den auch alle anderen produzieren, erwarten sie von mir wirklich das Besondere. Dieser Ring ist nicht für die Massenproduktion gemacht, er trägt meine Handschrift und symbolisiert das, was ich denke. Man sieht ihm an, dass ich neue Wege gehen will, dass ich mich in neue Bereiche vortaste.«

Alex nahm den Ring, trug ihn zurück zur Vitrine, und brachte einige höchst eigenwillige Kreationen: Ringe mit aufgesetzten Hörnern, mit eingearbeiteten Tierköpfen, mit farbigen Bändern unter einer durchsichtigen, wie Glas glänzenden und im Kerzenlicht schimmernden Oberfläche. »Der zweite Unterschied ist noch viel wichtiger. Der Handwerker produziert, um zu leben, der Künstler schafft, weil er etwas ausdrücken will, ja sogar muss – das ist wie ein innerer Zwang. Je bekannter ich als Goldschmied werde, desto mehr kann ich, muss ich sogar meinen eigenen Stil weiterentwickeln. Die Leute erwarten von mir Werke, die sich von allen anderen unterscheiden. Wenn ich als Goldschmied einen Namen habe, kann ich irgendwann sogar völlig verrückte Dinge machen – die werden dann nicht mehr gekauft, nur weil sie gefallen, sondern vor allem, weil sie von mir stammen. Werde ich nicht so berühmt, verfehle ich irgendwann den Geschmack meiner Kunden. Aber bis dahin kann ich meinen eigenen Stil vervollkommnen.«

»Was hat das mit dem Professor zu tun?« fragte Harko.

Harko war kein Künstler, nicht einmal Handwerker, er setzte um, was er in der Ausbildung gelernt hatte, folgte bei seinen Ermittlungen bewährten Richtlinien. Ich sah mich als Handwerker und erkannte nun mit erschreckender Deutlichkeit, wie falsch dieser Weg war. Wenn es mir nicht gelang, in meinen Büchern einen eigenen, unverwechselbaren Stil zu entwickeln, würde ich niemals etwas anderes produzieren als Massenware, wie sie auch von hunderten, ach was, von tausenden anderer Autoren geschrieben wurde. Und der Professor?

»Der Professor,« versuchte ich Harkos Frage zu beantworten, »ist ganz oben eingestiegen. Er hat den Schritt als Handwerker ausgelassen, hat nie den Kontakt zu seinen Kunden gesucht. Er hat sich von Anfang an selbst verwirklicht, ohne sich zuvor eine Fangemeinde aufzubauen, die seinen Weg verfolgt, er hat sich sofort auf seine Botschaft konzentriert, auch wenn ihn niemand verstanden hat. Deshalb gab es für ihn nur zwei Alternativen: Den absoluten Erfolg oder die totale Ablehnung seiner Werke.«

Alex griff einen Ring mit Widderkopf und drehte ihn nachdenklich zwischen den Fingern. »Wisst Ihr, dass ich mir nicht einmal sicher bin, ob das Kunst ist? Ob ich überhaupt Kunst mache?«

»Der Ring ist ein Kunstwerk,« sagte ich. »Das sehe sogar ich als Laie.«

Alex lächelte. »Er ist gut gemacht, aus der Sicht des Goldschmieds ist es eine sehr gute Goldschmiedearbeit. Aber Goldschmiedekunst? Künstler wird man nicht, weil man sich das vornimmt, zum Künstler wird man, weil die Leute das so sehen.«

Er legte den Ring wieder auf den Tisch, griff stattdessen zu seinem Glas Ouzo, trank aber nicht. »Kunst ist keine Wissenschaft, es gibt nicht einmal eine Definition dafür, was Kunst ist. Ich persönlich glaube, Kunst ist etwas Gelebtes, ein Bewusstsein, das vor allem die innere Entwicklung des Künstlers zeigt und das sich in seinen Werken widerspiegelt. Für mich gehört dazu, dass meine Werke perfekt sind – ich will auch als Goldschmied stolz auf das sein, was ich schaffe. Vielleicht werde ich eines Tages Künstler sein, aber nicht, weil ich das so will, sondern weil mich die Menschen so sehen. Doch ich bin jetzt 33 und kann abwarten, in welche Richtung sich meine Arbeiten entwickeln, welchen Weg ich persönlich gehe. Der Professor war 70 und ganz versessen darauf, als Künstler angesehen zu werden. Ob seine Werke gut sind oder nicht, ob sie gefallen oder nicht – das spielt dabei keine Rolle. Sie müssen einmalig sein. Und das sind sie. Doch ich bezweifle, ob es ihm zu Lebzeiten gelungen wäre, die notwendige Bekanntheit zu erlangen. Jetzt, nach seinem Tod, sieht die Sache anders aus: Jetzt kann sein Kollege die Vermarktung übernehmen. Wenn ihr mich fragt, wird der Verkauf in den nächsten Wochen sehr erfolgreich sein.«

Um neun verabschiedeten wir uns von Alex. Ich wollte nach Hause, doch Harko hatte andere Pläne.

»Wenn morgen der Artikel erscheint,« sagte er, »ist in Afionas die Hölle los. Mich würde brennend interessieren, was die Menschen jetzt über den Tod des Professors denken. Lass uns ins Three Brothers fahren.«

»Das mit dem Three Brothers ist keine gute Idee. Kostas, der Wirt, ist derzeit in den USA, das Three Brothers ist über den Winter geschlossen.«

»Wo sitzen die Afioniten dann? Du wirst mir doch nicht erzählen wollen, sie bleiben jetzt zu Hause?«

Das taten sie natürlich nicht. »Das Xenichtis ist jetzt die absolute In-Kneipe.«

»Das Xenichtis? Noch nie davon gehört.«

»Wart´s ab,« sagte ich, »es wird Dir gefallen.«

Afionas hatte fünf Tavernen, von denen allerdings zwei nur im Sommer geöffnet waren. Der Ausfall des Three Brothers hätte folglich dazu führen müssen, dass eine der beiden anderen auch im Winter geöffneten Tavernen zur neuen Stammkneipe auserkoren wurde, was aber nicht der Fall war. Einer der Wirte der möglichen Ersatztavernen sah sein Lokal in erster Linie als Restaurant, doch die Kneipengänger aßen zu Hause und wollten in der Taverne nur in Ruhe ein Bier trinken. Der andere Wirt war ein Zugereister, der die Afioniten nicht mochte, was zur Folge hatte, dass die Afioniten auch für ihn nicht viel übrig hatten.

Die daraus resultierende bedrohliche Lücke im afionitischen Nachtleben wurde jedoch schnell geschlossen. Konelis Handrous, gebürtiger Afionite, aber lange in den USA lebend, war im Sommer nach Afionas zurückgekehrt und hatte das bislang nur von einigen alten – eher von einigen uralten – Dorfbewohnern frequentierte Kafenion[10] seiner Eltern in eine Kneipe umfunktioniert.

Das imposante Gebäude bestand aus vier windschiefen Wänden, einem uralten Dach und einer außenliegenden Toilette, die man besser nur im absoluten Notfall benutzte – die Olivenbäume der Umgebung boten bessere Möglichkeiten, sich nach zu reichlichem Biergenuss Erleichterung zu verschaffen. Die Luxuseinrichtung des Xenichtis umfasste zwei Bänke, einen alten Tisch, eine noch viel ältere Theke und einige Stühle, für die sich nicht einmal auf einem Flohmarkt ein Käufer gefunden hätte – außer vielleicht Alex, als Ergänzung zu seinem wackeligen Tisch.

Jeder Marketing-Experte hätte dem Xenichtis einen katastrophalen Start vorhergesagt, zumal alle potentiellen Konkurrenten über komfortabel eingerichtete Gasträume verfügten. Doch seit wann haben Experten Ahnung von den wirklich wichtigen Dingen im Leben?

Das Xenichtis hatte einen furiosen Geschäftsstart hingelegt und wurde täglich populärer: Es war jeden Abend zum Bersten voll. Denn es hatte eine Eigenschaft im Überfluss: Es war urgemütlich.

Als wir eintraten – Parkplätze gab es nicht, man stellte seinen Wagen auf der Straße ab, so man einen Platz fand –, saßen ein Dutzend Gäste dichtgedrängt auf den schlichten Holzbänken. Auf dem Tisch standen zahlreiche Flaschen Bier, einige mit Inhalt, die meisten leer. Obwohl es tagsüber noch mild war, ging man im Xenichtis bereits auf Nummer sicher: Vor der hinteren Wand des Schankraums, der zugleich Eingangshalle, Lagerraum, Fernsehstube und Büro war, bullerte ein Ofen.

Manousos selbst hatte ihn installiert: Mit Hammer und Meißel hatte er ein Loch in die Wand geschlagen, den Ofen samt Ofenrohr aufgestellt und das Loch in der Wand rund um das Ofenrohr wieder verputzt – jedenfalls notdürftig.

Konelis hatte einen Fernseher mit Satellitenempfang aufgestellt. Den ganzen Abend liefen Spielfilme, denen aber niemand Beachtung schenkte. Interessant wurde es erst nach Mitternacht. Frauen war der Zutritt zum Xenichtis, was soviel bedeutet wie »Die ganze Nacht«, nicht direkt verboten, doch sie fühlten sich in der schmuddelig-schlichten Atmosphäre nicht wohl. Weshalb es auch strengstens verboten war, die schmuddelig-schlichte Atmosphäre zu verändern und beispielsweise eine Putzaktion zu starten. Denn

[10] Griechisches Café

genau diese Abwesenheit ihrer besseren Hälften erlaubte es den Männern, zu später Stunde eine besondere Art von Filmen zu sehen, in denen die meisten Rollen mit Frauen besetzt waren, die eine Aversion gegen zuviel Kleidung am Leib hatten.

Harko war sofort hin und weg. »Das ist keine Kneipe,« sagte er begeistert, »das ist ein Vereinsheim.« Was den Charakter des Xenichtis vielleicht am besten beschrieb.

Wir saßen kaum, als uns Konelis schon zwei Flaschen Bier brachte: Bulldozer-Nick prostete uns zu, die Runde ging auf ihn. Neben dem Ofen stand ein großer Sack mit Esskastanien, einer der Anwesenden legte in regelmäßigen Abständen neue Früchte auf den Ofen und reichte die heißen Maronen zum Tisch, wo sie schnell dankbare Abnehmer fanden.

Viele Biere und ein Kilo Maronen später hatte Harko seine Eindrücke vom Tod des Professors beisammen. Seiner Kunst stand man weiterhin ablehnend gegenüber, sein Dahinscheiden dagegen wurde bedauert: 70 Jahre seien viel zu früh, um dem Leben adieu zu sagen, und wenn die diversen Kunstaktivitäten des Professor auch auf wenig Gegenliebe gestoßen waren, so hatten sie doch für Kurzweil gesorgt. An einen Selbstmord mochte keiner glauben, dazu sei der alte Herr viel zu rüstig und lebenslustig gewesen, von einem möglichen Mord war keine Rede: Er hätte sich eben nicht an einem drei Meter großen Koloss versuchen, sondern kleinere Kunstwerke produzieren sollen – die wären ihm nicht auf den Kopf, sondern allenfalls auf den Fuß gefallen.

Wer uns an diesem Abend wieviele Biere spendiert hatte, ließ sich bei unserem Abschied nicht mehr feststellen; Konelis führte darüber nicht Buch und weigerte sich, Geld von uns anzunehmen.

»Morgen kommen wir wieder her,« sagte Harko mit einem zufriedenen Ausdruck im Gesicht, als wir im Wagen saßen.

»Wegen dem Bier, den Kastanien oder den Ermittlungen?« fragte ich, während ich den Wagen startete.

»Natürlich wegen der Ermittlungen!« sagte Harko mit gespielter Entrüstung. »Oder denkst Du, nur zum Vergnügen?«

»Den Verdacht hegte ich in der Tat,« sagte ich lachend und fuhr los.

»Wo ist Marianne?« fragte Harko die Zwillinge. Weder sie noch der Land-Cruiser waren da.

»Keine Ahnung,« entgegnete Tina. Sie saß mit ihrer Schwester vor dem Fernseher, die beiden schienen sich mehr für die Sendung als für ihre Mutter zu interessieren.

»Sie ist den ganzen Nachmittag weg und euch ist das egal?«

»Du warst auch den ganzen Nachmittag weg,« entgegnete Sina patzig. »Das *soll* uns egal sein.«

Harko brummte, sah auf die Uhr und meinte: »Ab ins Bett.« Murrend gehorchten die beiden Mädchen.

»Die Welt ist ungerecht,« sagte ich feixend. »Männer dürfen alles, Frauen nichts…«

Ich merkte jedoch schnell, dass Harko die Mädchen nicht aus Wut ins Bett geschickt hatte, sie sollten nicht sehen, wie besorgt er war. Er versuchte, Marianne über das Mobiltelefon zu erreichen, bekam jedoch nur die Mailbox. »Das sieht ihr gar nicht ähnlich,« murmelte er.

Bis Mitternacht versuchte er es alle fünf Minuten, immer mit dem gleichen Ergebnis. Dann klingelte das Telefon.

»Marianne? Wo steckst Du denn?... In Ioannina? Was um Himmels Willen treibst Du dort um diese Zeit?... Ein Problem mit dem Wagen?« Dann wurde Harko still.

Als er auflegte, wirkte er sehr verärgert.

»So eine Scheiße.«

»Ist etwas passiert?« fragte ich besorgt. »Hatte Marianne einen Unfall?«

»Das nicht – zum Glück. Sie ist bei einer Freundin. Aber der Wagen ist weg. Geklaut.«

Autodiebstähle sind in Griechenland selten, sieht man einmal von Athen und anderen großen Städten ab. Doch Ioannina, zwei Stunden von Korfu entfernt, ist keine Großstadt.

»Vielleicht hat sich jemand einen Scherz erlaubt? Morgen ist der Wagen wieder da.«

Harko schnaufte. »Weißt Du, wo der jetzt ist? In Albanien. Die Grenze ist nur eine halbe Stunde entfernt.«

So sehr ihn der Verlust des Land-Cruisers schmerzte: Ich spürte seine Erleichterung, dass Marianne nichts zugestoßen war. Wir setzten uns an den Tisch, Harko holte zwei Bier aus der Küche, die hatten wir uns verdient.

»Autodiebstahl ist eine schlimme Sache,« sagte ich. »Wenn der Wagen auch versichert ist: Man hängt doch dran.« Und, dachte ich, der Land-Cruiser ist ersetzbar. Wäre Harkos Harley gestohlen worden, eine echte Polizei-Maschine von der Highway-Patrol, würde er jetzt toben. Diese Maschine liebte er abgöttisch.

Harko prostete mir zu und lächelte. Er schien sich wieder gefangen zu haben. Was in diesem Moment wirklich in seinem Kopf vorging, sollte ich erst Tage später erfahren.

»Mord oder Selbstmord?« lautete die Schlagzeile auf der Titelseite der Mittwochsausgabe der Kathimerini Enimerosi. Harko rief mich um halb acht an und las mir den Artikel vor. Noch schlaftrunken hörte ich zu. Konstantinos hatte sich penibel an Harkos Vorgaben gehalten. Angeblich ein Unglücksfall, stand im Text, seien nun Gerüchte aufgekommen, es könne sich um einen Selbstmord handeln, da der als berühmter Künstler aus Deutschland bezeichnete Professor in der Woche vor seinem Dahinscheiden seinen eigenen Sarg gebaut und auch alle notwendigen Genehmigungen eingeholt habe, sich in seinem eigenen Haus inmitten seiner Kunstwerke beisetzen zu lassen. Die Sache mit den Genehmigungen war mir neu, das musste Konstantinos recherchiert haben. Doch am Vortag, berichtete das Blatt, sei in der Redaktion der Hinweis eingegangen, in Wahrheit sei der Professor ermordet worden. über die Hintergründe sei offiziell nichts bekannt, die Polizei habe jedoch eine erste heiße Spur.

Um halb neun rief Konstantinos an und berichtete begeistert, der Artikel habe eingeschlagen wie eine Bombe, alle großen Tageszeitungen Griechenlands würden am nächsten Tag einen Abdruck bringen und er müsse sofort nach Afionas kommen, um die Kalte Sophie und den Sarg zu fotografieren.

Um neun Uhr stand Georgos Katsatopoulos vor meiner Haustür und bat mich, ihn als Dolmetscher zum Anwesen des Professors zu begleiten. Seiner Rolle gemäß machte er dabei ein ernstes Gesicht.

Im Vergleich zu Gertruds Gesicht, als sie mich kurz darauf erblickte, lächelte Georgos noch. »Habe ich Ihnen nicht Hausverbot erteilt?« giftete sie mich an. »Wie ich sehe, ist die Polizei bereits da, um sie hinauszuwerfen.«

Georgos hatte ein Exemplar der Kathimerini Enimerosi mitgebracht, das ich nun hochhielt. »Ich bin nicht als Privatmann hier,« sagte ich, »sondern als offizieller Dolmetscher von Diikitis[11]

[11] Reviervorsteher

Katsatopoulos, der gekommen ist, um im Mordfall Xaver Hintermooser zu ermitteln.«

Gertruds Gesicht wurde aschfahl.

»Dürfen wir hereinkommen?«

Wortlos öffnete sie die Tür und ließ uns eintreten.

»Könnten Sie bitte die Anderen rufen?« bat ich. Nur Frau Uhlmann saß im Wohnzimmer.

Gertrud ging nach draußen und kam wenige Minuten später mit Manni und Dr. Uhlmann zurück. Manni wie immer im Blaumann, Dr. Uhlmann in einem dunkelgrünen Anzug. Ich musterte die beiden scharf: Manni hatte seinen üblichen nichtssagenden Gesichtsausdruck, Dr. Uhlmanns Miene dagegen drückte Angst aus. Also doch, dachte ich befriedigt.

Georgos Katsatopoulos hatte sich eine Ledermappe unter den Arm geklemmt. Er ging auf den großen Esstisch zu, setzte sich und holte umständlich einen Block mit Vernehmungsformularen heraus. Ich legte die Zeitung auf den Tisch, setzte mich neben ihn und bat die anderen, ebenfalls Platz zu nehmen. Dann übersetzte ich ihnen den Zeitungsartikel.

Manni konnte einige Wort griechisch, deshalb hatte ich mit Georgos auf der Herfahrt vereinbart, uns streng an unsere Rollen zu halten: Es durfte keine Bemerkungen und auch keine Gesten geben, die uns hätten verraten können.

Als ich mit dem Übersetzen fertig war, sah ich in drei betroffene und ein befriedigtes Gesicht: Frau Uhlmann sah ihren Verdacht bestätigt, Professor Hintermooser sei von ihrem Mann ermordet worden.

»Lipon,[12]« sagte Georgos Katsatopoulos zu mir, »sagen Sie den hier Anwesenden, dass wir in Griechenland gezwungen sind, auch anonymen Hinweisen nachzugehen. Und wenn es um Mord geht, verstehen wir keinen Spaß.«

Ich übersetzte – die Rolle des Bösen begann mir Spaß zu machen.

»Ich möchte von jedem von Ihnen wissen, was er in der Zeit vom Ende der Geburtstagsfeier bis zum Auffinden der Leiche gemacht hat. Und zwar möchte ich über jede einzelne Minute Rechenschaft haben.«

Wieder übersetzte ich, dann sagte ich zu Georgos: »Mit wem möchten Sie beginnen? Sicher möchten Sie jeden einzeln vernehmen.« So zumindest hatten wir es im Vorfeld besprochen.

---

[12] Griechisch: Nun

Georgos räusperte sich. »Fangen wir mit der Tochter des Toten an.«

Ich bat die anderen drei, außerhalb des Wohnzimmers zu warten – getrennt. Frau Uhlmann schickte ich nach oben, Manni auf den Hof, Dr. Uhlmann wies ich die Terrasse zu: Durch die gläserne Verandatür konnte ich ihn am besten im Auge behalten.

Von Gertruds Selbstsicherheit war nicht mehr viel übrig, als sie allein mit uns am Tisch saß. Georgos nahm umständlich ihre Personalien auf, ließ sich genau berichten, wie Gertrud den Abend und die Nacht verbracht hatte. Wir erfuhren nichts Spektakuläres: Sie hatte zusammen mit Frau Uhlmann nach der Feier aufgeräumt, war gegen elf Uhr auf ihr Zimmer gegangen, hatte noch eine Stunde gelesen und war dann eingeschlafen. Geweckt worden war sie am nächsten Morgen von Dr. Uhlmann, der an ihr Zimmer geklopft und sie vom Tod ihres Vaters in Kenntnis gesetzt hatte.

»Zeugen gibt es natürlich keine,« stellte Georgos nüchtern fest und Gertrud fragte nach meiner Übersetzung entsetzt: »Zeugen wofür? Dass ich geschlafen habe?«

Georgos sah auf sein Protokoll. »Von elf Uhr abends bis sechs Uhr morgens ist eine lange Zeit. Sieben Stunden, in denen Sie die Möglichkeit hatten, aufzustehen, mit ihrem Vater nach draußen zu gehen und ihn umbringen.«

»Sie sind verrückt!« sagte Gertrud hysterisch. »Warum hätte ich meinen Vater ermorden sollen?«

Georgos machte eine ausladende Handbewegung und deutete auf das Wohnzimmer. »Wie es aussieht, erben Sie das Haus und das Vermögen Ihres Vaters. Das, würde ich sagen, ist ein gutes Motiv.«

»Aber das hätte ich ohnehin alles geerbt! Schließlich bin ich seine einzige Angehörige.«

Ich übersetzte und Georgos Katsatopoulos schüttelte bedächtig seinen Kopf. »Vielleicht sind Sie nach deutschem Recht automatisch die Erbin, nicht aber nach griechischem. Ihr Vater hätte sein Haus und sein Geld jedem hinterlassen können, ohne Ihnen auch nur einen einzigen Euro zu vermachen. Gibt es ein Testament, mit dem Sie Ihren Erbanspruch belegen können?«

Gertrud erbleichte abermals. »Mir ist nichts von einem Testament bekannt. Ich dachte…«

Georgos schenkte ihr einen finsteren und wie ich fand, ziemlich anklagenden Blick. »Beschreiben Sie mir Ihr Verhältnis zu Ihrem Vater.«

»Da gibt es nicht viel zu beschreiben, es war gut.«
Georgos ließ seinen Kugelschreiber auf den Vernehmungsblock fallen. »Wie oft waren Sie in den letzten Jahren hier auf Korfu?«
»Ich bin zum erstenmal hier.«
»Und wie lange lebte ihr Vater auf der Insel?«
»Fünf Jahre – glaube ich.«
Ich kam mir vor wie eine Kombination aus Simultandolmetscher und Kommentator eines Tennis-Matchs, der zu jedem Ball, den sich die beiden Gegner zuspielen, etwas sagen muss.
Georgos Blick wechselte von Anklage zu Verurteilung. »Sie sind seine einzige Tochter und haben Ihren Vater in fünf Jahren nicht ein einzigesmal besucht. Jetzt wollen Sie mir weismachen, Ihr Verhältnis zu ihm sei gut gewesen?«
Ich hätte nie gedacht, wieviel Spaß eine Simultanübersetzung machen kann.
»Wir haben uns in Deutschland getroffen. Mein Vater besuchte mich oft.«
»Wann haben Sie ihn zuletzt gesehen?«
Sie musste nachdenken. »Vor zwei Jahren – glaube ich.«
Es gab keine Antwort von Georgos zum Übersetzen, seinen zutiefst missbilligenden Blick verstand Gertrud auch so: Sie wurde rot bis zu den Ohren, was ihren Falten einen beinahe künstlerischen Ausdruck verlieh.
»Wie sind Ihre finanziellen Verhältnisse? Was arbeiten Sie? Wovon leben Sie? Und lügen Sie mich nicht an – ich lasse Ihre Angaben in Deutschland überprüfen.«
Auch Gertrud hätte in diesem Moment in einen Fingerhut gepasst.
»Ich… Äh… Derzeit habe ich keine Arbeit. Äh… Ich habe gewisse Rücklagen…«
Das tss, tss, tss von Georgos knallte wie Peitschenhiebe durch den Raum.
»Ich stelle somit folgendes fest. Ihr Verhältnis zu Ihrem Vater war keineswegs so gut, wie Sie behaupten. Ich würde sogar sagen, es war ausgesprochen schlecht. Sie sind derzeit ohne feste Arbeit und damit auch ohne festes Einkommen. Sie sind, beziehungsweise Sie halten sich für die Alleinerbin. Und Sie haben für die Zeit, in der der Mord geschah, kein Alibi. Danke, das wäre für den Moment alles.«
Selbst als Däumling wäre ich im Vergleich zu Gertrud, als sie den Raum verließ, noch ein Riese gewesen.

Die nächste auf unserer Liste war Frau Uhlmann. Die Trauer über den Verlust des Professors war ihr noch immer anzusehen, ihre Augen waren verschwollen vom vielen Weinen. Georgos und ich hatten beschlossen, sie nicht so hart anzufassen, deshalb war die Vernehmung eher eine Befragung. Allerdings übersetzte und ergänzte ich Georgos Fragen so, dass uns Frau Uhlmann in etwa das gleiche erzählte wie Harko und mir vor drei Tagen am Strand: Dass sie vor Jahren mit dem Professor ein Verhältnis hatte, die alte Liebe bei dem Besuch wieder aufgeflammt war, sie ihren Mann von der geplanten Trennung in Kenntnis gesetzt hatte und nun den Verdacht hegte, er habe *ihren Xaver* umgebracht.

Georgos notierte alles sorgfältig in seinem Protokoll, entließ sie und bat sie, ihren Mann hereinzuschicken.

»Auf dieses Früchtchen bin ich gespannt,« sagte Georgos.

Dr. Uhlmann kam keineswegs wie ein reuiger Sünder ins Zimmer, von seiner Angst, die ich bei unserer Ankunft zu sehen glaubte, war nichts mehr zu spüren. Im Gegenteil: Er pfiff, wenn auch falsch, ein fröhliches Liedchen. Mist, dachte ich, jetzt wäre es gut, wenn Harko hier wäre. Der würde ihm das Pfeifen schnell abgewöhnen. Lässig nahm der Doktor Platz.

Bevor Georgos seine erste Frage stellen konnte, sagte Dr. Uhlmann: »Leider bin ich mit dem griechischen Rechtssystem nicht vertraut, ich gehe aber davon aus, dass ich ohne einen Anwalt keine Aussage machen muss. Da ich nichts zu verbergen habe, draußen jedoch viel Arbeit auf mich wartet, bin ich bereit, Ihre Fragen zu beantworten. Nur bitte ich Sie: Machen Sie schnell.«

Ich übersetzte und noch während ich sprach, lief Georgos Gesicht dunkelrot an. »Sie verdanken es nur meiner Gutmütigkeit, dass ich hierher komme, um Sie zu befragen. Ein Anruf von mir und in einer Stunde werden Sie von der Mordkommission aus Korfu-Stadt in Handschellen abgeholt. Einen Anwalt sehen Sie erst in 24 Stunden und selbst wenn Sie unschuldig sind, verlassen Sie das Gefängnis frühestens in vier Wochen. Habe ich meinen Standpunkt jetzt klargemacht?«

Die Übersetzung dieses Wutausbruchs war kompliziert, doch ich glaube, ich schaffte es, Georgos Entschlossenheit in die richtigen Worte zu kleiden. Zumal ich davon ausging, dass seine Drohung mit den vier Wochen Haft – Rechtssystem hin oder her – nicht aus der Luft gegriffen war: Die griechische Bürokratie konnte, ohne sich dabei sonderlich anzustrengen, äußerst schwerfällig reagieren.

Dr. Uhlmann ließ mit keiner Regung erkennen, ob er eingeschüchtert war, er sagte nur: »Stellen Sie Ihre Fragen.«

Diesmal hielt sich Georgos nicht erst mit den Formalitäten auf: In einem Zug – nur unterbrochen von meinen Übersetzungen – trug er alle Vorwürfe vor, die Dr. Uhlmanns Frau vorgebracht hatte.

Zunächst ausdruckslos, dann schmunzelnd, hörte sich Dr. Uhlmann alles an. Als Georgos geendet hatte, fragte der Doktor nur: »Sind Sie fertig?«

Georgos sagte nichts, brummte nur, was wohl soviel wie *Ja* bedeuten sollte. Irgendwie klappte es nicht so recht mit der Rolle des Bösen.

Dr. Uhlmann legte seine Ellbogen auf den Tisch, faltete die Hände und stützte seinen Kopf auf den Fingerspitzen ab. »Zunächst einmal möchte ich sagen, dass ich nun verstehen kann, warum Sie mich für den Mörder halten – sofern überhaupt ein Mord geschehen ist. Ich habe ein Motiv – meine Geldgier. Und ich hatte die Gelegenheit. Dass die Leiche bereits kalt war, als ich sie fand, trägt wohl kaum zu meiner Entlastung bei. Meine Frau hat einen festen Schlaf, ich könnte mitten in der Nacht aufgestanden sein, Xaver geweckt, mit ihm nach draußen gegangen und ihm Sophies Standbild auf den Kopf geworfen haben. Nur: Ich habe es nicht getan.«

Er sah Georgos mit schalkhaft blitzenden Augen an, während ich übersetzte und mich fragte, wer nun die Wahrheit sagte: Er oder seine Frau. Sie hatte behauptet, sie habe einen leichten Schlaf.

»Hat meine Frau Ihnen die blauen Flecken gezeigt? Und Ihnen gesagt, ich hätte sie geschlagen?«

Georgos schüttelte den Kopf, ich nickte bestätigend. »Das hat sie schon vor drei Tagen getan,« sagte ich.

»Dann lassen Sie mich eines klarstellen: Meine Frau und ich sind seit über 30 Jahren verheiratet. In dieser Zeit hätte ich weiß Gott oft genug Grund gehabt, sie zu verprügeln, sie hat mich mehr als einmal zur Weißglut getrieben. Nur: Ich habe meine Hand noch nicht ein einzigesmal gegen sie erhoben. Aus zwei Gründen: Ich verabscheue Gewalt und, auch wenn Sie mir das vielleicht nicht glauben, ich liebe sie.«

»Und die blauen Flecken?« fragte ich. Georgos hatte nur davon gehört, ich aber hatte sie gesehen: Da war nicht nur kurz eine Hand ausgerutscht, da hatte eine sehr handgreifliche Auseinandersetzung stattgefunden.

»Meine Frau ist denkbar ungeschickt. Sie hat sich Freitag Abend gestoßen, als sie in der Badewanne auf einem Stück Seife ausrutschte. Solche Missgeschicke widerfahren ihr ständig. Ich glaube, seit ich sie kenne, habe ich sie noch nie ohne diverse Blessuren erlebt.«

Der Mann war entweder ein begnadeter Lügner oder er sagte die Wahrheit: Ich konnte kein Anzeichen von Flunkern entdecken.

»Sie sagen: Xaver war mein Nebenbuhler. Ich sage: Xaver war ein Idiot. Und zwar in mehrfacher Hinsicht. Er und meine Frau hätten vor zwölf Jahren ein Verhältnis miteinander gehabt, von dem ich nichts wusste? Das brauchte ich auch nicht. Meine Frau hatte mit jedem Mann, den sie kriegen konnte, ein Verhältnis. Als sie sich um Xaver zu kümmern begann, war mir klar, was kommen würde. Und ich wusste auch, wie es enden würde: Nachdem er ihrer überdrüssig wurde, gab er ihr den Laufpass. Wie es alle anderen Liebhaber vor ihm und nach ihm getan haben. Nicht jeder erträgt ihre Launen so gleichmütig wie ich. Sie sagen: Ich hätte meiner Frau Vorwürfe gemacht, weil sie keine Kinder bekommen konnte? Ich sage: das stimmt. Darüber haben wir uns oft und viel gestritten. Doch ich frage Sie: Wie würden Sie reagieren, wenn Ihre Frau gegen Ihren Willen eine Abtreibung vornimmt und danach keine Kinder mehr bekommen kann?«

Georgos machte große Augen, als er das hörte, verkniff sich aber einen Kommentar.

»Ich habe gesagt, Xaver war ein Idiot. Dazu stehe ich. Xaver hatte ein profundes Wissen über Kunst, doch er war Theoretiker, kein Praktiker.«

»Entschuldigen Sie, wenn ich das nicht gelten lasse,« sagte ich. »Seine Plastiken sprechen eine andere Sprache.«

Dr. Uhlmann verzog keine Miene. »Sie haben Xaver als Künstler kennengelernt, ich kannte ihn als Professor der Kunst. Wir haben beide viele Jahre in München unterrichtet. In dieser Zeit hat Xaver nicht ein einziges Werk von wirklicher Bedeutung zustande gebracht, er hat nur stundenlang über Kunst doziert. Dass er mehr gekonnt hätte, wusste ich schon damals, doch er konnte sich nie dazu durchringen, seine Ideen in die Tat umzusetzen. Glauben Sie mir, ich war angenehm überrascht, als ich am Sonntag seine Ausstellung sah: Viele seiner Werke sind brillant. Und bald auch äußerst wertvoll.«

Ich lächelte süffisant. »Ihre Frau bescheinigt Ihnen, seit Jahren konsequent auf die falschen Künstler zu setzen. Glauben Sie nicht, mit den Werken von Professor Hintermooser könnte es Ihnen ähnlich ergehen?«

Schlagartig änderte sich sein Gesichtsausdruck, Dr. Uhlmann sah uns ernst an. »Können Sie ein Geheimnis für sich behalten?«

Georgos schnalzte heftig mit der Zunge. »Alles, was im Zusammenhang mit dem Mord steht, wird bei einem eventuellen Gerichtsverfahren verwendet.«

»Was ich Ihnen anvertrauen möchte, hat nichts mit Xavers Ableben zu tun. Überhaupt nichts mit Xaver. Also?«

Ich besprach mich auf griechisch mit Georgos und widerwillig gab er sein Einverständnis.

Dr. Uhlmann holte seine Brieftasche aus seinem Jackett, öffnete sie und entnahm ihr einen Bankauszug mit einer Kontenübersicht. »Wie Sie an dem Datum ersehen können, ist der Auszug noch keine zwei Wochen alt.«

Georgos und ich sahen erst auf das Datum, dann auf die Gesamtsumme von einem halben Dutzend Konten, die alle auf den Namen des Doktors ausgestellt waren: 832.793 Euro und 44 Cent. Georgos schluckte heftig.

»Wenn meine Frau erfährt, wieviel Geld ich in Wirklichkeit mit meinen Kunstaktivitäten verdiene, fährt sie einen Monat lang nach Mailand, Rom, Paris und London und kauft dort die Geschäfte leer. Sie hat keinerlei Bezug zum Geld. Um das zu vermeiden, berichte ich ihr regelmäßig von meinen Misserfolgen – die ich natürlich auch habe –, und behalte meine Erfolge für mich. Glauben Sie ernsthaft, ein einziger Galerist aus Deutschland würde sich aufgrund eines Tipps von mir für Xavers Werke interessieren, wenn ich kein Gespür für den Markt hätte?«

Er lächelte mich an. »Mit Ihrem Geburtstagsgeschenk für Xaver wollten Sie ihm eins auswischen, richtig?«

Beschämt gab ich es zu.

»Xaver hat mir gesagt, Sie seien nur ein schreibender Handwerker, kein echter Literat, und das Gemälde einer geistig Behinderten sei eine Art Revanche für seine Sticheleien gewesen. Lassen Sie mich dazu etwas sagen. In Xavers umfangreicher Bibliothek habe ich einen Ihrer Krimis gefunden. Obwohl ich kein Krimi-Fan bin, habe ich ihn in einem Zug durchgelesen. Ich denke, mehr muss ich dazu nicht sagen. Vielleicht noch, dass mich die anderen, hochgradig literarischen Werke, die mir Xaver wärmstens empfahl, nur unglaublich langweilten – bei keinem bin ich über die ersten Seiten hinausgekommen. Und was Juanita Soaréz anbelangt: Ich war so frei, 50 ihrer Werke käuflich zu erwerben. Noch vor Weihnachten wird in München eine Vernissage ihrer Bilder stattfinden. Für den Tipp bin ich Ihnen äußerst dankbar. Noch Fragen?«

Wo war mein Fingerhut?

Während Georgos umständlich seine Notizen ordnete und darauf wartete, dass Dr. Uhlmann Manni als letzten Verdächtigen hereinrief, fragte ich mich, wie ich selbst eine so herrlich vielschichtige Figur wie diesen Dr. Uhlmann für einen meiner Romane entwerfen konnte. Ein erfolgloser, geldgieriger Besserwisser, Hauptverdächtiger in einem Mordfall, der sich innerhalb von Minuten zu einem erfolgreichen Kunstkenner wandelt und der seine beiden bösen Befrager wie kleine, dumme Schulbuben aussehen lässt.

Als Manni kam, hatten sowohl Georgos als auch ich unser Feuer verloren. Manni gab sich gewohnt wortkarg, antwortete nur, wenn er gefragt wurde und auch dann nur das Nötigste. Außerdem hatte er nicht viel zu berichten: Aus Sokraki zurückgekommen, hatte der Professor nur noch an seinen Sarg gedacht und sein Begräbnis organisiert, ohne dass Manni ein Anzeichen von Depression oder Todessehnsucht an ihm bemerkt hatte. Sein Tod sei für Manni völlig überraschend gekommen, er glaube weder an einen Selbstmord noch an einen Mord, sondern sei weiterhin überzeugt, es sei ein Unglücksfall gewesen. Es komme bei der Gestaltung einer Plastik eben nicht nur auf die künstlerische Aussage, sondern auch auf die Standfestigkeit an.

Ich war froh, als die Befragung vorbei war, auch Georgos schien erleichtert. Als wir das Anwesen verließen, begegneten wir Konstantinos, der gekommen war, um Aufnahmen zu machen, doch ich war nicht in der Stimmung, mich länger mit ihm zu unterhalten.

»Waren wir überzeugend?« fragte ich Georgos, als wir im Polizeijeep saßen und er mich nach Hause fuhr.

»Hoffentlich,« brummte er. »Denn für mich sieht es noch immer nach einem Selbstmord und nicht nach einem Mord aus. Ich hoffe nur, Harko weiß, was er tut.«

Was Harko vorhatte, erfuhr ich an diesem Tag nicht mehr: Als ich bei ihm anrief, sagte mir Sina, Harko sei mit seiner Harley unter wegs, um Marianne vom Hafen abzuholen, sie kam mit der Fähre vom Festland, ohne Wagen. Dafür hatte mir Daphni eine Nachricht auf dem Anrufbeantworter hinterlassen: Sie bat mich, sie um fünf am Liston zu treffen. Ich sah auf die Uhr: Viertel nach drei, in einer Stunde musste ich losfahren. Da ich viel zu unruhig war, um in dieser Zeit noch etwas Sinnvolles zu arbeiten, fuhr ich sofort in die Stadt, kaufte den schönsten Blumenstrauß, den ich finden konnte und setzte mich in ein Café am Liston, um auf Daphni zu warten.

Im Sommer gehört der Liston den Touristen, im Winter den Einheimischen: 200 Meter Café an Café, teils unter den Arkaden der alten venezianischen Prachtbauten, teils auf der Straße und unter den Linden. Dazwischen eine breite Promenade zum Flanieren.

Ich trank einen Cappuccino, rauchte eine Zigarette und dachte über den Fall nach. Unter der Prämisse, Harko hatte recht und zwei Deutsche hatten den Mord geplant, ergab nichts einen Sinn.

Das einzige Duo unter den vier Verdächtigen waren Dr. Uhlmann und seine Frau. Waren die Beiden besonders ausgekocht? Jeder erzählt uns eine Geschichte, die den Anderen belastet, und sorgt so für Verwirrung. Dagegen sprach, dass Frau Uhlmann ihren Gatten bereits beschuldigt hatte, als von einem Mord noch gar keine Rede war. Und wenn ich 800.000 Euro auf meinem Konto hätte, wüsste ich wahrlich besseres zu tun, als einen alten Freund auf Korfu zu besuchen, ihn zu erschlagen und dann zu versuchen, mit seinen bis dato unbekannten Kunstwerken ein paar zusätzliche Euro zu verdienen. Da wüsste ich viel besseres: Etwa nach Argentinien zu reisen und dort in den Heimen für geistig Behinderte nach weiteren Juanitas zu suchen. Unvorstellbar, dass sich Leute für diese – abstrakte? – Malerei? – interessieren. Einmal mehr plagten mich Zweifel, ob ich mit meinem eigenen Schreiben auf dem rechten Weg war.

Meine Bücher verkauften sich gut, meine Leser mochten meinen Stil, nur ich war unzufrieden. War ich der einzige, der sah, wo meine Geschichten noch nicht so rund waren, wie ich das wollte? Oder waren es gerade diese vermeintlichen Schwächen, die meine Bücher lebendig machten? Was, wenn ich in meinem Bemühen, meinen Stil zu verbessern, am Ende etwas Poliertes, aber Langweiliges schuf?

Ich musste ständig an Dr. Uhlmann denken. 20 Sekunden, hatte ich noch in Sokraki behauptet, 20 Sekunden würden darüber entscheiden, ob wir jemanden mögen oder ablehnen. Bei Gertrud hatten mir fünf Sekunden genügt, um zu wissen, dass ich sie nicht leiden konnte. Bei Dr. Uhlmann hatte ich nach 20 Sekunden überhaupt nichts gespürt, er war mir nichtssagend vorgekommen. Ohne näheres über ihn zu wissen, hatte ich ihn dann für einen Mörder gehalten. Jetzt war er für mich ein erfolgreicher Kunstexperte. Das Lob über meinen Krimi sparte ich mir bei meinen Betrachtungen aus – zumindest versuchte ich es. Was würde dieser Mann offenbaren, wenn ich ihn noch besser kennenlernte?

Das Bild, das ich mir von seiner Gattin zu Anfang gemacht hatte, war ebenfalls vollkommen falsch. Eine elegante Dame von Welt. Keine 24 Stunden später war sie eine leidende und enttäuschte Ehefrau geworden, von ihrem Mann aufs schändlichste behandelt und vollkommen missverstanden. Nun sah es so aus, als wäre sie ein echtes Luder und ihr Mann viel zu gut für sie.

Und Manni? Den konnte ich überhaupt nicht einschätzen.

»Störe ich?«

Ich fuhr aus meinen Gedanken auf: Daphni stand vor mir und strahlte mich an.

»Ich dachte immer, Schriftsteller brauchen eine gute Beobachtungsgabe, um ihre Umwelt aufmerksam wahrzunehmen und dann treffend zu beschreiben. Doch ich stehe seit zwei Minuten hier, sehe Dich mit offenen Augen dasitzen, aber Du hast nicht einmal mit der Wimper gezuckt.«

»Entschuldige,« sagte ich, »ich war in Gedanken.«

»Hast Du wenigstens an mich gedacht?« fragte sie und deutete auf die Blumen. »Oder sind die für jemand anderen?«

»Nein,« sagte ich schnell, und reichte ihr den Strauß, »die sind natürlich für Dich.«

Sie nahm die Blumen entgegen, schien erfreut, sagte aber nichts. Sie setzte sich.

»Sind Südamerikaner feurige Liebhaber?«

Die Frage kam überraschend, ich war mit meinen Gedanken noch nicht wirklich bei Daphni. »Eigentlich schon. Zumindest sagt man uns das nach.«

Sie strich über meine Wange. »Vermutlich gilt das nur für diejenigen ohne roten Bart.«

Ich wollte etwas zu meiner Verteidigung sagen, ihr erklären, dass ich derzeit zuviel im Kopf hatte. Ich war ein Mann der Worte und wenn auch meine Ausdrucksfähigkeit derzeit nicht die beste war, einen solchen Vortrag hätte ich so eben noch hinbekommen.

Gerade noch rechtzeitig fiel mir ein, es gab Gelegenheiten, bei denen Worte nicht nur überflüssig waren, sondern störten. Dies war eine solche Gelegenheit.

Ich beugte mich vor, legte meinen Arm um sie, zog sie an mich und küsste sie. Sie erwiderte meinen Kuss mit einer Leidenschaft, die mich überraschte. Für einen kurzen Moment dachte ich daran, dass ich auch Daphni in den ersten 20 Sekunden vollkommen falsch eingeschätzt hatte, dann dachte ich nichts mehr. Das Café, der Liston, Korfu – die Welt um uns versank im Nichts.

»Bist Du noch an den Horoskopen interessiert oder habt ihr den Fall inzwischen gelöst?«

Daphni atmete schwer, ihre Lippen leuchteten glutrot – sie sah bezaubernd aus.

Nur langsam kam ich zurück in die Realität, ließ die Welt, Korfu, den Liston, das Café wieder in mein Bewusstsein dringen. Ich schloss die Augen, um mich zu konzentrieren. Als ich sie wieder öffnete, fragte ich: »Was haben die Horoskope mit den Untersuchungen zu tun?«

»Nicht viel,« sagte sie mit einem spöttischen Lächeln, »nur dass vermutlich auch das Horoskop des Mörders dabei ist.«

Plötzlich durchzuckte mich ein Gedanke: »Jetzt sag mir nicht, Du hast den Mörder über sein Horoskop gefunden?«

Sie lachte laut auf. »Ich bin Psychologin, keine Kriminalistin. Auch keine Schriftstellerin. Und ich glaube nicht, dass man einen Mörder mit Hilfe seines Horoskops überführen kann. Aber mich würde interessieren, ob Du aus den Horoskopen etwas herauslesen kannst.«

»Vergiss es. Ich bin nicht einmal in der Lage, meine Beobachtungen richtig zu deuten.«

Ich berichtete ihr von der frustrierenden Vernehmung, bei der ich miterleben musste, wie meine Menschenkenntnis ad absurdum geführt wurde. Daphni hörte aufmerksam zu, sie machte keine spöttischen Bemerkungen: Harko hätte sich, dessen war ich mir sicher, vor Lachen den Bauch gehalten. Daphni schwieg die ganze Zeit.

Als ich fertig war, griff sie nach ihrer Tasche, öffnete sie und holte einen Packen Papier heraus.

»Das wichtigste an einem Horoskop,« sagte sie, denn zweifellos handelte es sich bei den Papieren um die von ihr erstellten Horoskope, »sind die Geburtsdaten. Doch wenn ich die Horoskope mit dem Geburtsdatum oder dem Namen der Person versehen hätte, wüsstest Du sofort, um wen es sich handelt. Ich dachte mir, ich mache es Dir ein wenig schwerer.«

Sie erklärte mir, dass sie die Horoskope berechnet und gedeutet, in den Texten aber keinerlei Hinweise auf die zugehörigen Personen gegeben hatte. Nicht einmal auf ihr Geschlecht.

»Jeder Text gehört zu einem der Gäste auf der Geburtstagsfeier – mich, Konstantinos, Athina, Harko und seine Familie ausgenommen.«

»Und ich?«

»Du bist auch mit drin.«

Ich sah den dicken Packen an. »Die soll ich jetzt alle durchlesen und versuchen, sie den einzelnen Gästen zuzuordnen?«

Sie fächerte die Blätter auf. »Zieh ein Horoskop aus dem Stapel, lies es und sag mir dann, wer es ist.«

Skeptisch tat ich ihr den Gefallen und griff nach einem Blatt in der Mitte des Stapels.

»Geboren am 17. Oktober, Sternzeichen Waage, Aszendent Stier, Mond in der Jungfrau.« Es folgte eine allgemeine Beschreibung der Eigenschaften von Waage, Stier und Jungfrau, die mich nicht interessierte. Dann hatte Daphni die Eigenschaften dieser Merkmale kombiniert und plötzlich wurde es spannend. Unter anderem fand ich folgende Passage:

»Sie verfügen über ein ausgeglichenes Wesen, strahlen Ruhe und Gelassenheit aus. Sie sind den schönen Dingen des Lebens zugetan, mit einem Hang zu den schönen Künsten. Ihre starke materielle Ausrichtung und Ihre Freude an den genussvollen Dingen des Lebens stehen einer Karriere als Künstler im Weg, doch mit großer Wahrscheinlichkeit verdienen Sie Ihren Lebensunterhalt auf die eine oder andere Art mit Kunst. Ruhm bedeutet Ihnen nichts, deshalb stehen Sie nicht im Rampenlicht. Dennoch haben Sie in gewissen Kreisen einen hohen Bekanntheitsgrad, den Sie sich durch Ihr umfassendes Wissen erworben haben. Sie verfügen über einen messerscharfen, analytischen Verstand, der Ihre Mitmenschen immer wieder in Erstaunen versetzt, da Sie auf den ersten Blick eher als langweiliger Durchschnittsmensch erscheinen. Sie nutzen diesen Eindruck geschickt als Tarnung. Zusammen mit Ihrer Fähigkeit, Trends frühzeitig zu erkennen, sind Sie oft schon am Ziel, während andere noch nicht einmal wissen, dass das Rennen bereits gestartet wurde. Aufgrund Ihrer absoluten Abneigung gegen

Gewalt sind Sie gezwungen, sich den Respekt Ihrer Umgebung durch Ihre Verdienste zu erwerben, was Ihnen auch gelingt, wenn es auch gelegentlich etwas länger dauert.«

Weiter unten stand: *»Sie sind Ihrem Partner ein Leben lang treu, doch diese Treue wird nicht belohnt: Ihr Partner nutzt sie aus, was sie jedoch mit Gleichmut hinnehmen. Gefahr einer plötzlichen Trennung.«*

Ich musste erst einmal tief durchatmen, bevor ich antworten konnte. »Dr. Uhlmann, wie er leibt und lebt.«

»Woran hast Du ihn erkannt?«

»An allem. Nein,« korrigierte ich mich, »an fast allem. Nur seine Neigung zu einem angenehmen Leben habe ich noch nicht erlebt: Im Moment arbeitet er wie ein Verrückter.«

»Lade ihn zum Essen ein, und lass ihn das Restaurant auswählen. Er wird sich für ein teures Restaurant entscheiden und sich die besten Gerichte aussuchen. Und das Essen genießen.«

Ich legte das Horoskop auf den Tisch zurück.

»Möchtest Du noch eins lesen?«

In der nächsten halben Stunde las ich noch drei davon, erkannte alle Menschen: Im ersten war ich selbst beschrieben, das zweite war Gertruds Horoskop, das dritte von Manni.

Mein eigenes war zutreffend und mit einer Liebeserklärung versehen: *»Du wirst Dich in eine schwierige, aber schöne und liebenswerte Griechin verlieben und mit ihr sehr glücklich werden.«* Das *sehr* war unterstrichen. Was mir Tränen in die Augen trieb und Daphni einen zweiten, noch viel längeren Kuss bescherte.

Gertrud wurde als egoistisch, habgierig, schwermütig und mit einer äußerst negativen Lebenseinstellung beschrieben, vom Pech verfolgt und unfähig, eine vertrauensvolle Partnerschaft einzugehen. Sie würde, so hatte Daphni geschrieben, in späten Jahren an einen älteren Partner geraten, den sie nur des Geldes wegen ehelichen werde, der es aber bis zu einem gewissen Grad schaffen würde, sie glücklich zu machen.

Den ersten Teil konnte ich gut nachvollziehen, über Gertruds Liebesleben wusste ich nichts und wollte, da war ich mir sicher, auch nichts wissen.

Mannis Horoskop dagegen war hochinteressant. Handwerklich überaus geschickt, aber ohne eigene Ideen, stets auf der Suche nach einem Mentor und oft in Gefahr, mit dem Gesetz in Konflikt zu geraten. Es gab eine Neigung zu Gewalttätigkeit, die er erst im

Laufe seines Lebens unter Kontrolle bringen würde, und das Versprechen, in späten Jahren noch einmal die große Liebe zu finden.

»Verrat mir doch eins,« sagte ich, als ich mit Mannis Horoskop fertig war. »Was davon hast Du wirklich in den Sternen gefunden und was davon hast Du am Sonntag bei Gesprächen erfahren?«

Daphnis Augen blitzten zornig. »Du bist wie alle Anderen. Erst hältst Du nicht viel von der Astrologie und wenn Dir jemand zeigt, was sie kann, glaubst Du, es wäre fauler Zauber.«

Dem widersprach ich heftig. »Ich habe nie behauptet, dass ich nichts von Astrologie halte, ich war von Anfang an daran interessiert. Schon bei unserem ersten Gespräch in Sokraki. Ich habe nur gesagt, Esoterik ist mir suspekt.«

»Das gehört aber zusammen.«

»Tut es das?« fragte ich. »In meiner Vorstellung gab und gibt es Menschen, die wirklich etwas von Astrologie verstehen – ich vermute, das sind Ausnahmen. Doch viele Menschen beschäftigen sich mit Esoterik und dies aus den unterschiedlichsten Gründen. Die meisten auf der Suche nach einer Wahrheit, die es vermutlich nicht gibt, einige aus Langeweile, andere, weil sie sich damit wichtigtun wollen. Diese Mitläufer gibt es überall – Leute, die keine Ahnung, aber ein großes Mundwerk haben.«

Daphni tat zerknirscht, doch als sie mein zufriedenes Lächeln sah – das ich gelegentlich bekomme, wenn ich glaube, etwas Kluges von mir zu geben –, brach sie in schallendes Gelächter aus. Was zur Folge hatte, dass sich mein Lächeln schlagartig in Zerknirschung verwandelte.

»Habe ich etwas Falsches gesagt?«

Sie warf den Kopf in den Nacken und schnalzte mit der Zunge. »Du hast nichts Falsches gesagt, Du hast Dich nur genauso verhalten, wie ich das erwartet habe.«

Meine Verunsicherung wuchs: In meinem Horoskop stand nichts über… über was eigentlich?

»Was habe ich denn getan, was Dich so erheitert?«

Daphni nippte an ihrem Kaffee. »Die meisten Menschen glauben, was man ihnen sagt – vorausgesetzt, man sagt es ihnen überzeugend und oft genug. Du aber hinterfragst, willst verstehen. Und glaubst nur, was Du auch wirklich verstanden hast.«

»Ist das schlimm?«

Sie legte ihre Hand auf meinen Arm. »Wäre es nicht so, würde ich mich nicht für Dich interessieren.« Plötzlich puffte sie mich in die Seite. »Dass Du dann aber so tust, als hättest Du die Weisheit mit Löffeln gefressen…«

»Gna gna gna,« war alles, was mir dazu einfiel.

Sie wurde wieder ernst und griff erneut in ihre Tasche. »Ich habe Dir bereits gesagt, dass meine Horoskope keine reine Sterndeutung sind, sondern von der Psychologie geprägt werden. Deshalb sehe ich in einem Horoskop etwas anderes als jemand, der nur astrologische Beschreibungen aus Büchern kennt. Doch was ich in diesen Horoskopen geschrieben habe, kann ich auch belegen.«

Sie zeigte mir mehrere Passagen, die sie in einem Astrologiebuch angestrichen hatte: über mich, über Dr. Uhlmann, über Gertrud, über Manni. Und vermutlich über die anderen Gäste der Geburtstagsfeier, deren Horoskope ich noch nicht kannte. Vieles von dem, was ich gerade gelesen hatte, fand sich in dem Buch wieder – teilweise Wort für Wort.

»Überzeugt?«

»Das ist beeindruckend,« gab ich zu. »Es ist nur so.« Wie sollte ich das erklären? »Nimm Dr. Uhlmann. Ich denke, nein, das heißt, ich dachte, ich sei ein guter Menschenkenner. In dem Doktor aber habe ich mich vollkommen getäuscht. Wie er wirklich ist, weiß ich erst seit gestern. Jetzt lese ich in Deinem Horoskop alles, was ich gestern herausgefunden habe, und noch eine Menge mehr. Dass ich da nicht nur überwältigt, sondern auch skeptisch bin – das gestehst Du mir hoffentlich zu.«

»Natürlich.«

»Wenn ich in Zukunft meine Figuren in meinen Büchern mit Hilfe der Astrologie gestalte: Glaubst Du, ich komme zu ähnlichen Ergebnissen wie Du?«

Ihre Antwort war eindeutig – ein klares, kräftiges Nein.

Die Enttäuschung stand mir wohl ins Gesicht geschrieben, denn sie ergriff tröstend meine Hand. »Diese Horoskope sind unter Berücksichtigung aller Planeten und aller Aspekte entstanden, und um das zu erstellen, braucht man viel Erfahrung. Sowohl in der Astrologie wie auch in der Psychologie. Du solltest Dich auf das beschränken, was ich Dir gesagt habe: Nimm die Sonne, den Mond und den Aszendenten, erstell damit eine Grundstruktur für eine Figur und mach den Rest mit Deiner Phantasie.«

Ich griff nach dem Horoskop von Dr. Uhlmann. »Was könnte ich mit dieser Methode über Dr. Uhlmann herausfinden?«

Daphni nahm mir das Horoskop aus der Hand. »Sonne Waage, Aszendent Stier, Mond Jungfrau.« Sie dachte nach. »Üblicherweise wird ein Horoskop vom Sonnenzeichen her gedeutet, die Merkmale der Waage wären demnach am wichtigsten. Doch ich vermute, Dir geht es in erster Linie um die Ziele Deiner Figuren.«

»Wie sie sind, kann ich beschreiben – dazu reicht meine Menschenkenntnis gerade noch. Aber warum sie so handeln, wie sie handeln – und ihre Handlungen so zu beschreiben, dass sie schlüssig sind: Da habe ich Lücken.« Im Geiste sah ich den Agenten aus Hollywood bestätigend nicken, mein Ego rief: »Bravo! Jetzt hast Du es kapiert.«

»Fang mit dem Aszendenten an,« sagte Daphni, die nichts von den Kämpfen in meinem Kopf ahnte. »Der Aszendent verkörpert die Ziele, denen der Mensch ein Leben lang zustrebt.« Sie setzte zu einer langen Erklärung über die Ziele des Stiers an, doch ich unterbrach sie.

»Kannst Du mir erst eine grundlegende Frage beantworten?« Sie wirkte irritiert durch meine Unterbrechung: Ich war offensichtlich nicht der einzige, der gerne mit seinen Erkenntnissen prahlt. Im Gegensatz zu mir dauerte ihre Irritation aber nur kurz.

»Was möchtest Du wissen?«

»Mehrere Dinge. Erstens: Du sagst, Du gehst psychologisch an die Astrologie heran. Können Psychologen die Eigenheiten und Vorlieben von Menschen derart genau interpretieren? Ist es einem Menschen wirklich in die Wiege gelegt, mit dem Gesetz in Konflikt zu geraten? Zweitens: Bislang dachte ich, wir könnten frei entscheiden. Aus meinem Horoskop geht jedoch hervor, dass mir offenbar vieles vorherbestimmt war. Und ich meine jetzt nicht den glücklichen Umstand, Dich getroffen zu haben, sondern die Aussage, dass ich einmal im Ausland leben werde. Drittens: Woher weißt Du soviel über die Partner-Probleme von Gertrud und Dr. Uhlmann? Steht das wirklich in den Sternen?«

Daphni winkte dem Ober und bestellte sich noch einen Cappuccino, bevor sie mir antwortete. »Du glaubst, ich lasse mein psychologisches Wissen außer acht und halte mich an die Esoterik, der zufolge das Schicksal von uns Menschen vorherbestimmt ist?«

»Den Verdacht habe ich.«

Daphni sah auf ihre Uhr, machte aber nicht den Eindruck, unter Zeitdruck zu stehen.

»Ich möchte einen kleinen Test mit Dir machen,« sagte sie erklärend. »Du hast 30 Sekunden Zeit, Dich umzusehen und Dir alles zu merken, was rot ist.«

»Wozu das denn?« Ich war nicht in der Stimmung zu Psychospielchen, ich wollte Antworten auf meine Fragen.

»Wenn ich Dir vorher verrate, warum ich diesen Test mit Dir mache, bringt es nichts. Tu´s einfach, Du wirst gleich sehen, warum das wichtig ist.«

Seufzend tat ich ihr den Gefallen. Meine Zigaretten steckten in einer roten Schachtel, der Aschenbecher war rot; ich sah rote Kleidungsstücke und ein rotes Plakat an einer Wand. Auf dem Parkplatz standen mehrere rote Autos, ich prägte mir alle ein. Daphni würde gleich merken, welch guter Beobachter ich war.

»Fertig?«

»Ja,« bestätigte ich und konzentrierte mich auf die Dinge, die ich gesehen hatte.

»Dann schließ bitte die Augen.«

Ich tat es.

»Und jetzt sag mir alles, was Du gesehen hast, was grün war.«

»Moment,« widersprach ich, »Du sagtest, ich solle mir alle roten Sachen einprägen.«

»Das ist richtig. Und jetzt möchte ich von Dir wissen, welche grünen Dinge Du Dir gemerkt hast.«

Ich hasse es, auf dem falschen Fuß erwischt zu werden. Harko mochte solche Spiele, ihm traute ich zu, mich derart aufs Glatteis zu führen. Von Daphni hatte ich das nicht erwartet. Widerwillig tat ich, was sie von mir wollte.

»Die Wiese,« sagte ich. »Grünes Gras. Die Bäume über uns, sie haben grüne Blätter. Auf dem Parkplatz stehen grüne Autos.« Weiter kam ich nicht, so sehr ich mir die Szenerie auch vor Augen führte.

»Dann mach die Augen wieder auf und sieh Dich nochmal um.«

Das Gras und die grünen Blätter sah ich sofort, doch auf dem Parkplatz stand kein einziger grüner Wagen. Daphni aber trug eine grüne Bluse – die hatte ich nicht einmal wahrgenommen. Die Blumen, die ich ihr mitgebracht hatte: Grüne Stengel. Um uns herum überall grüne Kleidungsstücke: Ein Junge im hellgrünen T-

Shirt am Tisch neben uns, zwei Tische weiter saß ein Mädchen mit einem grünen Sommerkleid. Die Welt war grün.

»Ich bin ein schlechter Beobachter,« gestand ich knirschend.

»Falls es Dich tröstet, Du hast weder besser noch schlechter abgeschnitten als andere, mit denen ich diesen Test gemacht habe. Bei dieser Übung geht es nicht darum, ob Du ein guter oder schlechter Beobachter bist: Kein Mensch kann sich alles merken, was er mit seinen Augen wahrnimmt, es sei denn, er hätte ein photographisches Gedächtnis.«

»Was sollte das Ganze dann?« fragte ich, einerseits erleichtert, dass sie mir keine Schwäche vorführen wollte, andererseits ratlos, weil ich keinen Sinn in dem Test sah.

»Wir Menschen nehmen nur das wahr, auf was wir uns konzentrieren. Wir filtern. Nicht nur das, was wir sehen, sondern auch das, was wir erleben. Und wir werten. Das, mein lieber Roberto, ist für mich der Schlüssel zur Astrologie.«

Ich muss gestehen, auch damit konnte ich nicht viel anfangen.

Daphni hatte jetzt glänzende Laune, endlich konnte sie mir zeigen, was die Astrologie zu leisten imstande war und ich hatte keine Gegenargumente, weil ich nur die Hälfte von dem verstand, was sie mir sagte. »Du glaubst, wir Menschen kommen gewissermaßen leer auf die Welt? Bilden uns unsere Meinungen aufgrund von Erfahrungen, die wir machen?«

»Unsere Eltern, unsere Freunde – die vermitteln uns unser Weltbild.« Davon war ich überzeugt.

»Dann unterliegst Du einem Trugschluss. Schon Neugeborene haben eine Persönlichkeit. Sie kommen bereits mit Filtern auf die Welt: Ein bestimmtes Baby sieht nur rot, ein anderes nur grün. Vom ersten Moment an betrachten beide die Welt durch ihre eigenen Filter. Selbst von ihren Eltern übernehmen sie nur, was ihnen sinnvoll erscheint, den Rest ignorieren sie.«

»Das hast Du Dir ausgedacht.« Sicher war ich mir jedoch nicht.

Daphni schenkte mir ein spöttisches Lächeln. »Im Studium hatten wir einen interessanten Fall. Ein Vater mit zwei Söhnen. Der Vater war Alkoholiker, Gewohnheitsverbrecher, das Paradebeispiel für eine gescheiterte Existenz. Einer der Söhne war wie der Vater, auch er geriet früh mit dem Gesetz in Konflikt, wurde ebenfalls Alkoholiker.«

»Na bitte,« sagte ich befriedigt. »Da siehst Du es selbst.«

Daphni beugte sich vor. »Der andere machte Karriere bei der Polizei, heiratete, hat Familie. Ein geachtetes Mitglied der Gesellschaft. Wie erklärst Du das?«

Roberto, sagte ich mir im Stillen, wenn du das nächstemal einen Anflug von Selbstzufriedenheit verspürst: Kümmere dich nicht darum und halte lieber deinen Mund.

»Ich habe keine Erklärung dafür,« gab ich zu. »Du?«

Sicher gab es eine psychologische Theorie dafür. Daphnis Antwort überraschte mich.

»Beide Söhne wurden gefragt, warum sie sich für ihren jeweiligen Lebensweg entschieden haben. Weißt Du, was beide gesagt haben: Was hätte ich sonst machen sollen, bei diesem Vater?«

Langsam fing ich an zu verstehen. »Du meinst…«

»Sie hatten von Anfang an ihre persönlichen Filter. Der eine Sohn sah im Vater die Betätigung dafür, was auch in seiner Persönlichkeit verankert war, er konnte den Vater als Vorbild akzeptieren. Der andere hatte einen Konflikt mit seinem eigenen Weltbild, für ihn verkörperte der Vater das genaue Gegenteil von dem, was er selbst glaubte. Er entwickelte sich in eine andere Richtung: Keine, die vom Vater vorgegeben wurde, sondern eine, die von seiner Geburt an in ihm vorhanden war.«

»Moment mal,« sagte ich heftig. »Wenn ich Dich richtig verstehe, behauptest Du, unser Lebensweg ist uns von Geburt an vorgegeben? Durch das, was wir bereits als Neugeborene glauben?«

Sie lehnte sich wieder zurück. »Dein Vater war Diplomat, als Kind hattest Du keinen richtigen Bezug zu einem Land. Warum hast Du Dir nicht, als Du die Möglichkeit hattest, eine Heimat gesucht? Hat es Dir so sehr gefallen, ständig durch die Welt zu ziehen?«

»Ich hatte mich daran gewöhnt.« Hatte ich das wirklich?

»Hier auf Korfu hast Du Wurzeln geschlagen. Du bist in der Fremde heimisch geworden. So, wie es in Deinem Horoskop steht.«

Ein kleines Mädchen kam vorbei, wollte uns eine Rose verkaufen. Daphni deutete auf den Blumenstrauß neben sich, gab dem Mädchen, einer kleinen Zigeunerin, trotzdem einen Euro. Das Mädchen bedankte sich und strahlte.

»Ich hätte sie wegschicken können,« sagte Daphni. »Aber ich wollte nicht. Du denkst jetzt vielleicht, weil ich früher selbst arm war, habe ich Mitleid. Doch ich komme aus einer intakten Familie, meine Eltern sind nicht reich, aber wir hatten keine finanziellen

Sorgen und ich hatte eine wohlbehüteten Kindheit, wie man so schön sagt. Wenn ich kann, helfe ich gerne.«

»Weil Dir das die Sterne in die Wiege gelegt haben?«

»Nicht die Sterne,« sagte sie. »Vielleicht war es der liebe Gott, vielleicht ist es Schicksal. Ein Horoskop ist nur eine von vielen Möglichkeiten, etwas über unsere Filter zu erfahren. Doch aus diesen Filtern resultieren unsere späteren Erfahrungen im Leben.«

In meinem Kopf überschlugen sich die Gedanken. Ich hatte als Kind darunter gelitten, ständig aus meiner vertrauten Umgebung herausgerissen zu werden, trotzdem hatte mir das Reisen an sich immer Spaß gemacht. Erst seit ich hier auf Korfu eine Heimat gefunden hatte, war mein Fernweh verklungen. Mit etwas gutem Willen hätte ich dieses Phänomen durch meine Lebenserfahrungen begründen können. Was noch lange nicht erklärte, warum in meinem Horoskop mein Lebensweg derart genau beschrieben war. Legte ich dagegen Daphnis Filtertheorie zugrunde, machte mein bisheriger Lebensweg Sinn.

Wie war das nun mit unseren Verdächtigen? Von welchen inneren Kräften wurden sie getrieben? Konnten wir den Mörder durch sein Horoskop überführen? Plötzlich war ich sehr aufgeregt.

Als ich Daphni meine Überlegungen mitteilte, lachte sie nur. »Das Horoskop erklärt nur allgemeine Eigenschaften, da steht nicht, wer zum Mörder wird.«

»Bei Manni hast Du einen möglichen Konflikt mit dem Gesetz…«

Daphni seufzte. »Es war ein Fehler, Dir so viel über Astrologie zu sagen. Du musst Dich selbst in die Materie einarbeiten. Nur so verstehst Du, was man aus einem Horoskop herauslesen kann und was nicht.«

Ich griff nach ihrer Hand. »Ich meine es doch nicht böse. Du zeigst mir eine faszinierende neue Welt. Vielleicht erwarte ich zuviel, aber das, was Du mir bisher gesagt und gezeigt hast, ist für mich schon überwältigend. Ich verstehe nicht so viel davon wie Du, aber ich lerne schnell. Wenn Du mir hilfst…«

Das Horoskop von Dr. Uhlmann lag noch immer vor uns auf dem Tisch. »Nehmen wir den Doktor. Du sagst, er hat seinen Aszendenten im Stier. Nicht alle Stiere sind Mörder, das ist mir klar, aber vielleicht gibt uns sein Horoskop einen Hinweis darauf, wo seine Motive liegen könnten?«

Daphni schien meine Begeisterung nicht zu teilen. Vermutlich hatte sie derartige Diskussionen über die Möglichkeiten und Grenzen der Astrologie schon viel zu oft geführt. Sie musste viel Spott erlebt haben, seit sie sich als wissenschaftlich ausgebildete Psychologin mit einem derart umstrittenen Thema befasste. Doch sie war erfolgreich mit ihrer Kombination aus Psychologie und Astrologie.

Seufzend nahm sie Dr. Uhlmanns Horoskop in die Hand. »Über seine Motive, einen Mord zu begehen, kann ich Dir nichts sagen. Ich kann Dir nur etwas über seinen Charakter sagen. Reicht Dir das?«

Weder Harko noch ich wussten wirklich etwas über die Verdächtigen, wir hatten hier auf Korfu auch wenig Möglichkeiten, das Vorleben dieser Leute zu überprüfen. Wenn wir durch die Horoskope mehr über ihre Persönlichkeit erfahren könnten, wäre das eine große Hilfe. Dachte, oder besser gesagt, hoffte ich zumindest.

»Sag mir, was ich aus dem Horoskop herauslesen kann,« sagte ich zu Daphni.

»Du kennst mittlerweile die Grundeigenschaften der zwölf Sternzeichen?«

Ich nickte eifrig: Das Buch, das sie mir vor gut einer Woche geschickt hatte, kannte ich inzwischen fast auswendig.

»Stiere sind materiell orientiert. Sie horten das Geld jedoch nicht um des Geldes willen, sondern weil sie sich damit ein schönes Leben machen wollen – Stiere sind Genießer. Sie sind ausdauernd und zäh, oft auch stur: Es gibt kein anderes Zeichen, das seine Ziele beharrlicher verfolgt als ein Stier.«

»Das passt aber nicht zum Doktor,« wandte ich ein. »Dass er stur sein soll, habe ich noch nicht erlebt. Kommt das noch?«

»Nicht unbedingt. Der Stier ist nur sein Aszendent, die Sturheit somit sein Ziel. Erreichen kann er dieses Ziel nur mit den Mitteln der Waage. Die Waage steht für Diplomatie, für Ausgleich, für Kommunikation. Aber auch für die schönen Dinge des Lebens. Jetzt versuch mal, das zu kombinieren.«

»Der Stier,« fing ich an, »setzt sich etwas in den Kopf und versucht, das durchzuboxen.«

Daphni nickte.

»Die Waage aber sorgt dafür, dass dies auf eine diplomatische Art geschieht.«

Diesmal kein Nicken, sondern ein aufmunternder Blick, ich solle fortfahren.

»Die Waage mit Aszendent Stier ist zielstrebig, geht dabei aber diplomatisch vor. Ich würde sagen, ein Mensch mit dieser Kombination wird viel reden, andere für die Erreichung seiner Ziele einbeziehen, ohne sie dabei aber auszunutzen – er wird sie überzeugen.«

So schwierig war es gar nicht, die einzelnen Eigenschaften miteinander zu verbinden.

»Der Genuss, kann ich den auch dazunehmen?«

»Versuch es,« forderte sie mich auf.

»Der Stier möchte genießen – wenn Du recht hast, ist er ein Schlemmer. Die Waage hat ein Faible für die schönen Dinge des Lebens, deshalb wird sich der Genuss auch auf Kunst erstrecken.« Ich stutzte, erstaunt über meine eigenen Schlussfolgerungen. »Heißt das, er genießt Kunstwerke?«

Daphni lachte. »Er wird sie wohl nicht aufessen, doch ich bin sicher, ihr Anblick bereitet ihm wirklich Freude.«

Ich baute das Bild weiter aus. »Als Waage hat er den Bezug zu den schönen Dingen, doch der Stier mit seiner Liebe zum Geld wird dafür sorgen, dass er die Kunstwerke nicht nur genießt oder hortet, er wird einen Weg finden, damit Geld zu machen.«

»Ja,« bestätigte Daphni. »Und der Mond in der Jungfrau?«

Ich rief mir ins Gedächtnis, was ich inzwischen über die Jungfrau wusste. »Jungfrauen sind gründlich. Und vorsichtig. Er ist kein wilder Spekulant, der sein ganzes Geld in riskante Geschäfte steckt, er wird umsichtig vorgehen. Sich nur dort engagieren, wo er wirklich eine Chance auf Erfolg sieht.« Ich stutzte erneut, mir war gerade eine Idee gekommen. »Heißt das,« fragte ich aufgeregt, »er hält die Kunst des Professors wirklich für gut?«

Daphni deutete auf das Horoskop. »Über die Kunst des Professors will ich mir kein Urteil erlauben. Ich bin aber sicher, Dr. Uhlmann ist davon überzeugt, dass sie sich gut verkaufen lässt – sonst würde er kein Geld investieren. Er ist kein Glücksritter, er versteht was vom Geschäft.«

Ich lehnte mich in meinem Stuhl zurück. »Ist das nicht verrückt? Da unternimmt der Professor zu seinen Lebzeiten große Anstrengungen, um jeden von seiner Kunst zu überzeugen, stößt dabei aber nur auf Ablehnung. Kaum ist er tot, kommt ein Kunstexperte und erkennt, was für ein Genie er war.«

Daphnis Gesicht bekam wieder diesen spöttischen Zug. »Da bin ich richtig froh, dass Dein Genie schon zu Lebzeiten entdeckt wurde.«

»Du bist doof.«

Sie streckte mir die Zunge heraus. »Steht nicht in Deinem Horoskop, Du wirst Dich in eine schwierige Griechin verlieben? Du solltest anfangen, Dein Schicksal zu akzeptieren.«

Hatte Harko recht mit der ewigen Auseinandersetzung?

Daphni sah auf die Uhr. »Es wird Zeit, ich muss gehen. Willst Du die Horoskope mitnehmen?«

»Ja, gerne,« sagte ich und stand auf. »Soll ich… Darf ich… Willst Du, dass ich Dich nach Hause begleite?«

Sie erhob sich ebenfalls, legte die Arme um mich und sah mir ernst in die Augen. »Du hast mir bewiesen, dass Du ein feuriger Argentinier bist, jetzt muss ich Dir leider beweisen, dass ich eine gesittete Griechin bin. Kennst Du die Regeln?«

Die kannte ich, doch ich hatte geglaubt, die seien inzwischen überholt. Daphni sah das wohl anders. »Erst mit Freunden ausgehen, dann zu zweit, aber in der Öffentlichkeit, sich den Eltern vorstellen. Erst dann ist die traute Zweisamkeit erlaubt.«

»Ich bin nicht altmodisch,« sagte sie leise, »aber ich glaube, diese Tradition hat sich bewährt. Ich möchte ihr folgen. Bist Du bereit dazu?«

Ich gab ihr einen Kuss auf die Wange. »Ich bin bereit.«

»Dann muss ich Dich noch etwas fragen. Ich will Dich – das weiß ich. Macht Dir das Angst?«

Wenn es mein Schicksal ist, dachte ich. Dann kam mir das Bild von Isabell in den Sinn und ich spürte einen Stich im Herzen: Auch Isabell hatte mich von Anfang an gewollt, wir glaubten daran, füreinander bestimmt zu sein. Ein Trugschluss: Das Schicksal hatte uns viel zu früh getrennt.

Daphni sah mir traurig in die Augen. »Du hast Angst.«

Diesmal drückte ich sie fest an mich. »Dass Du mich willst, macht mir keine Angst. Das macht mich unglaublich glücklich. Ich habe nur Angst, ich könnte auch Dich verlieren.«

»Davor brauchst Du Dich nicht zu fürchten. Wenn ich Dir gehöre, dann gehöre ich Dir ganz. Aber auch Du gehörst mir. Mit Haut und Haaren.«

»Glaubst Du, Du hältst es mit einem von Selbstzweifeln geplagten argentinischen Schreiberling aus?«

»Ja,« sagte sie mit fester Stimme. »Und die Selbstzweifel, mein lieber Roberto, die therapiere ich Dir ganz schnell weg.«

»Wo warst Du den ganzen Abend,« sagte Harko am nächsten Morgen am Telefon. »Ich habe zigmal versucht, Dich zu erreichen.«

Im Paradies, dachte ich, ich war im Paradies. Zu Harko sagte ich: »In der Stadt.«

»Wir wollten ins Xenichtis. Hast Du das vergessen?«

»Wollten wir das? Oder wolltest Du das?« Ich wusste es nicht mehr. Tatsache war, ich hatte es schlicht vergessen. Und bereute es kein bisschen. Was ich Harko nicht auf die Nase binden musste. »Wie war es?« fragte ich stattdessen.

»Nett,« sagte er. »Ich habe zwei Stunden lang Tavli[13] gespielt. Und jedesmal gewonnen.«

Das wiederum interessierte mich herzlich wenig. »Ich will wissen, was die Leute über den Mord denken.«

»Du hättest eben mitkommen sollen,« gab Harko patzig zurück.

»Du, da fällt mir eben ein: Ich habe alles vergessen, was ich mit Georgos gestern bei der peinlichen Befragung erlebt habe. Einfach alles. Ist das ein Problem für Dich?«

Die Antwort bestand aus einem Brummen.

»Soll ich einen Kaffee kochen und versuchen, mich zu erinnern, während Du rüberkommst und darüber nachdenkst, was gestern in der Kneipe gesprochen wurde?«

Zehn Minuten später kam Harko auf seiner Harley. Wie sich zeigte, hatte er wirklich nur Tavli gespielt: Der mögliche Mord war kein Thema, er wurde als Produkt der Gerüchteküche abgetan. Was die Leute viel mehr interessierte, war die Beisetzung, die am nächsten Tag stattfinden sollte: Eine Beisetzung im Haus hatte es noch nie gegeben, und ein Begräbnis, bei dem der Tote nicht begraben wurde, auch noch nicht. Man hielt das allgemein für einen schlauen Trick, um die Kunstwerke zu verkaufen, fragte sich aber, was der tote Professor davon haben würde.

»Und was ist bei eurer Befragung rausgekommen?« fragte Harko.

Ich wollte mir mein Wissen aus der Nase ziehen lassen, doch Harko würgte diesen Versuch sofort ab. »Die Kopien von den Vernehmungsprotokollen habe ich gestern Nachmittag gelesen, Georgos hat mir auch seine Eindrücke geschildert. Mich interessiert nur, ob Dir noch etwas anderes aufgefallen ist.«

---

[13] Griechische Bezeichnung für Backgammon

Das Gefühl, immer einen Tick zu spät zu kommen, ist kein schönes Gefühl. In meinen Krimis bestimme ich das Tempo, doch wenn es um echte Kriminalfälle geht, stürmt Harko ohne Rücksicht auf Verluste voran. Ein echter Widder eben.

»Wenn ich ehrlich bin,« sagte ich muffelig, »glaube ich nicht, dass an mir ein guter Ermittler verloren gegangen ist. Ich war mir sicher, Dr. Uhlmann ist verdächtig, jetzt steht er mit einer blütenweißen Weste da. Seine Frau dagegen, für die ich am Montag noch die Hand ins Feuer gelegt hätte, scheint mir nicht ganz richtig im Kopf zu sein. Die hat eine blühende Phantasie.«

»So wie Du, mein Lieber. Du solltest Dich bei Ermittlungen mehr an die Fakten halten.«

Das ließ ich nicht gelten. »Dann sag mir doch, welche Fakten wir bei diesem Fall haben: Einen toten Professor, der durch einen Unfall, durch Selbstmord oder durch Mord aus dem Leben geschieden sein kann, keine einzige Spur, die auf ein Verbrechen hindeutet, nur einen ehemaligen Kommissar, der glaubt, etwas gehört zu haben. Sieht man einmal davon ab, dass sich der Professor in der Woche vor seinem Tod auffällig benommen hat, gibt es nur noch vier Verdächtige, von denen drei kein vernünftiges Alibi und nur zwei ein Motiv für einen möglichen Mord haben. Was kannst Du mit diesen Fakten anfangen?«

Die Aufzählung war als Vorwurf gemeint, für einen Krimi hätte ich mir mehr einfallen lassen müssen. Doch Harko schien einen Filter zu besitzen, der ihn nur das hören ließ, was er auch hören wollte. Er fragte: »Wer von Deinen vier Verdächtigen hat Deiner Ansicht nach ein Alibi? Und welche beiden haben kein Motiv?«

»Die drei, die im Haus waren,« legte ich ihm die Summe meiner bisherigen Überlegungen dar, »haben in meinen Augen kein brauchbares Alibi: Dr. Uhlmann hat, im Widerspruch zu seiner Frau, behauptet, seine Gemahlin habe einen festen Schlaf, er könnte folglich mitten in der Nacht aufgestanden und den Professor umgebracht haben. Er hätte auch ein Motiv: Er will mit der Kunst des Professors Geld verdienen. Doch mit seinem prall gefüllten Bankkonto erscheint es mir unwahrscheinlich, dass er für ein paar Euro mehr einen Mord begeht.«

Harko schien zum gleichen Schluss gekommen zu sein, er sagte: »Da gebe ich Dir recht.«

»Seine Frau,« fuhr ich fort, »könnte ebenfalls mitten in der Nacht aufgestanden sein, vielleicht für ein spätes Schäferstündchen. Doch wenn sie den Professor geliebt hat, wird sie ihn kaum umgebracht haben.«

Harko spielte mit dem Kaffeelöffel. »Hugh, der Schriftsteller hat gesprochen. Weil der Doktor sagt, seine Frau hat einen festen Schlaf, kommst Du automatisch zu dem Schluss, auch er habe einen tiefen Schlummer und sie könne einfach aufstehen, ohne dass er etwas merkt. Das ist aber nur eine Annahme von Dir, noch dazu eine unwahrscheinliche. Die Sache mit dem Schäferstündchen möchte ich nicht ausschließen. Doch warum sollte das nicht mit einem Mord geendet haben? Wenn ihr Xaver einmal den Laufpass gegeben hat, hätte er das auch ein zweitesmal tun können.«

»Läuft das für Dich jetzt unter Fakten oder unter Spekulation?«

»Das ist derzeit nur eine Theorie, die es noch zu verifizieren gilt. Weiter.«

Wie in der Schule, dachte ich, beim Abhören der Hausaufgaben. Und wie ein Schüler machte ich gehorsam weiter. »Nummer drei ohne Alibi ist Gertrud. Sie war die ganze Nacht allein auf ihrem Zimmer, hat folglich kein Alibi. Dafür aber ein gutes Motiv: Geldgier. Sie könnte ihren Vater ermordet haben, um an sein Vermögen zu kommen. Oder habe ich bei dieser Schlussfolgerung wieder einen Fehler gemacht?«

»Abgesehen davon, dass es keine Schlussfolgerung, sondern eine Theorie ist, ist Deine Überlegung in Ordnung. Ich bin zu dem gleichen Schluss gekommen.«

»Bleibt noch Nummer vier,« sagte ich, »Manni.« Ich stockte.

»Was ist los?« fragte Harko.

»Lass mich nachdenken,« bat ich, »mir ist gerade etwas eingefallen.«

Ich dachte an Mannis Horoskop, an die Neigung zur Gewalttätigkeit und das lockere Verhältnis zu Recht und Gesetz.

»Ich nehme alles zurück.«

»Was nimmst Du zurück?« fragte Harko. »Du hast noch nichts gesagt.«

Das stimmte. »Dann nehme ich alles zurück, was ich sagen wollte.«

»Hast Du gestern zu heiß gebadet?«

Ich erklärte es ihm. »Bis gerade eben bin ich davon ausgegangen, dass Manni ein Alibi hat – er war zu Hause. Inzwischen ist mir eingefallen, dass das noch nicht bewiesen ist. Und bis gestern konnte ich bei Manni kein Motiv sehen. Das sehe ich auch jetzt noch nicht, aber ich möchte Manni nicht mehr ausschließen: Manni neigt zur Gewalttätigkeit.«

»Woher weißt Du das?« Plötzlich wurde Harko hellhörig.

Mir lag das Wort »Horoskop« schon auf der Zunge, doch ich schluckte es schnell herunter. Ohne Daphnis Erklärungen würde mich Harko nur auslachen. »Aus einer Quelle, die Du vermutlich als *nicht vertrauenswürdig* einstufen würdest.«

»Weißt Du aus Deiner nicht vertrauenswürdigen Quelle noch mehr über Manni?«

»Ja,« sagte ich, vielleicht etwas zu schnell. »Ich weiß noch mehr. Aber nichts davon ist bislang bewiesen.«

Diesmal blieb mir Harko eine spöttische Antwort schuldig. Stattdessen sagte er: »Dann sollten wir Manni auf den Zahn fühlen.«

»Glaubst Du, der große Schweiger wird Dir freiwillig etwas verraten?«

»Er nicht, aber vielleicht seine Freundin. Komm – wir statten ihr einen Besuch ab.«

Ich hängte mir die Tasche mit den Horoskopen um und wollte zu meinem BMW, doch Harko stand bereits an seiner Harley. »Was ist?« fragte er. »Traust Du Dich nicht?«

»Ich habe keinen Helm.«

»Na und?«

Seufzend nahm ich auf seinem dekadenten amerikanischen Feuerstuhl Platz.

Manni und Conny wohnten mitten in Afionas in einer kleinen Drei-Zimmer-Wohnung zur Miete. Die Wohnung selbst, kein Appartement für Touristen, sondern eine ehemalige Unterkunft für Arbeiter aus Albanien, war bescheiden, der Ausblick jedoch phantastisch: Auf dem Rand der Steilklippe erbaut, auf der Afionas stand, bot die Wohnung eine traumhafte Aussicht über das Meer und die vorgelagerten Inseln.

Conny bat uns hinein, doch von ihrer Fröhlichkeit, die sie am Sonntag auf der Feier gezeigt hatte, war nichts mehr zu spüren.

»Stimmt es, was man so hört?« fragte sie uns sofort.

»Was hört man denn so?« fragte Harko scheinheilig.

»Professor Hintermooser soll ermordet worden sein?«

»Gerüchte, nichts als Gerüchte,« sagte Harko. »Doch Gerüchte sind oft die Rauchzeichen der Wahrheit. Deshalb möchte ich sie aus der Welt schaffen.«

»Manni war die ganze Nacht bei mir, er kann es nicht gewesen sein,« sagte Conny schnell. Zu schnell.

Harko sah sie erstaunt an. Aber nur kurz. Schon im nächsten Moment starrte er mich mit offenem Mund an. Denn ich sagte: »Manni war im Gefängnis, stimmt´s? Und nicht, weil er einen Scheck gefälscht hat.« Es war ein Schuss ins Blaue, doch ich war mir sicher, dass es ein Treffer würde.

Harkos Staunen, als er Connys Antwort hörte, war Entschädigung für manchen Seitenhieb auf meine blühende Phantasie. »Das ist lange her. Heute ist Manni anders, ganz anders.«

Manni war tatsächlich vorbestraft, er hatte zwei Jahre wegen eines bewaffneten Raubüberfalls im Gefängnis gesessen. Einer zweiten Anklage wegen Hehlerei konnte er nur entgehen, indem er als Kronzeuge auftrat und die ganze Bande auffliegen ließ.

»Das alles war lange, bevor ich Manni kennenlernte,« sagte Conny. »Heute ist er der sanftmütigste und hilfsbereiteste Mensch, den ich kenne. Und er war dem Professor treu ergeben.«

»Wusste Xaver, ich meine Professor Hintermooser, von Mannis Vergangenheit?« fragte Harko.

Conny nestelte nervös an ihrer Jeans. »Manni war Hausmeister an der Akademie in München. Er und der Professor kommen gesellschaftlich aus unterschiedlichen Schichten, doch sie haben sich als Team gut ergänzt. Der Professor war ein Denker, ein Theoretiker, mit unglaublich viel Phantasie, Manni ist ein Praktiker, hat aber keine neuen Ideen. Als Team jedoch…«

Ich konnte es mir denken. Xaver Hintermooser schwebte in den höchsten künstlerischen Sphären, hätte seine Kalte Sophie am liebsten völlig ohne Beine gebaut. Doch solange der Lufthaken noch nicht erfunden war, brauchte er Manni, der einer solchen Figur Standfestigkeit gab. Nun begriff ich auch, warum sich Manni über das mangelnde Standvermögen der Plastik aufregte: Er war wie ich dem Handwerklichen verhaftet, achtete auf das Machbare, während der Künstler nur die mögliche Wirkung seiner Werke gesehen hatte. Manni musste einen schweren Stand gehabt haben.

»Gab es Spannungen zwischen Manni und dem Professor?« fragte Harko.

»Nein,« sagte Conny bestimmt.

»Ganz sicher nicht?« hakte ich schnell nach. »Ich meine: Bei der Arbeit dürften die Beiden nicht immer der gleichen Meinung gewesen sein.«

»Bei der Arbeit nicht,« gab Conny zu, »aber sonst waren sie ein Herz und eine Seele.«

Das wiederum konnte ich mir schwer vorstellen. Auch Harko schien skeptisch.

»Conny,« sagte er, »ich versuche, jeden Verdacht aus der Welt zu räumen. Wenn Du mir jetzt sagst, Manni und der Professor hätten sich prima verstanden, und in den nächsten Tagen kommt raus, dem war nicht so – das wirft kein gutes Licht auf Manni.«

»Die zwei haben sich gut verstanden,« sagte Conny noch einmal und es klang sehr bestimmt. »Mehr gibt es dazu nicht zu sagen.«

Mehr war aus ihr auch nicht herauszubekommen. Harko und ich verabschiedeten uns und stiegen auf Harkos Maschine.

»Conny hat Angst,« sagte Harko. »Sie hat einen Verdacht, will aber nicht darüber sprechen.«

»Glaubst Du, Manni steckt hinter der Sache? Wer könnte dann sein Komplize sein? Du hast ein Gespräch belauscht. Wer war der zweite Mann?«

»Oder die zweite Frau,« sagte Harko. Ob er noch etwas sagen wollte, weiß ich nicht, das tiefe Bullern der Harley machte jedes weitere Gespräch unmöglich.

Als wir auf dem Grundstück von Professor Hintermooser ankamen, stand Gertrud bereits in der Tür des Wohnhauses und starrte mich böse an. »Sind Sie heute wieder in offizieller Mission hier oder darf ich Sie rauswerfen?«

Harko wollte etwas sagen, doch ich kam' ihm zuvor. »Wenn Sie wollen, gehe ich sofort. Sie mögen mich nicht, ich mag Sie nicht, und wenn wir uns nicht sehen, ist es für uns beide das beste. Doch solange ich dazu beitragen kann, den Mord an Ihrem Vater aufzuklären, würde ich einen Burgfrieden vorschlagen. Zumal ich glaube, dass sie genug um die Ohren haben.«

Sie schien über meinen Vorschlag nachzudenken. »Stimmt,« sagte sie schließlich, »ich mag Sie nicht und daran wird sich auch nichts ändern. Aber ich habe wirklich andere Dinge im Kopf. Kommen Sie rein.«

Wir gingen ins Wohnhaus.

»Was wollen Sie eigentlich?« fragte sie, nachdem wir Platz genommen hatten.

»Herausfinden, ob Ihr Vater wirklich ermordet wurde,« sagte Harko.

»Sie waren Polizist?« fragte Gertrud.

»Mehr als 20 Jahre.«

»Und Sie glauben, das gibt Ihnen das Recht, jetzt im Privatleben anderer Menschen herumzuschnüffeln?«

Gertrud hatte nicht nur viele Falten im Gesicht, sondern offensichtlich auch viele Haare auf den Zähnen. Harko würde keinen Zugang zu ihr finden, dessen war ich mir sicher. Sie würde ihn in seiner direkten Art schlicht und einfach abblocken, Harko würde versuchen, mit dem Kopf durch die Wand zu stürmen und damit alle weiteren Gespräche im Keim ersticken. Besser, ich versuchte es durch die Hintertür, die mir Daphni mit Gertruds Horoskop gezeigt hatte.

»Harko war ein guter Freund ihres Vaters, aber er sah wohl nur seine guten Seiten. Sie als seine Tochter kannten ihn natürlich besser – und haben sicher unter seinen Eigenheiten gelitten.«

Harko runzelte erstaunt die Augenbrauen. Und machte dann ein überraschtes Gesicht: Gertrud zog heftig über ihren Vater her. Eine geschlagene Stunde mussten wir uns anhören, welch großer Egoist er gewesen war, wie er ihr das Leben schwermachte und wie sie darunter zu leiden hatte.

Harko staunte, bekam er doch ein vollkommen anderes Bild von Professor Hintermooser vermittelt. Ich dagegen amüsierte mich prächtig: Gertrud verhielt sich genau so, wie es Daphni in ihrem Horoskop beschrieben hatte: Gertrud, die ewig Leidende, die immer zu kurz kam, ständig schlecht behandelt wurde und zudem vom Pech verfolgt war. Was aber, das war sonnenklar, niemals ihre eigene Schuld war. Ihr Vater hätte der beste Mensch auf der Welt sein können, sie hätte sich trotzdem beschwert.

Als sie – von ihrer Wiege bis zu seiner Bahre – alles beklagt hatte, was es zu beklagen gab, fragte ich: »Halten Sie es für möglich, dass Ihr Vater ermordet wurde? Ich meine, Sie kannten ihn besser als wir, und können am ehesten beurteilen, ob er Feinde hatte.«

Gertrud zog verächtlich die Mundwinkel herab. »Soweit ich weiß, war ich die Einzige, die er derart mies behandelt hat. Anderen gegenüber tat er immer freundlich – und gab sich ausgesprochen großzügig.«

Sie stockte, dann sprang sie auf. »Warten Sie einen Moment, mir ist gerade etwas eingefallen.«

»Wer ist hier eigentlich der Polizist?« zischte Harko, als sie gegangen war. »Hatten wir nicht abgemacht, dass ich die Vernehmungen leite?«

»*Du* hattest das abgemacht. Glücklicherweise bin ich weder einer Deiner Untergebenen noch Dir angetraut, ich bin Dein Partner. Und bis jetzt ist es doch gut gelaufen.«

»Findest Du?« fragte er gereizt.

Ob er wegen meiner Eigenmächtigkeit oder wegen der Anspielung auf Marianne verstimmt war, wusste ich nicht.

»Wir haben uns jetzt eine Stunde lang ihr Gejammer angehört, aber nichts erfahren. Ist wohl besser, Du hältst jetzt Deinen Mund und überlässt mir das Reden.«

»Wie der Herr befiehlt,« sagte ich beleidigt. Sollte er doch selbst sehen, wie er mit dieser Beißzange zurecht kam.

Doch die Beißzange brachte uns ein Dokument, das sogar Harko erst einmal verdauen musste: Einen Schuldschein über 20.000 Euro, ausgestellt zugunsten von Xaver Hintermooser und unterzeichnet von Hermann Streeling, wohnhaft in Agios Stefanos. *Herman, the german.*

»Wer ist dieser Hermann Streeling und besteht die Aussicht, dieses Geld jemals wiederzusehen?«

Obwohl mir Harko praktisch Redeverbot erteilt hatte, sagte ich: »Das ist der Mensch, der sich am Sonntag selbst zum Essen einladen wollte und den Ihr Vater hinausgeworfen hat.«

»Der Grieche, mit dem er gestritten hat?«

»Nein, der Deutsche, den er an der Haustür abgewimmelt hat.«

»20.000 Euro,« sagte Harko. »Da hat Xaver aber einen mächtigen Griff ins Klo getan.« Er erzählte Gertrud mehr über Hermann. »Hermann ist ein netter, charmanter und hilfsbereiter Mensch, der nur ein Problem hat: Er leidet unter einer totalen Arbeitsallergie. Glücklicherweise hat er einen Weg gefunden, mit seiner Krankheit zu leben: Er macht in Geschäften. Sicher hat er auch Ihrem Vater ein solches Geschäft vorgeschlagen. Da seine Unternehmungen jedoch nie einen Ertrag abwerfen, wundert es mich, dass er einen Schuldschein unterschrieben hat. Auch die Höhe der Summe überrascht mich: Im allgemeinen prellt er seine Opfer um wesentlich geringere Summen.«

»So ein Schuft!« sagte Gertrud wütend.

»Da haben Sie recht,« sagte Harko. »Ein Schuft ist Hermann wirklich.«

»Ich meine nicht ihn, ich meine meinen Vater.«

»Ihren Vater?« fragte Harko erstaunt. »Weil er sich hereinlegen ließ?«

»Nein, weil er mich angelogen hat. Ich habe ihn Sonntag Nacht um finanzielle Hilfe gebeten und er gab mir diesen Schuldschein und sagte, dieses Geld könne ich haben, ich brauche es nur bei Hermann Streeling abzuholen.«

Dieses alte Schlitzohr, dachte ich. Der Professor war wirklich nicht gut auf seine Tochter zu sprechen gewesen: Der Schuldschein war vollkommen wertlos.

»Sie haben Sonntag Nacht mit Ihrem Vater über Geld gesprochen?« fragte Harko.

Siedendheiß fiel mir ein, dass Gertrud in der Vernehmung nichts von dem Gespräch erzählt hatte, laut ihrer Aussage hatte sie die ganze Nacht im Bett verbracht. Auch sie merkte, dass sie sich verplappert hatte, wusste aber nicht, dass Harko das wusste. Aber sie wusste, dass ich es wusste. Nun wusste sie nicht, ob ich sie verraten würde.

»Die Toilette ist oben?« fragte ich schnell.

Zum erstenmal entdeckte ich eine Regung der Dankbarkeit in Gertruds Gesicht. »Wenn Sie hochkommen, links.«

Jetzt dämmerte auch Harko, dass er mit der Information nichts anfangen konnte: Offiziell kannte er die Vernehmungsprotokolle nicht, konnte folglich auch nicht wissen, dass er Gertrud gerade bei einer Lüge ertappt hatte. Er warf mir einen wütenden Blick zu, als ich aufstand und nach oben ging.

»Ich muss ganz dringend,« sagte ich entschuldigend. Und dachte: Sieh zu, wie du ohne mich zurechtkommst, *Partner*.

Ich ließ mir Zeit auf der Toilette, öffnete das Fenster, um in Ruhe eine Zigarette zu rauchen. Dabei bemerkte ich eine Holzleiter vor dem Haus. Es kostete mich einige Mühe, mit der Hand eine Sprosse zu erreichen und die Leiter vor das Toilettenfenster zu ziehen, doch ich hatte keine Lust, noch weiter an Harkos Befragung teilzunehmen. Wie ein Einbrecher – oder war ich in diesem Moment ein Ausbrecher? – kletterte ich nach draußen.

Unten angekommen, hörte ich aus dem Ausstellungsraum kräftige Flüche. Neugierig ging ich näher. Mich traf fast der Schlag, als ich eintrat.

Der Professor hatte den Raum als Ausstellungshalle genutzt, seine Plastiken dekorativ aufgebaut und gut beleuchtet. So jedenfalls mein Eindruck bei der Führung am Sonntag. Wie amateurhaft das gewesen war, wurde mir jetzt deutlich vor Augen geführt: Die neue Anordnung war überwältigend.

Zentrales Element war der Sarg, in der Mitte des Raums aufgebahrt. Wie es technisch gemacht war, begriff ich nicht sofort: Der Sarg kam geheimnisvoll aus dem Dunkel, schien zu schweben, als wäre er wirklich an Lufthaken befestigt. Erst bei genauerem Hinsehen erkannte ich, dass der gesamte Unterbau mit schwarzem Samt verkleidet war, der sich kaum von dem im Dunkel liegenden Boden unterschied. Lediglich die Totenmaske wurde durch ein kleines Spotlicht hervorgehoben. Die Ausstellung selbst war deutlich geschrumpft, nur ausgewählte Stücke waren geschmackvoll arrangiert und dezent von unten beleuchtet, was ihnen ein geheimnisvolles Aussehen verlieh.

Ich stand in einer Galerie, die auch in jede Großstadt gepasst hätte, in der es sündhaft teure Geschäfte in Top-Lagen gab, dazu gedacht, einem zahlungskräftigen Publikum edle Stücke ansprechend näherzubringen.

»Gefällt es Ihnen?« fragte Dr. Uhlmann, der neben mich getreten war.

»Gefallen ist nicht das richtige Wort. Ich bin überwältigt. Sie verstehen Ihr Geschäft.«

»Danke,« sagte er.

Manni, der in einer Ecke am Boden an der Lichtverkabelung arbeitete, stand fluchend auf. »Es ist zwar eine Scheiß-Arbeit, bis alles passt. Aber: Warum sind Sie nicht schon vor einem Jahr gekommen? Der Professor hätte längst berühmt sein können.«

»Wäre der Anlass nicht so traurig,« sagte ich.

Nachdenklich zupfte sich Dr. Uhlmann an seinem Spitzbart. »Ich habe viel über unser Gespräch gestern nachgedacht, und ich gebe zu, Sie müssen mich wirklich für einen Leichenfledderer halten. Kaum ist Xaver tot, setze ich alles daran, seine Werke zu verkaufen.«

»Haben Sie deshalb ein schlechtes Gewissen?«

»Ein wenig,« gab Dr. Uhlmann zu. »Andererseits sage ich mir, dass ich damit nur seinem letzten Wunsch nachkomme: Hätte Xaver still und leise aus dieser Welt abtreten wollen, wäre er nicht auf die Idee gekommen, sich in einem Edelstahlsarg aufbahren zu lassen.«

Zu Manni gewandt sagte er: »Hätte es etwas genützt, wenn ich vor einem Jahr gekommen wäre? Xaver hätte mir niemals freie Hand gelassen, seine Werke so zu präsentieren, wie es für eine erfolgreiche Vermarktung notwendig ist. Er hätte sich in alles eingemischt und viel Spaß dabei gehabt, mögliche Besucher vor den Kopf zu stoßen.«

Manni fluchte und sagte: »Das hätte er getan.«

Hatte doch Manni mit Dr. Uhlmann... Manni würde ich es zutrauen, aber dem Doktor?

»Kunst,« erklärte mir Dr. Uhlmann, »darf natürlich bis zu einem gewissen Grad provozieren, sie muss es sogar. Was zu gefällig ist, wird schnell uninteressant oder zur Gebrauchskunst degradiert. Doch bei jeder Provokation muss auch ein Reiz da sein, sich trotzdem mit dem Kunstobjekt zu befassen. Wie bei dem Gemälde von Juanita Soaréz. Ihnen erscheint es vermutlich nichtssagend, eine scheinbar sinnlose Aneinanderreihung von Farben. Was mich dagegen vom ersten Moment an fasziniert hat, war die Harmonie der Farben. Das ist etwas, was man nicht lernen kann.«

»Gibt es keine Regeln, welche Farben zueinander passen?«

»Oh,« sagte der Doktor, »die gibt es. An der Akademie habe ich meinen Studenten 30 Jahre lang beigebracht, wie sie diese Regeln anwenden müssen. Im Bereich Design sind diese Vorgaben auch hilfreich, nicht jedoch in der Kunst. Ein wahrer Künstler kennt die Regeln, aber er bricht sie. Er schafft eine Grundkomposition aus scheinbar harmonischen Farben, setzt dann jedoch Akzente, die diese Harmonie durchbrechen. Im ersten Moment glaubt der Betrachter, der Künstler hätte sich in den Farben vertan, fühlt sich vielleicht sogar abgestoßen. Doch die zugrundeliegende Harmonie übt einen ungeheuren Reiz aus und je mehr sich der Betrachter mit der scheinbaren Disharmonie beschäftigt, desto klarer wird ihm, dass sie keineswegs disharmonisch ist: Sie schafft eine Spannung, die das Bild belebt. Nur: Ich bin vielleicht in der Lage, Ihnen zu sagen, wann ein Werk dieses Phänomen aufweist, aber ich kann Ihnen nicht sagen, wie es der Künstler geschafft hat, diese Spannung zu erzeugen. Die Künstler selbst wissen es leider auch nicht – ihr Gefühl sagt ihnen, was richtig ist und was nicht.«

»Und Juanita Soaréz hat dieses Gefühl?« fragte ich ungläubig.

»Sogar im Übermaß. Sie mag geistig behindert sein und als Mensch unter gewissen Defiziten leiden. Doch was ihr Gefühl für Formen und Farben anbelangt: Da wurde sie vom lieben Gott überreichlich beschenkt.«

»Und der Professor?« fragte ich, neugierig, wie ein Experte dessen Werke beurteilte.

»Xaver hatte vielleicht nicht...« Dr. Uhlmann zögerte, dann korrigierte er sich. »Nein, Xaver hatte ganz sicher nicht das richtige Farbgefühl. Ich denke, dafür ist seine Wohnung Beweis genug. Einfallslos und kalt. Doch er hatte ein ausgezeichnetes Gespür für Formen und Proportionen. Leider stand ihm sein Ego im Weg.«

»Wie meinen Sie das?« fragte ich. Auch Manni trat neugierig näher.

»Xaver hat nie akzeptiert, dass Kunst dem Betrachter gefallen muss. Für ihn war jeder Ansatz von Schönheit ein Indiz für Kommerz: Was gefällig ist, was die Leute kaufen wollen, ist banal, folglich keine Kunst. Er betonte zwar gern, jeder könne in seinen Werken sehen, was immer er wolle, in Wahrheit jedoch legte er großen Wert darauf, dass die Betrachter genau das erkannten, was auch er sah. Er glaubte, die Menschen durch Reden von seiner Kunst überzeugen zu können.«

Manni rümpfte die Nase – er hatte zweifellos viele derartige Vorträge des Professors über sich ergehen lassen müssen. Ansatzweise hatte auch ich ähnliches erlebt.

»Wahre Kunst,« führte Dr. Uhlmann weiter aus, »bedarf keiner Erläuterung. Ein guter Künstler drückt durch sein Werk aus, was er sagen will. Und wird verstanden. Doch ein wirklich großer Künstler schafft es nicht nur, seine Idee zu transportieren – er lässt dem Betrachter darüber hinaus auch Freiraum für eigene Interpretationen und Erkenntnisse.«

In diesem Moment meldete sich meine innere Stimme und wiederholte den letzten Satz des Doktors: Freiraum für eigene Interpretationen und Erkenntnisse. Musste auch ich meinen Lesern genügend Freiraum lassen, um ihre eigenen Schlussfolgerungen ziehen zu können? Ihre Phantasie anregen, statt sie wie kleine Kinder an der Hand zu nehmen und mit auf die Mörderjagd zu nehmen?

»Für Xaver stand nicht der Betrachter im Vordergrund, er selbst war der Mittelpunkt. Oder sehen Sie an seinem Sarg etwas, das Ihre Phantasie anregt?«

Ich betrachtete den Sarg genauer. Das einzige, was ihn von einem gewöhnlichen Sarg unterschied, war das Material: Er war aus Edelstahl gefertigt. Die Haltegriffe fehlten, fiel mir auf, diese letzte Heimstatt sollte nicht getragen werden. Aber sonst?

»Ein Sarg ist ein wichtiges Symbol für unsere Vergänglichkeit. Er mag edel beschaffen sein, doch jeder, der ihn sieht, weiß, in wenigen Tagen nagen die ersten Würmer an ihm. Der Edelstahl hält nicht nur die Würmer fern, er konserviert auch den Inhalt, wenn nicht für die Ewigkeit, so doch für lange Zeit. Folglich ist er ein Symbol für den Kampf gegen die Vergänglichkeit: Wer in einem Edelstahlsarg begraben werden möchte, akzeptiert den Tod nicht als etwas Endgültiges, er zeigt, dass er sich gegen das Ende wehrt. Doch was macht Xaver? Er schmückt den Sarg mit seiner Totenmaske. Die Botschaft ist eindeutig: *Ich* bin der Größte, *ich* habe sogar den Tod überwunden. Lässt Ihnen das als Betrachter Raum für eigene Überlegungen? Denken Sie an Ihr eigenes Ende? An Ihr eigenes Weiterleben nach dem Tod? Nein. Sie sehen den Sarg, denken an Xaver und das war´s.«

Der Professor hatte versucht, mich mit Gewalt von seinem Kunstverständnis zu überzeugen und dabei nur meinen Widerstand geweckt. Der Doktor versuchte nicht einmal ansatzweise, mich von etwas zu überzeugen, und doch schuf er innerhalb weniger Minuten einen Zugang zu einer für mich vollkommen neuen Welt. Mein Unterbewusstsein arbeitete. Und drängte mich, eine wichtige Frage zu stellen.

»Ich verstehe, was Sie damit sagen wollen. Mir ist auch klar, dass für den Professor das Ego wichtiger war als die Kunst. Aber wenn ich jetzt den Sarg sehe, als Mittelpunkt der Ausstellung, dazu noch die Totenmaske mit einem Lichtstrahl beleuchtet: Unterstützen Sie dieses Ego nicht noch zusätzlich? Ich meine: Wo bleibt bei diesem Arrangement Raum für meine Phantasie?«

Dr. Uhlmann schmunzelte. »Was empfinden Sie, wenn Sie den Sarg so sehen?«

Ich ließ mir Zeit mit meiner Antwort. Er hatte den Sarg bewusst so angeordnet, dessen war ich mir sicher. Hätte er das Ego des Professors reduzieren wollen, hätte er dessen Totenmaske nicht betont. Er wollte, dass die Person des Professors die Ausstellung dominierte. War das alles? Ich ließ meine Augen durch den Rest der Ausstellung wandern. Lauter interessante Stücke, kein Holz, nur Edelstahl. Ich versuchte, mich an Sonntag zu erinnern, an die erste Ausstellung, die mir jetzt im Vergleich wie ein halbwegs aufgeräumtes Warenlager erschien. Und plötzlich wusste ich es.

»Der Sarg,« sagte ich, »ist die Überwindung des Todes, damit aber auch die Überwindung des Vergessens: Etwas wird ewig oder zumindest sehr lange bestehen. Dieses Etwas ist der Professor beziehungsweise sein Ruf. Deshalb die Betonung der Totenmaske. Professor Hintermooser hat, obwohl er verschieden ist, noch eine lange Karriere als Künstler vor sich. Zwar kann kein Galerist den Sarg käuflich erwerben, aber wenn er seinen Blick morgen während der Trauerfeier durch den Raum schweifen lässt, sieht er die besten Stücke des Künstlers: Das Ganze hier ist eine perfekt inszenierte Verkaufsveranstaltung.«

»Sie hätten das Zeug zu einem guten Kunstkritiker,« sagte der Doktor. Dann wandte er sich mit Manni wieder der Arbeit zu.

Ich stand an Harkos Harley gelehnt und rauchte eine Zigarette, als Harko aus dem Haus kam.

»An Dir ist wahrlich kein Ermittler verlorengegangen,« sagte er wütend. »Gerade als es spannend wird, haust Du ab.«

»Mein Partner hatte mir Redeverbot erteilt. Erinnerst Du Dich? Was also hätte ich bei der Befragung noch tun sollen? Den großen Kommissar bewundern?«

»Sonst lässt Du Dir von mir nicht so schnell den Mund verbieten.«

Ich lächelte – das Lob als Kunstkritiker wärmte noch. Harko dachte wohl, ich mache mich über ihn lustig und warf mir einen bösen Blick zu.

»Hör mal,« sagte ich, »ich habe heute Conny zum Reden gebracht und ich habe Gertrud aufgetaut. Was habe ich dafür von Dir bekommen? Redeverbot. Warum soll ich mich weiterhin gründlich auf Vernehmungen vorbereiten, wenn Du es nicht zu schätzen weißt?« Zumal ich nach wie vor eher an den Selbstmord glaube, dachte ich.

»Du hast einmal wild ins Blaue geraten und zufällig recht behalten, und einmal den richtigen Nerv getroffen – wieder aus Zufall. Auf der Basis von Zufällen kann man keine Ermittlungen führen. Jedenfalls keine polizeilichen.«

Ich öffnete meine Tasche und holte Daphnis Horoskope heraus. Umständlich suchte ich das von Manni. Die Hinweise auf die Planeten, die Daphni an den Anfang des Blattes geschrieben hatte, knickte ich um.

»Lies das,« sagte ich.

Widerwillig nahm Harko das Papier und fing an zu lesen. »Das ist eine Akte über Manni,« sagte er nach einer Weile. »Woher hast Du sie? Und warum hast Du mir nicht gesagt, dass Du sie hast?«

»Ist sie gut?«

»Nein,« sagte er, »sie ist schlecht. Da steht nur drin, dass er straffällig war, aber nicht, warum er verurteilt wurde. Jeder Ermittlungsrichter wird Dir eine solche Akte um die Ohren hauen.«

»Seine Persönlichkeit ist gut getroffen, oder?«

»Das ja,« gab Harko widerstrebend zu. »Soweit ich das beurteilen kann, ist er treffend beschrieben.«

Ich nahm das Blatt wieder an mich und reichte ihm Gertruds *Akte*. Harko las sie und sagte: »Mit diesen Informationen hätte ich Gertrud auch *auftauen* können, wie Du so schön sagst. Da kennt sie jemand sehr genau. Jetzt sag schon: Wer hat Dir diese Details verraten?«

»Daphni.«

»Deine Psychologin? Die hat Gertrud doch nur einmal gesehen!«

Ich sagte nichts, lächelte still vor mich hin und beobachtete amüsiert, wie Harkos faktenorientiertes Polizistengehirn diese Ungeheuerlichkeit verarbeitete.

»Nein,« sagte er, »jetzt nimmst Du mich auf den Arm. Das glaube ich Dir nicht.«

»Während Du Dich beim Tavlispielen vergnügt hast, war ich arbeiten. Hier sind die *Akten* aller Gäste der Geburtstagsfeier. Alle von Daphni erstellt – ausschließlich anhand der Geburtsdaten. Möchtest Du hier vor Ort mit Deinen polizeilichen Ermittlungen fortfahren oder sollen wir zu mir, damit Du Dir in Ruhe die Horoskope durchlesen kannst?«

»Frag nicht so blöd, steig lieber auf. Und verrat um Himmels Willen keinem, dass Du diese Horoskope hast. Das Zeug ist ja hochbrisant.«

»Das hat sie alles aus den Geburtsdaten ermittelt?«

Wir saßen wieder auf meiner Terrasse. Harko hatte – bis auf meines, das ich unter Verschluss hielt – alle Horoskope gelesen.

»Alles aus den Geburtsdaten. Vermutlich mit dem Blick der erfahrenen Psychologin gekoppelt, schließlich hat sie sich am Sonntag mit allen Leuten unterhalten. Daphni hat übrigens sofort erkannt, was für ein liebenswerter Mensch ich bin.«

Harko trank gerade einen Schluck Bier, verschluckte sich und brach hustend und prustend in Lachen aus.

»Sie hat sich in Dein Horoskop verknallt?«

»Nein,« sagte ich verärgert, »in mich.«

»Und Du? Liebst Du ihre Sterne oder ihre schönen Augen?«

»Mit Dir kann man nicht ernsthaft reden,« sagte ich wütend. Ging es Marianne genauso?

»Hey,« sagte Harko und klopfte mir freundschaftlich auf die Schulter. »Du hast Deine Macken, aber wer hat die nicht. Sonst bist Du in Ordnung. Und…« Er beugte sich nach vorn. »Ganz im Vertrauen: Es wird Zeit, dass Du unter die Haube kommst. Damit Du endlich den Ernst des Lebens kennenlernst und nicht immer von Traumfrauen phantasierst. Die gibt es nämlich nicht. Nur gute Sparring-Partnerinnen.«

Harko deutete auf die Horoskope. »Vor Gericht sind die wertlos, aber sonst: Doch, ich gebe zu, ich bin beeindruckt. Die Frage ist nur: Was fangen wir damit an?«

Das hatte ich mich die ganze Nacht schon gefragt. »Was die Ermittlungen anbelangt, bist Du der Experte. Ich beschreibe in meinen Krimis Polizeiarbeit, aber dabei weiß ich, wer der Täter ist. Und ich bin derjenige, der die Spuren legt. Du gehst den umgekehrten Weg, wertest Spuren aus und suchst den Täter. Aber: Sowohl Du als auch ich arbeiten mit Täterprofilen. Richtig?«

»Nur dass ich meine Profile in bewährter Polizeitradition auf den bekannten Fakten aufbaue, nicht wie Du auf Mutmaßungen.«

»Stop!« warf ich ein. »Ganz so unbedarft bin ich auch nicht, was die Polizeiarbeit anbelangt. Ich weiß, dass die Polizei sehr wohl mit Mutmaßungen arbeitet.«

»Mit Theorien, ja.«

»Nicht nur das. Die haben auch Psychologen, die versuchen, ein Täterprofil zu erstellen, ohne genaueres über den Täter zu wissen. Könnten wir nicht das gleiche machen?«

»Mit Deinen Horoskopen?« Sein skeptischer Blick sprach Bände.

»Warum nicht? Bei Conny und Gertrud haben uns die Horoskope bereits geholfen. Von Gertrud wissen wir zum Beispiel, dass sie bei der Vernehmung gelogen hat. Sie war keineswegs die ganze Nacht allein im Bett – sie hat sich mit ihrem Vater über Geld unterhalten. Und...« Ich musste schmunzeln. »Ohne die Fakten zu kennen, würde ich behaupten, das war keineswegs ein freundschaftliches Geplauder.«

Auch Harko lächelte. »Nein, das kann ich mir auch nicht vorstellen. Die haben mit Sicherheit gestritten. Aber wie soll sie ihn während dieses Streits dazu gebracht haben, nach draußen zu Sophie zu gehen?«

Ich versuchte, mich in die Lage des Professors zu versetzen. Und sah durchaus eine Möglichkeit. »Nimm mal an, Deine Tochter kommt zu Dir und macht Dir Vorhaltungen, Du würdest ihr zuwenig Geld geben.«

Harko lachte. »Das erlebe ich jeden Tag – sogar in doppelter Ausführung.«

»Da geht es nur um Taschengeld. Wenn der Professor seiner Tochter 20.000 Euro angeboten hat, wird die entschieden mehr Druck gemacht haben. Als sie geht, ist er so aufgebracht, dass er nicht einschlafen kann. Was also macht er?«

»Er macht einen Spaziergang.«

»Genau. Er geht zu Sophie. Gertrud hat vielleicht ein schlechtes Gewissen – nein, das hat sie nicht, trotzdem geht sie ihm nach. Die Beiden streiten erneut.«

»Uns dabei wirft Gertrud Sophie um.«

Ich sah die Szene bildlich vor mir. »Vielleicht hat sie Sophie nicht selbst umgeworfen. Das kann auch der Wind getan haben. Doch statt ihrem Vater zu helfen, lässt sie ihn liegen.«

»Du meinst, ein Unfall? Warum sollte sie dann weglaufen? Sie ruft die Polizei, die stellt den Unfalltod ihres Vaters fest und sie ist die Erbin.«

»Wenn er nicht sofort tot war? Nur betäubt? Und Gertrud ein wenig nachgeholfen hat? Sie könnte ihm ein Stück Stoff auf die Nase gedrückt haben. Ein Bewusstloser, der sich nicht wehren kann? Mir scheint, seine Leiche hätte doch genauer untersucht werden sollen.«

Harko kratzte sich nachdenklich am Kinn. »Eine Autopsie? Das dürfte jetzt schwierig werden.«

»Warum?«

»Zunächst einmal müssen die Angehörigen zustimmen – in dem Fall Gertrud. Was sie kaum tun wird.«

»Wenn man ihr klarmacht, dass sie das besonders verdächtig macht?«

»Glaubst Du, davon lässt sie sich beeindrucken?«

»Nicht wirklich,« sagte ich. »Könnte nicht die Polizei die Autopsie veranlassen?«

»Das kann nur die Mordkommission. Doch wenn wir die einschalten, geht das nur, wenn wir ihr von dem belauschten Gespräch berichten. Damit handeln wir uns all die Probleme ein, über die wir bereits gesprochen haben.«

Der letzte Trumpf ausgespielt und das ganze Pulver verschossen, dachte ich.

»Wenn Xaver wirklich in der Nacht allein zu Sophie gegangen ist, hätte ihm jeder der Hausbewohner nachgehen können. Auch Dr. Uhlmann oder seine Frau.«

Das brachte uns nicht weiter.

»Lass uns die Sache anders angehen,« schlug ich vor. »Wenn wir die Horoskope als mögliche Täterprofile zugrunde legen, springt ein Verdächtiger sofort ins Auge.«

»Manni.«

»Genau. Conny hat ihm ein Alibi verschafft, doch wenn Du mich fragst, ist das nicht viel wert.«

»Vor Gericht schon. Wenn ich auch wie Du glaube, dass sie für ihn jederzeit lügen würde.«

»Dann ist Manni unser Hauptverdächtiger?«

Harko trommelte nervös mit den Fingern auf den Tisch. »Wenn wir nur das berücksichtigen, was wir über die Persönlichkeiten der mutmaßlichen Täter wissen, ist in der Tat Manni der Hauptverdächtige. Dabei beziehe ich mich aber nicht auf sein Horoskop, sondern auf seine Vergangenheit.«

»Über die wir nur etwas wissen, weil wir das Horoskop kennen.«

Harko rümpfte die Nase. »Ich hätte auch gleich darauf kommen können, die polizeilichen Führungszeugnisse der Verdächtigen einzusehen.«

»Hast Du das inzwischen gemacht?«

Statt zu antworten, stand er auf und ging in den Garten. Kurz darauf hörte ich ihn telefonieren. Zehn Minuten später kam er zurück. »Jetzt sind sie beantragt, morgen früh bekomme ich sie per E-Mail.«

»Also Manni.«

Harko trommelte erneut mit den Fingern auf den Tisch. »Wenn da nicht das Gespräch wäre. Mit wem hat sich Manni in der Nacht unterhalten? Dass es einer der anderen drei Verdächtigen war, halte ich inzwischen für eher unwahrscheinlich.«

»Wer kommt noch in Frage? Conny?«

»Nicht sehr wahrscheinlich, aber möglich.«

»Hermann?«

»Möglich und sogar wahrscheinlich.«

»Perikles?«

»Nicht auszuschließen.«

»Also?«
»Sprechen wir doch mal mit Hermann und Perikles.«

Hermann lebte in Agios Stefanos in einer alten, baufälligen Villa, in der außer ihm niemand wohnen wollte. Der Besitzer, ein Grieche aus Athen, steckte kein Geld in die Unterhaltung des Anwesens, er wollte das Grundstück verkaufen: Direkt an der Klippe, mit atemberaubender Aussicht über das Meer bis nach Albanien. Hermann bezahlte wenig Miete, und wenn sich ein Käufer für das Grundstück fand, musste er das Haus räumen. Bis dahin hatte er seine Ruhe in der Villa, und genügend Platz, um all das alte Gerümpel zu sammeln, das außer ihm keiner haben wollte. Die Einheimischen nannten das Haus inzwischen »Nekrotafio elektrikon syskewon« – Friedhof der Elektrogeräte.

Als wir ankamen, war Hermann damit beschäftigt, eine alte Waschmaschine zu reparieren. Er trug abgewetzte Jeans, ein altes T-Shirt und schien sich seit Wochen nicht rasiert zu haben: Das war kein Bart, das war ungepflegtes Gestrüpp.

»Hi,« begrüßte er uns, und warf einen neidischen Blick auf die alte Harley, »was führt euch in meinen Palast?«

»Ein Schuldschein über 20.000 Euro und ein toter Gläubiger.« Harko hielt nicht viel von Diplomatie.

Hermanns Gesicht verfinsterte sich. »Ich sage kein Wort ohne meinen Anwalt.«

»Den Du Dir überhaupt nicht leisten kannst,« konterte Harko kalt. »Besser, Du sagst mir alles, was Du weißt.«

»Kommt rein,« sagte Hermann und bat uns ins Haus. In einer winzigen, jedoch erstaunlich gut mit elektrischen Geräten ausgestatteten Küche setzten wir uns an einen Tisch, der schon bessere Zeiten gesehen hatte.

»Kaffee oder Bier?«

»Kaffee,« sagte ich, Harko fragte: »Hast Du ein Alfa?«

»Nur Mythos,« war die Antwort.

Harkos Bier kam sofort, mein Kaffee würde länger dauern: Die Kaffeemaschine gab asthmatische Geräusche von sich.

»Das mit dem Schuldschein ist eine dumme Sache,« sagte Hermann.

»Ich nehme an,« sagte Harko, »ein todsicheres Geschäft, das im letzten Moment geplatzt ist.«

»Genau, ganz genau. Ich hatte einen Tipp bekommen: In Albanien war eine große Position Edelstahl günstig zu haben. Der Professor war scharf darauf, verlangte aber von mir, einen Schuldschein für das Geld zu unterzeichnen, das er mir gab. He!« Er sah trotzig in Harkos skeptisches Gesicht. »Das war wirklich eine todsichere Sache! Edelstahl, der locker 100.000 wert ist, für 15.000 Euro. Von einem Werk, das pleite gegangen ist. Sobald ich den Edelstahl hier habe, wollte der Professor verkaufen, was er selbst nicht brauchen kann. Ich hätte die Hälfte vom Gewinn bekommen, mindestens weitere 10.000 Provision. Ich hab alles organisiert, hab alles bezahlt und was hab ich dafür bekommen: drei LKW-Ladungen Eisenschrott. Marktwert: keine 800 Euro. Die haben mich gelinkt, Mann, voll gelinkt.«

»Die Welt ist schlecht,« sagte Harko in einer seltenen philosophischen Anwandlung.

»Ich dachte, wir teilen uns wenigstens den Schaden. Aber nein: Der alte Geizkragen wollte die ganze Kohle zurückhaben.«

Ich bezweifelte, dass die Albaner jemals etwas anderes als Eisenschrott angeboten hatten.

»Deshalb hast Du ihm den Schädel eingeschlagen?«

Ich wollte sagen, dass niemand dem Professor den Schädel eingeschlagen hat, doch ein Fußtritt brachte mich rechtzeitig zum Schweigen. Bei der nächsten Befragung musste ich daran denken, mich außerhalb von Harkos Reichweite zu setzen.

»Ich hab ihm den Schädel nicht eingeschlagen,« sagte Hermann. »War das nicht eine gewisse Sophie? Angeblich eine ziemliche taffe Braut. Die solltet ihr mal fragen.«

»Sophie behauptet, sie war es nicht.«

Hermann zuckte die Schultern. »Ich war´s auch nicht. Sonst noch was?«

»Was hast Du in der letzten Woche gemacht?«

»Ist das ein Verhör?« fragte Hermann misstrauisch.

»Ist Dir lieber, die griechische Polizei interessiert sich für Dich und Deine Geschäfte?«

»He,« sagte Hermann und hob abwehrend die Hände. »Ist ja gut, Mann. Letzte Woche? Mal nachdenken. Da war ich in Italien. Bin Montag hingefahren und Sonntagmorgen zurückgekommen.«

»Wieder ein Geschäft?«

»Und was für eins!« sagte Hermann begeistert. »Das wird ein Knüller. Ich komm günstig an italienisches Olivenöl ran, das werde ich nach Korfu importieren.«

Korfu produziert und exportiert sehr viel Olivenöl; das letzte, was hier gebraucht wird, ist italienisches Öl. Harko ging nicht darauf ein, fragte scheinbar interessiert: »Deutsche, griechische oder italienische Geschäftspartner?«

»Ein Konsortium. Zwei Deutsche aus Frankfurt, ein Italiener und ein Grieche. Das wird eine Bombensache.«

»Hast Du mal daran gedacht, Eulen nach Athen zu verkaufen?« wollte ich wissen.

»Warum?« fragte Hermann naiv. »Brauchen die da welche?«

Harko hatte sein Bier ausgetrunken, mein Kaffee war ungenießbar, ich ließ ihn stehen. Wir gingen zurück zum Motorrad.

»Attraktiv, charmant, intelligent?« fragte ich, während ich auf den sesselähnlichen Sitz kletterte. »Waren das nicht die Worte, die Du Gertrud gegenüber gebraucht hast?«

»Ihm hätte ich Gertrud als vollbusige Blondine beschrieben. Warum immer die volle, ungeschminkte Wahrheit sagen?«

Ich wollte noch etwas trinken, doch mir war weder nach Kaffee noch nach Bier. Unser Weg führte uns am Finix Art Café vorbei, in dem ich im Sommer gelegentlich Lesungen abhalte. Die Saison war vorbei und die meisten Kneipen und Bars geschlossen, doch das Finix hatte auch im Winter geöffnet. Und bot, neben guter Musik, immer eine gutsortierte Auswahl an Drinks.

Harko bestellte sich, phantasie- oder anspruchslos, ein Alfa, ich entschied mich für einen Tequila Sunrise, und sah mir flüchtig die Gemälde an, die noch von der letzten Ausstellung übrig waren. Auf den ersten Blick hätte ich sie, genau wie das Bild von Juanita Soaréz, für Ansammlungen von Farbklecksen gehalten, ein Kenner hätte sie vermutlich als expressionistische Werke klassifiziert. Den Versuch, etwas in den Bildern erkennen zu wollen, gab ich sofort auf – es war wohl unter der Würde eines Expressionisten, eine Leinwand mit etwas Gegenständlichem zu füllen. Eingedenk dessen, was mir Dr. Uhlmann gesagt hatte, achtete ich mehr auf die Farbkompositionen. Zwei größere Werke betrachtete ich sogar aus der Nähe – eins in blau und eins in rot. Für mich waren es Farbstudien, zumindest passten die verschiedenen Blau- und Rottöne zueinander. Das Wunder aus Harmonie und Spannung, von dem

Dr. Uhlmann gesprochen hatte, konnte ich in keinem der Bilder entdecken.

»Interessierst Du Dich für eines davon?« Marietta, die Besitzerin des Finix, war neben mich getreten, ich hatte sie, vollkommen in die Betrachtung der Bilder versunken, nicht bemerkt.

Ich antwortete mit einer Gegenfrage: »Sind sie gut?«

Sie lachte. »Diese Frage habe ich mir oft gestellt, seit ich vor Jahren damit anfing, Ausstellungen zu veranstalten.«

»Und?«

»Ich denke, die Frage ist falsch. Kunst ist nicht gut oder schlecht, Kunst gefällt oder sie gefällt nicht. Es kommen immer wieder Leute hierher, die sind von einem Bild völlig begeistert, das ich scheußlich finde, und Bilder, die mir gefallen, interessieren keinen. Ich glaube, moderne Kunst schafft Atmosphäre, und wenn ein Bild irgendwo reinpasst, wird es gekauft.«

»Als Raumdekoration?«

»Warum nicht?«

Das war ein Aspekt, den ich noch nicht bedacht hatte: Kunst nicht losgelöst, nicht als Ausdruck des Seelenlebens eines Künstlers, sondern als Einrichtungsgegenstand – wie eine bunte Vase.

Kopfschüttelnd wandte ich mich ab, ich wollte zu Harko, der draußen saß und auf mich wartete.

»Hast Du noch einen Moment Zeit?« fragte Marietta. »Ich möchte Dir etwas zeigen.«

Sie führte mich zu einer Nische.

»Die Tochter einer Freundin von mir aus Deutschland ist gerade fertig mit der Schule und überlegt sich, ob sie Kunst studieren oder einen *ordentlichen* Beruf ergreifen soll. Ihre Mutter hat mir einige Werke von ihr vorbeigebracht und ich bin am überlegen, ob ich eine Ausstellung machen soll. Für diese Saison ist es zu spät, aber vielleicht im Frühjahr.«

Mein Bedarf an weiteren Kunstwerken war gleich null, ich musste mir eingestehen, dass ich die Faszination, die diese bunten Bilder auf andere ausübten, nie verstehen würde. Doch Marietta zeigte mir keine weiteren Gemälde, das junge Mädchen aus Deutschland war keine Malerin, sondern eine Glaskünstlerin. Sie hatte Spiegel gemacht – große, geschliffene Kristallspiegel, die mit bunten Glasstücken verziert waren.

Die Frage, ob sie gut waren oder nicht, diese Frage kam mir nicht einmal in den Sinn. Wie in Trance ging ich auf einen Spiegel zu, der mit rotem, blauem, grünem und gelbem, in Metallbändern gefaßtem Glas kombiniert war. Den will ich, nein, den muss ich haben, schoss mir durch den Kopf, und der Preis spielt keine Rolle.

Marietta hatte recht – mit gut oder schlecht hatte das nichts zu tun, nicht das geringste. Alex hätte vermutlich eingewendet, dass die handwerkliche Seite noch nicht perfekt ist, er hätte den Spiegel mit den Augen des Kunsthandwerkers betrachtet. Auch das war mir gleichgültig. Zum erstenmal sah ich das, was mir Dr. Uhlmann an den Werken von Juanita Soaréz erklären wollte: Ein Gefühl für Farben, wie ich es nie zuvor gesehen hatte. Für Farben und für Proportionen.

Die Farben der Gläser waren scheinbar willkürlich ausgewählt, es gab keine logische Reihenfolge, keine erkennbare Symmetrie. Dennoch passten sie zueinander, ergänzten sich, strahlten Ruhe aus und schufen gleichzeitig Spannung. Ich hätte mich, wenn ich etwas Ähnliches hätte schaffen wollen, für keine einzige dieser Farben entschieden, trotzdem waren es genau meine Farbtöne – ich konnte mich gar nicht daran sattsehen. Das war nichts, was ich mit dem Verstand erfassen konnte, das war eine Form der Magie, die ich nie zuvor verspürt hatte.

»Was ist denn mit Dir los?« fragte Harko, als ich endlich zu ihm in den Garten kam. »Du siehst aus, als hättest Du ein Gespenst gesehen.«

»Kein Gespenst,« sagte ich, »ein Wunder.«

Marietta war bereits dabei, den Spiegel zu verpacken, ich würde ihr morgen das Geld vorbeibringen. Der Spiegel selbst war günstig gewesen, doch ich hatte noch hundert Euro draufgelegt – die Künstlerin, Jana Heinemann, durfte ihr Talent nicht in einem Butter-und-Brot Beruf verschwenden, sie sollte sehen, dass sie von ihrer Kunst auch leben konnte. Roberto, der Kunstmäzen: Ich war noch immer völlig verzaubert.

Marietta tat ein übriges dazu, diesen Zustand aufrecht zu erhalten: Mein Tequila Sunrise war perfekt, die Musik, eine Mischung aus Jazz und Pop-Klassikern der 80er Jahre, entsprach voll meinem Geschmack. Ich schwebte.

Harko versuchte mehrmals, mich von meiner Wolke herunterzuholen, vergeblich. Erst auf dem Weg nach Hause – den kostbaren Spiegel wurde ich am nächsten Tag abholen – kehrte ich zurück in die Realität. Harko prügelte die Harley die Straße nach Afionas hoch und schüttelte mich damit nicht nur ordentlich durch, sondern auch aus meiner Wolke heraus.

»Hermann war's nicht,« sagte ich, als wir wieder auf meiner Terrasse saßen. »Wenn ich Deinen Fußtritt richtig interpretiert habe, wolltest Du feststellen, ob er weiß, wie der Professor gestorben ist.«

»Du lernst dazu.«

»Und wenn er aus der Zeitung gewusst hätte, wie der Professor tatsächlich gestorben ist?«

»Hermann gibt kein Geld für Zeitungen aus.« Harko legte bei unserer Zusammenarbeit stets großen Wert darauf, mir unwissendem Schreiberling die Geheimnisse guter Polizeiarbeit zu offenbaren. Bei Hermann dagegen schien er mir extrem nachlässig gewesen zu sein.

»Das mit der Fähre hast Du auch nicht nachgeprüft,« warf ich ihm vor. »Hättest Du Dir nicht von ihm das Ticket zeigen lassen sollen?«

»Das hätte ich tun können. Aber wozu? Anfang der Woche fährt er mit seinem Ticket nach Italien und kommt damit am Sonntag Morgen zurück. Doch in Italien kauft er sich ein zweites Ticket auf einen anderen Namen, kommt zurück, heckt mit Manni den Mordplan aus und fährt wieder nach Italien. Das Fährticket beweist gar nichts.«

»Er ist also weiterhin verdächtig?«

»Ja.«

Hätte ich ihn gefragt, ob heute Donnerstag ist, wäre sein Ja genauso nichtssagend gewesen.

»Du machst mich noch wahnsinnig,« sagte ich. »Willst Du mir jetzt ein Beispiel geben, wie man eine Vernehmung besser nicht durchführt? Oder habe ich etwas übersehen?«

»Nein,« brummte Harko, »ich habe etwas übersehen.«

»Und das wäre?«

»Hermann hätte nur einen einzigen Grund gehabt, Xaver zu töten: Den Schuldschein. Was aber hätte er getan, nachdem er Xaver erschlagen hat?«

Schon wieder hatte ich das Offensichtliche übersehen. »Er wäre ins Haus eingedrungen und hätte das Papier gesucht.«

»Genau. Doch so, wie er über den Schuldschein gesprochen hat, hat er noch nicht einmal daran gedacht, ihn sich zurückzuholen.«

Ich musste noch viel lernen.

Für einen Besuch bei Perikles war es zu spät, nach Hause wollte Harko aber auch noch nicht. Wir fuhren vom Finix weiter ins Xenichtis. Als wir eintrafen, wurde über die bevorstehende Beisetzung diskutiert. Irgend jemand hatte gemerkt, dass der Edelstahlsarg eine Anspielung auf Sankt Spiridon war und der Professor selbst mit seiner Bestattung die Menschen noch provozieren wollte, da man über Tote aber nichts Schlechtes redet, nahmen es die Afioniten mit Humor: Er war eben ein launiger Kauz gewesen, mit dem man jedoch immer was zum Lachen gehabt hatte.

Harko und Manousos spielten eine Partie Tavli und kamen dabei auf Frauen, speziell auf Ehefrauen zu sprechen: Ein Glück, dass die Frauen das nicht hörten. Wurde in Frauenrunden genauso viel über Männer gelästert? Ich war müde und ging früh die paar Schritte vom Xenichtis nach Hause. Zum Schlafen aber kam ich nicht: Daphni rief an, wir telefonierten vier Stunden, ohne dabei ein einzigesmal über Astrologie, meine Probleme beim Schreiben, den Mord oder den ewigen Kampf zwischen den Geschlechtern zu sprechen. Als wir schließlich auflegten, weil wir beide hundemüde waren, hatte ich keineswegs das Gefühl, das wir uns alles gesagt hatten: Es gab noch viel, viel mehr, über das wir unbedingt sprechen mussten.

Die Beisetzung war für Freitag Mittag um vierzehn Uhr festgesetzt – die Gäste aus Deutschland, die über Athen anreisen mussten, würden erst gegen Mittag hier sein. Konstantinos kam mit Daphni und Athina pünktlich um zwölf, wir setzten uns in die Küche und ich trug auf, was ich vorbereitet hatte: Truthahnkeule, mit Honig und Curry gewürzt, vier Stunden bei 120 Grad im Ofen gebraten, dazu frischgemachte grüne Bandnudeln mit Gorgonzola-Sahne-Soße.

Konstantinos und Athina, die beide meine Liebe zum Kochen kannten, lobten das Essen, Daphni, die nichts von meiner Kochkunst wusste, fiel aus allen Wolken.

»Wie ist das mit den Männern, die in der Küche nichts zu suchen haben?« neckte ich sie in Erinnerung an unser Kennenlernen.

»Das nehme ich hiermit zurück,« sagte sie und leckte sich genießerisch die Lippen. »Das gilt wohl nur für Griechen.«

»Wie kommt ihr mit euren Ermittlungen voran?« fragte Konstantinos nach dem Essen. Ich stand gerade am Herd und kochte griechischen Kaffee. Auch Athina war neugierig.

Ich schenkte den Kaffee in kleine Tassen, achtete dabei sorgfältig darauf, dass der Schaum gleichmäßig auf die Tassen verteilt ist – er symbolisiert Wohlstand, weshalb jeder möglichst viel Schaum auf seinem Heleniko möchte – und setzte mich dann wieder an den Tisch.

»Erinnert ihr euch noch an den Vorschlag in Sokraki? Ich solle einen Krimi über den Mord an Professor Hintermooser schreiben?«

Athina trank vorsichtig einen Schluck des noch sehr heißen Kaffees und warf mir einen interessierten Blick über den Tassenrand zu, sie hatte die Idee befürwortet.

»Das war leider eine Schnapsidee.«

Mit einem Ruck stellte Athina die Tasse auf den Tisch. »Was war daran so schlecht? Wie Du siehst, war der Verdacht keineswegs aus der Luft gegriffen: Der Professor wurde wirklich umgebracht.«

»Vielleicht nur, weil wir darüber gesprochen haben?«

Konstantinos lächelte. »Glaubst Du jetzt an die self-fullfilling prophecy? Das ist lächerlich.«

»Bist Du Dir sicher?« fragte ich zurück. »Der Professor hat mit seinen Gästen über diese Idee gesprochen. Was ist, wenn er den Mord dadurch erst heraufbeschworen hat?«

Konstantinos wurde nachdenklich.

»Harko ermittelt, doch ich fürchte, ich bin ihm keine große Hilfe dabei, ich denke zu oft an den Krimi, den ich schreiben wollte.« Und kämpfe noch immer mit Schuldgefühlen, wie ich mir eingestehen musste.

»Haben Dir wenigstens die Horoskope geholfen?« fragte Daphni. »Immerhin habe ich viel Zeit dafür aufgewendet.«

Ich ergriff ihre Hand. »Die haben uns sogar sehr viel geholfen.« Ich berichtete, wie wir dank der Horoskope mehr über Mannis Vergangenheit erfahren hatten und es mir sogar gelungen war, mit Gertrud zu einem Waffenstillstand zu kommen. Ich sagte aber auch, dass ich mir noch immer nicht sicher war, ob wirklich ein Mord geschehen war – das Bild des Künstlers, der alles bis hin zur Selbstentleibung unternimmt, um wenigstens posthum berühmt zu werden, stand mir noch immer vor Augen.

Im Nu waren wir mitten in einer hitzigen Diskussion. Konstantinos vertrat die Mordtheorie, Athina versuchte mir klarzumachen, dass unser Gespräch in Sokraki überhaupt nichts mit dem Mord zu tun habe und Daphni erzählte mir was von meinen Schuldgefühlen, die ich endlich ablegen müsse. Als sich auch mein kleiner Mann im Ohr in die Diskussion einmischen wollte, schaltete ich ab.

Kurz vor zwei mahnte Konstantinos zum Aufbruch, er wollte noch einen guten Platz bei der Beisetzung finden. Den Versuch, zum Anwesen des Professors zu fahren, gaben wir schon mitten in Afionas auf: Die gesamte Straße hinunter in die Bucht von Agios Georgios war hoffnungslos zugeparkt.

Wir gingen zu Fuß zum Grundstück von Professor Hintermooser, auf dem sich hunderte von Menschen drängten – von Trauergästen mochte ich nicht sprechen, die meisten waren sicher nur aus Neugier gekommen. Ich hatte bereits alle Hoffnung fahrenlassen, Daphni die umgestaltete Ausstellungshalle zeigen zu können, als uns Dr. Uhlmann, der auf der Terrasse stand, in der Menge erkannte. Er winkte uns nach oben – und alle machten Platz.

»Das ist vielleicht ein Gedränge,« sagte Konstantinos stöhnend, nachdem wir oben beim Wohnhaus angekommen waren.

»Ihre Schuld oder Ihr Verdienst.« Dr. Uhlmann reichte Konstantinos die Hand und deutete auf die Ausstellungshalle. »Mir scheint, alle wichtigen Medien Griechenlands haben Vertreter entsandt.« Vor dem Pavillon stand eine riesige Pressemeute – mit Fotoapparaten und Kameras bewaffnet.

»Ihr entschuldigt mich,« sagte Konstantinos, und ging mit Athina zu den Journalisten. Sofort war er von einer Schar Kollegen umringt, die ihm kräftig auf die Schulter klopften: Er hatte diesen Knüller ausgegraben und dafür wurde ihm offen Lob gezollt.

Dr. Uhlmann rieb sich die Hände, als sei ihm kalt. »Man sollte an einem solchen Tag nicht über Geschäfte reden, aber seit heute Morgen wurden Plastiken für fast 200.000 Euro verkauft. Schade, dass Xaver das nicht mehr erleben konnte.«

»Dann sind auch Ihre Stücke sicher ordentlich im Wert gestiegen.«

»Meine Stücke?« fragte der Doktor erstaunt. »Ich habe alles, was ich von Xaver besaß, verkauft. Etwa die Hälfte des Umsatzes gehört mir.«

Der Mann hatte in einer Woche 80.000 Euro verdient! Ich musste mein Verhältnis zur Kunst unbedingt überdenken. Sollte ich selbst einige Bilder von Juanita Soaréz erwerben?

»Kein Wort davon zu meiner Frau!« sagte Dr. Uhlmann zu mir. »Darum möchte ich Sie bitten. Sie wissen schon warum.«

»Was bekommen wir für unser Schweigen?« fragte Daphni ungeniert.

»Suchen Sie sich das beste und teuerste Restaurant von ganz Korfu aus und sagen Sie mir, wann Sie von mir zum Essen eingeladen werden möchten.«

Daphni warf mir einen spöttischen Blick zu. Waren Menschen für sie wirklich so einfach zu durchschauen?

Die eigentliche Beisetzung begann mit einer halben Stunde Verspätung, der Andrang war schlicht zu groß. Nur die Popen, die diese Form einer privaten Beisetzung offen missbilligten, Gertrud, enge Freunde und die aus Deutschland angereisten Galeristen sowie die Journalisten durften der Trauerfeier im Pavillon beiwohnen, der damit zu einer Art Mausoleum wurde; die anderen Trauergäste mussten draußen warten.

Unmittelbar nach Beginn der Trauerfeier gab es einen kurzen Tumult: Ein alter, völlig verwahrloster und von grässlichen Narben entstellter Mann wollte das Mausoleum betreten, einige Journalisten hinderten ihn daran. Der Mann, nicht nur entstellt, sondern wohl auch stumm, gab grunzende Laute des Protestes von sich und humpelte davon.

»Ein Freund des Toten?« fragte Daphni leise.

»Weiß ich nicht,« antwortete ich ebenso leise, »gesehen habe ich ihn noch nie.« An so einen armen Hund hätte ich mich erinnert.

Zwei Frauen trauerten offen um den Professor. Gertrud, die mit einer perfekten Leidensmiene zwei Meter hinter dem Sarg stand, und Frau Uhlmann, die trotz der Nähe ihres Mannes ihren Tränen freien Lauf ließ.

Die Feier dauerte gut eine Stunde, doch während sich sonst nach der Messe ein Leichenzug auf den Weg zum Friedhof macht, wurde in diesem Fall nur der Sarg gesegnet, dann verließen die Popen den Pavillon. Die Journalisten packten ihre Geräte ein, die Galeristen gingen ins Haus, um sich beim Leichenschmaus über Kunst – und sicher auch über weitere Geschäfte – zu unterhalten, dafür drängten nun die anderen Trauergäste ins Mausoleum, um einen Blick auf den Sarg zu erhaschen. Immer wieder waren die Worte *Agios*

Xaver[14] zu hören, gefolgt von herzlichem Lachen. Die Griechen nahmen es wirklich mit Humor.

Gertrud hatte während der ganzen – Trauerfeier? Verkaufsveranstaltung? Ich war mir nicht sicher, wie ich das Ereignis korrekt bezeichnen sollte – die Rolle der trauernden, leidenden, aber tapfer gefassten Tochter gespielt. Die Trauer nahm ich ihr ab. Doch ich war mir sicher, sie trauerte nicht um ihren toten Vater, sondern um die entgangenen 80.000 Euro Gewinn, die Dr. Uhlmann für sich gemacht hatte. Dass auch sie an einem einzigen Tag um 100.000 Euro reicher geworden war, war da wohl bedeutungslos.

Wie recht ich mit meiner Vermutung hatte, zeigte sich kurz nach der Messe: Gertrud verlangte von Dr. Uhlmann, der sie schrecklich betrogen habe, unverzüglich seine Koffer zu packen und ihr Haus zu verlassen. Dass sie ohne seine Hilfe keinen einzigen Euro für die Kunstwerke ihres Vaters erzielt hätte, schien sie nicht zu verstehen.

Gertrud traf noch weitere Entscheidungen. Mein Hausverbot wurde erneuert, obwohl ich mir diesmal nichts hatte zuschulden kommen lassen, auch Manni setzte sie vor die Tür. Ihn beschuldigte sie, Werkzeuge gestohlen zu haben, und wollte ihn nicht mehr sehen. Manni nahm seinen Rausschmiss mit regungsloser Miene hin, nur seine Freundin protestierte lautstark gegen diese Behandlung. Was Gertrud nicht im geringsten interessierte.

Ich war im Grunde genommen froh über meinen Platzverweis, gab er mir doch die Möglichkeit, die Veranstaltung vorzeitig zu verlassen – so viel geballte Verlogenheit schlug mir aufs Gemüt. Daphni war der gleichen Ansicht. Wir gingen hinunter an den Strand, wo es nach dem Gedränge bei der Totenmesse herrlich ruhig war.

Im Sommer wurde der Strand täglich gereinigt, jetzt im Winter machte sich niemand die Mühe. Dadurch sammelte sich das Treibgut an: Plastiktüten, achtlos weggeworfene Flaschen, Treibholz und Bambus. Das Riesengras wuchs auf der ganzen Insel wie Unkraut. Gedankenverloren griff ich mir ein Stück Bambus und spielte damit, während wir über den Sand spazierten.

»Stimmt das, was Du vorhin gesagt hast?« fragte Daphni. »Kommt ihr mit den Ermittlungen wirklich nicht weiter?«

Ich wollte schon antworten, überlegte es mir dann jedoch anders. »Möchtest Du wirklich über den Fall sprechen?«

---

[14] Griechisch: Heiliger Xaver

Sie blieb stehen und sah mich ernst an. »Ich möchte weder über den Professor, noch über den Mord und schon gar nicht über eure Ermittlungen sprechen, sondern über Dich. Doch ich sehe, wie es Dich beschäftigt.« Dann sagte sie etwas, was mich tief traf: »Ich sehe auch, wie es Dich kaputt macht.«

»Was meinst Du damit? Wir haben doch ausführlich über mein Verhältnis zum Professor gesprochen und ich dachte, das wäre geklärt. Für mich jedenfalls ist es das.«

Sie drehte sich um und ich fürchtete schon, ich hätte sie beleidigt. Doch Daphni deutete auf den Himmel, wo einige Möwen ihre Kreise zogen. »Ich wollte immer eine Möwe sein. Frei, ungebunden. Und Du? Welches Tier möchtest Du sein?«

»Ist das wieder eines Deiner Psychospielchen?«

Sie antwortete nicht. Ich trat hinter sie, legte meine Arme um sie. »Wenn es Dir soviel bedeutet: Ich wollte immer ein Adler sein. Nicht wegen der Freiheit, sondern weil ich von dort oben alles sehen kann. Vielleicht auch, weil Adler so stark sind.«

»Weißt Du, was Du für mich bist?«

Vermutlich ein Elefant, dachte ich, einer, der im Porzellanladen rumtrampelt. Ich hätte nicht weiter danebenliegen können.

»Du bist für mich ein Hering.«

Überrascht zuckte ich zurück. Sie drehte sich zu mir um. »Hast Du Dich schon mal gefragt, warum die Menschen so ein Aufheben um Wale machen?«

Derart sprunghaft hatte ich Daphni noch nie erlebt. »Willst Du mir jetzt sagen, ich sei ein Wal?«

Sie schüttelte den Kopf. »Sag mir einfach, warum Wale etwas Besonderes sind. Warum Menschen soviel Kraft und Geld aufwenden, um einen einzigen Wal zu retten.«

»Weil das Leben kostbar ist?« Falsche Antwort, dachte ich im gleichen Moment, in dem ich es sagte. Sonst würden nicht täglich Millionen von Tieren in die Kochtöpfe wandern.

»Weil ihnen der Wal Respekt einflößt. Ich hab im Fernsehen gesehen, wie man einem toten Wal den Bauch aufgeschlitzt hat. Weißt Du, was da rausgekommen ist? Hunderte von toten Heringen. Und das war nicht einmal ein großer Wal. Das Leben, so kostbar es sein mag, spielt folglich keine Rolle. Denn ein einziger geretteter Wal bedeutet für viele Heringe den Tod.«

»Glaubst Du, ich will mich fressen lassen?«

»Ja.« Es klang todernst. »Du lässt Dich von Deinen Problemen auffressen. Wie ein Hering.« Sie deutete auf das Haus des Professors, das vom Strand aus gut zu sehen war. »Erst waren es Deine Probleme mit dem Schreiben. Dann Dein Verhältnis zu Deiner Arbeit. Jetzt sind es die Ermittlungen, die nicht vorangehen. Du glaubst, Du bist für alles verantwortlich. Deine Bücher taugen nichts, der Professor ist nur gestorben, weil Du über seinen Tod schreiben wolltest, und wenn der Mord jetzt nicht aufgeklärt wird, glaubst Du, Du hast schon wieder versagt.«

»Stimmt das etwa nicht?«

Sie öffnete den Mund, sagte aber nichts, sondern machte die Bewegungen eines Fisches nach, der auf dem Land liegt und nach Luft schnappt.

»Das bist Du. Ein Hering, der glaubt, an seinen Problemen zu ersticken. Wenn ich Dir nun sage, dass Du kein einziges Problem hast?«

»Ich und kein einziges Problem?« Vor Überraschung blieb mir wirklich der Mund offenstehen.

»Kein einziges. Deine Bücher sind gut, ich habe in den letzten Tagen zwei davon gelesen. Die Figuren sind weder flach noch ist die Handlung seicht. Doch seit ich Dich kenne, grübelst Du, wie Du Deine Figuren lebendiger gestalten kannst. Das sind doch Deine Worte, die Du immer gebrauchst, richtig?«

»Richtig. Da habe ich noch Defizite.«

»Blödsinn.« Sie sagte es sehr bestimmt und ziemlich aggressiv. »Du hast keine Defizite, sondern Du bist an jemanden geraten, dem Dein Stil nicht gefallen hat. Ich denke, das passiert jedem Schriftsteller: Man kann es nicht allen recht machen.«

Ich wollte einwenden, dass es sich in diesem Fall nicht nur um einen einzelnen Leser, sondern um einen Agenten aus Hollywood handelt, dessen Meinung leider viel Gewicht hat. Doch Daphni war noch nicht fertig.

»Ein Buch besteht nicht nur aus Figuren, es besteht auch aus Handlung. Was ich von Dir gelesen habe, ist spannend. Und lebendig. Was also willst Du daran ändern? Zumal es Deinen Lesern offenbar gefällt.«

Wie konnte ich ihr am besten erklären, dass Schreiben ein kontinuierlicher Lernprozess ist? Dass es immer noch besser geht? Doch das war nicht, worauf Daphni hinauswollte.

»Der Professor war 30 Jahre älter als Du. Er hatte Dir 30 Jahre Lebenserfahrung voraus. Du aber glaubst, Du wärst für seinen Tod verantwortlich. Wenn er sich, wie Du vermutest, wirklich selbst umgebracht hat, dann gewiss nicht, weil Du ihn auf die Idee gebracht hast, sondern weil er selbst es so wollte. Ich sage Dir aber offen, dass ich nicht an seinen Selbstmord glaube. Selbstmörder senden vorher Zeichen aus, sie suchen Hilfe. Beim Professor gab es diese Zeichen nicht. Weder in Sokraki noch auf seiner Geburtstagsfeier. Der dachte an alles mögliche, nur nicht an seinen Tod.«

»Aber der Sarg?«

»Der Sarg ist ein Sarg. Glaubst Du, jeder, der einen Sarg baut, will sofort darin beerdigt werden? Dann gäbe es bald keine Sargbauer mehr.«

Ich wollte widersprechen, kam aber nur dazu, wie ein Hering zu japsen. Denn Daphni war noch immer nicht fertig.

»Jetzt zu Deiner Theorie, Du könntest den Mord durch Deine Arbeit heraufbeschworen haben. Glaubst Du ernsthaft, nur weil Du über einen Mord schreibst, kommt jemand auf die Idee, diesen Mord auch auszuführen? Roberto: Du bist Krimischreiber. In Deinen Büchern sterben viele Menschen. Für wieviele Morde fühlst Du Dich verantwortlich?«

»Nur diesen einen,« gab ich zähneknirschend zu. »Sonst wäre ich ein Massenmörder.«

»Eben. Die Leute lesen Deine Krimis zur Unterhaltung, nicht, um sich Anregungen für einen echten Mord zu holen. Und jetzt zum wichtigsten Punkt.«

»Kommt noch mehr?« fragte ich besorgt.

»Das ist der letzte. Du bist frustriert, weil die Ermittlungen nicht vorangehen. Und wenn ich Dein Verhältnis zu Harko richtig einschätze, fühlst Du Dich ihm unterlegen. Roberto: Du bist kein Polizist, Du bist Autor. Es ist nicht Deine Aufgabe, echte Verbrechen aufzuklären. Harko hat das gelernt, es ist oder war sein Beruf. Du sollst nur über Verbrechen schreiben. Spannende Bücher. Keine Tatsachenberichte. Verstehst Du das?«

Ziemlich kleinlaut gab ich ihr recht. »Das habe ich wohl vergessen.«

Sie schnaufte befriedigt. »Und jetzt hör endlich auf damit, Dich wie ein Hering zu benehmen. Sei ein Adler. Beobachte. Fliege. Und schreibe endlich wieder.«

Hatte sie mir nicht vor wenigen Tagen erst versprochen, mir meine Selbstzweifel wegzutherapieren?

Sie deutete auf den Bambus in meiner Hand. »Stell Dir vor, das wären alle Deine Probleme, die Du ständig mit Dir rumträgst. Und jetzt entscheide Dich: Willst Du sie weiter mit Dir rumschleppen oder willst Du Dich von ihnen trennen?«

Ich brauchte nicht lange zu überlegen. Ich holte weit aus und warf den Bambus ins Meer. Und fühlte dabei: Das war nicht nur ein Stück Bambus, das war mehr. Viel mehr. Das war alles, was mich in den letzten Wochen bedrückt hatte. Ich fühlte mich frei und unbeschwert.

Bis ich Daphnis erschrockenes Gesicht sah.

»Du blutest ja.«

Meine Handfläche war vollkommen rot.

»Du hast Dich an dem blöden Bambus geschnitten!«

Sie holte ein Papiertaschentuch aus ihrer Handtasche und machte meine Hand sauber. Zuerst sah ich ihr neugierig zu, dann fing ich schallend an zu lachen. Irritiert sah sie mich an. »Damit ist nicht zu spaßen!«

»Aber siehst Du denn nicht, was das bedeutet?«

»Doch,« sagte sie. »Das bedeutet, dass Du nicht mit Bambus spielen sollst, der scharf ist wie ein Messer!«

»Aber nein! Das bedeutet etwas völlig anderes. Nicht die Tiefe meiner Figuren ist es, die meinen Büchern fehlt: Sie brauchen Blut! Keine Giftmorde mit langwierigen Ermittlungen, sondern blutige Schießereien, Messerstechereien. Action! Das ist es.«

Mit einem Schlag waren all die Mauern verschwunden, die mich in den letzten Wochen eingeengt hatten. Mein Schultergucker aus Hollywood? Ich gab ihm einen Tritt in den Hintern und sah befriedigt zu, wie er neben dem Bambus im Meer versank. Professor Hintermooser und sein Kunstverständnis: Sie folgten kurz darauf und dümpelten im Edelstahlsarg auf den Wellen. Harkos ständige Sticheleien über meine mangelhaften Kenntnisse der echten Polizeiarbeit: Ich packte sie in eine Akte und steckte sie in einen Stahlschrank, ganz hinten. Den Schlüssel zu dem Schrank versenkte ich ebenfalls im Meer.

Als ich damit fertig war, fühlte ich mich wohl. So wohl, dass ich Daphni umarmte, mich mit ihr in den warmen Sand fallen ließ und sie stürmisch küsste.

»Was war das jetzt?« fragte sie keuchend, als ich sie wieder losließ. Diesmal jappste sie wie ein Fisch auf dem Trockenen.

»Das war ich,« sagte ich lachend. »Roberto Bardéz, feuriger Liebhaber, erfolgreicher Krimiautor und derzeit unsterblich verliebt in die wunderbarste Frau, die es auf der Welt gibt.«

Vergessen waren all die Diskussionen, wir wandten uns wichtigeren Dingen zu: In einer langen Testreihe versuchten wir, Unterschiede zwischen der griechischen und der argentinischen Art des Küssens herauszufinden.

Ich schwebte auf Wolke sieben, erst Harko brachte mich am Abend zurück in die Realität. Er kam auf seiner Harley vorbei, um mit mir zu Perikles, unserem – oder sollte ich besser sagen: seinem? – letzten Verdächtigen zu fahren. Als wir durch die Agios Georgios Bucht fuhren, zeigte er mir ein Appartement, das er für Dr. Uhlmann und seine Gattin besorgt hatte, die Beiden wollten noch Urlaub machen.

Unser, oder besser: Harkos Auftritt bei Perikles war kurz. Harko sagte ihm auf deutsch, er sei der übelste Schurke auf dieser Insel, er habe den Finger von Agios Spiridon geklaut und überhaupt wisse Harko, dass Perikles der Mörder sei. Worauf Perikles lächelte und auf griechisch fragte: »Was sagt er da? Ich verstehe kein Wort.«

In meinen Krimis kommt es oft vor, dass sich die Ereignisse so stark verwickeln, bis keiner der Beteiligten mehr weiß, wie es weitergeht. Dann geschieht etwas Überraschendes und der Knoten geht auf: Wie bei einer verwickelten Rolle spulen sich die einzelnen Fäden wieder ab und führen unweigerlich zur Auflösung.

Dieses Prinzip war mir seit Jahren in Fleisch und Blut übergegangen, ich glaubte, es würde nun auch in Wirklichkeit so kommen. Das Gespräch mit Daphni am Strand hatte den Knoten durchschlagen und jetzt, dessen war ich mir sicher, löste sich alles in Wohlgefallen auf. Wie sich zeigte, war dies nicht der Fall: Das Leben wurde in den folgenden Tagen schrecklich kompliziert.

Zum Glück ahnte ich nichts davon und machte mich stattdessen, befreit, entspannt, und, wie ich inzwischen weiß, ziemlich naiv wieder an die Arbeit. Zuerst widmete ich mich dem Agenten aus Hollywood, den ich inzwischen als Auslöser meiner Schreibprobleme ansah. Seinen Geist hatte ich in der Agios Georgios Bucht versenkt, mochten sich die Fische an ihm den Magen verderben.

Seinem Körper ließ ich, natürlich nur in meiner Phantasie, schlimmeres angedeihen. Er wurde von den Geschäftspartnern, die er betrogen hatte, in eine Falle gelockt und den Piranhas zum Fraß vorgeworfen. Im Schein der untergehenden Sonne gellten seine Todesschreie über die Wasser des Amazonas.

Ich gestaltete die Szene besonders blutrünstig: Das aufgewühlte Wasser, als sich die immer hungrigen Killer-Fische zum erstenmal auf ihn stürzten, sich in seine Beine verbissen und ihm bei lebendigem Leib große Stücke Fleisch herausrissen, seine verzweifelten Versuche, sich an Mangrovenstrünken aus dem Wasser zu ziehen, die hässlichen, aber befriedigten Fratzen seiner Mörder, die ihm auf die Finger traten und lachten, als er zurückfiel in das morastige Wasser, wo sich sein Schicksal schließlich erfüllte.

Ich legte all meine Wut, Frustration und Enttäuschung in diese Beschreibung, genoss die wohligen Schauer, die ich beim Schreiben empfand – und warf die ganze Szene, kaum dass sie fertig war, in den Papierkorb. Denn für einen ganzen Roman hätte ich mich wochenlang mit dem Agenten beschäftigen müssen und dazu hatte ich nicht die geringste Lust.

Stattdessen las ich mir durch, was ich im ersten Anlauf über die Ermordung des Professor geschrieben hatte. Ich fühlte keinerlei Verpflichtung mehr in mir, den echten Mord, falls es überhaupt ein Mord war, aufklären zu müssen. Ich war nur neugierig, ob ich mit literarischen Methoden und den Informationen, die mir inzwischen über die Verdächtigen zur Verfügung standen, den Täter überführen konnte.

Harko als Kriminalbeamter zäumte das Pferd in meinen Augen von hinten auf: Seine Ermittlungen setzten erst ein, wenn bereits etwas geschehen war. Nach der Tat versuchte er, die Ereignisse zu rekonstruieren. Als Schriftsteller aber ging ich den umgekehrten, den *zeitrichtigen* Weg: Ich versetzte mich in die Lage des Mörders und begann mit seinen Mordplänen. Nur beim Schreiben folgte ich dann meist dem klassischen, dem polizeilichen Ansatz und rollte die Ereignisse für den Leser wieder von hinten her auf.

Vier Verdächtige waren nach dem, was wir inzwischen wussten, übrig geblieben: Gertrud, die habgierige Tochter des Professors, Dr. Uhlmann, sein geschäftstüchtiger Kollege, Frau Uhlmann, die ehemalige Geliebte, sowie Manni, der schweigsame Helfer. Einer dieser vier hatte, mit Hilfe einer weiteren Person, den Mord geplant und durchgeführt.

Harko hätte es kriminalistische Theorien genannt, für mich waren es Gedankenspiele: Ich entwickelte Szenarien, in denen jeder der Verdächtigen der Mörder war.

Die erste war Gertrud. In meinem ersten Entwurf der Geschichte war der Professor vergiftet worden, was Gertrud automatisch zu einer Hauptverdächtigen gemacht hätte: Gift war die bevorzugte Waffe von Frauen. In Wirklichkeit war der Professor mit Hilfe der Kalten Sophie erschlagen worden – und diese Art zu morden konnte ich keinem Geschlecht zuordnen. War Gertrud in der Lage, einen derart komplizierten Plan auszuhecken? Die Plastik zu manipulieren, ihren Vater hinauszulocken und ihn dann kaltblütig unter Sophie zu begraben?

Wieder und wieder las ich Gertruds Horoskop durch, verglich es mit meinen eigenen Erfahrungen, die ich mit der Tochter des Professors gemacht hatte. Und ich sah mir die Bilder an, die ich auf der Geburtstagsfeier aufgenommen hatte.

Ihr faltiges Gesicht mochte die perfekte Tarnung sein, die alle Gefühlsregungen versteckt; auf den Bildern sah ich nur Verbitterung und Neid, aber keine Mordlust. Verschlagen genug mochte sie sein, aber war sie auch clever genug, einen solchen Plan auszuhecken und durchzuführen?

Je mehr ich darüber nachdachte, desto unwahrscheinlicher erschien mir dieser Ansatz. Gertrud hätte die Gelegenheit genutzt, ihren bereits verunglückten und hilflosen Vater sterben zu lassen, doch dies wäre ein spontaner Akt gewesen, keinesfalls geplant.

Am meisten Probleme bereitete mir das von Harko belauschte Gespräch – die beiden Täter, die über den Plan gesprochen hatten, mussten sich gut miteinander verstehen. Gertrud aber stand mit jedem auf Kriegsfuß, hatte sich nach dem Tod ihres Vaters offen mit allen anderen Verdächtigen überworfen. Geschickte Tarnung oder schlichte Dummheit? Ich entschied mich, ihrem Verhalten das Etikett *Dummheit* anzuheften und stellte sie als Verdächtige erstmal beiseite.

Nach dem Motto *Ladies first* erkor ich mir als nächste Frau Uhlmann zur Täterin. Sie hatte mit ihrem Mann lange genug Zeit gehabt, den Mordplan auszuarbeiten. Angeblich war ihre Ehe nicht gut, ihrem Horoskop nach war sie ständig auf der Suche nach Liebe, die sie von ihrem Lebenspartner nur unzureichend bekam. Für dumm hielt ich Frau Uhlmann keineswegs, aber für naiv. War diese Naivität echt oder gespielt?

Ich skizzierte Frau Uhlmann als Racheengel, als böse Frau, die nur so tut, als wäre sie noch in den Professor verliebt. In Wirklichkeit aber hegte sie einen fürchterlichen Groll gegen ihn. Das erschien mir plausibel. Weniger plausibel erschien mir, wie sie ihren Mann in ihren Racheplan einbeziehen sollte. Die Beiden könnten an langen Abenden über das Thema Mord sprechen, und dabei, vielleicht aus einer dummen Bemerkung heraus, einen Plan entwickeln und beschließen, das zerstrittene Ehepaar zu spielen. Sie konnten sich sogar darauf einigen, sich gegenseitig zu beschuldigen, um Verwirrung zu stiften. Alles schon mal dagewesen. Was wusste man denn als Außenstehender, wie es wirklich in einer Ehe aussah? Die Beiden mochten sich in der Öffentlichkeit streiten, in Wahrheit aber ein Herz und eine Seele sein.

Wären da nicht die Horoskope gewesen. Denen zufolge stand es mit der Ehe wirklich nicht zum Besten: Sie, die Frau mit den vielen Abenteuern, er der liebende, aber frustrierte Ehemann. Keine guten Voraussetzungen für ein kaltblütiges Killerpärchen.

Und welche Motive sollte Dr. Uhlmann haben, seiner Frau bei der Rache an einem ehemaligen Liebhaber behilflich zu sein? Wenn die häufigen Seitensprünge von Frau Uhlmann der Wahrheit entsprachen und sie gegen jeden Verflossenen einen Groll hegte, mussten die Uhlmanns in München eine blutige Spur hinterlassen haben. Das war eine interessante Idee für einen Krimi über zwei Psychopathen, aber als Motivation für den Mord an Professor Hintermooser weit hergeholt. Ich strich auch Frau Uhlmann von der Liste meiner möglichen Täter.

Nun der umgekehrte Fall. Nicht sie, sondern ihr Gatte war die treibende Kraft hinter dem Mord. Das sah schon besser aus. Der Doktor mochte über die zahlreichen Affären seiner Frau hinwegsehen, vielleicht hielt er es selbst mit der ehelichen Treue nicht so genau. Den Seitensprung mit einem Kollegen, vielleicht sogar einem echten Freund, den mochte er dagegen anders sehen. Er will sich am Professor rächen, zwingt gar seine Frau, bei dem Mord mitzumachen, und die Gute, von Gewissensbissen geplagt, versucht verzweifelt, uns auf die richtige Spur zu bringen. Das gefiel mir deutlich besser, auf diesem Ansatz ließ sich sogar ein guter Krimi aufbauen.

Ich investierte einen halben Tag in die Ausarbeitung dieser Alternative. Er, der kaltblütige Rächer, sie, die folgsame Komplizin, der Besuch auf Korfu: die ideale Gelegenheit. Bis zum Mord schrieb sich die Geschichte äußerst flüssig. Dann aber kam ich nicht weiter. Als rachsüchtiger Mörder hätte Dr. Uhlmann alles getan, um seinen Nebenbuhler auch über den Tod hinaus zu zerstören, er hätte dafür gesorgt, dass dessen Werke der Vergessenheit anheim fallen. Den Feind zu töten und ihm dann zu ewigem Ruhm in der Kunstwelt zu verhelfen? Einen solchen Unsinn hätte ich keinem meiner Leser weismachen wollen.

Blieb Manni als letzter Verdächtiger. Die Kalte Sophie zu präparieren wäre für ihn eine Kleinigkeit gewesen. Den Professor mitten in der Nacht zu seiner Statue zu locken, hätte für Manni auch kein Problem dargestellt. Ich traute ihm durchaus zu, unbemerkt ins Haus zu gelangen, dem Professor mit Hinweis auf den Sturm Angst einzujagen und ihn auf diese Weise nach draußen zu locken und zu meucheln.

Nur: Was hätte er davon? Die Kunstwerke waren verkauft, ohne dass Manni einen einzigen Euro davon gesehen hatte, das Haus gehörte jetzt Gertrud, und seit dem Tod des Professors hatte Manni auch keine Einnahmen mehr. Außerdem war Manni nicht raffiniert genug, einen solchen Plan selbst auszuhecken, ich traute ihm auch nicht zu, einen der anderen Verdächtigen als Komplizen zu gewinnen.

Keinen der anderen Verdächtigen... Wie Schuppen fiel es mir von den Augen: Conny! Sie war die treibende Kraft hinter allem! Sie hatte den Plan ausgeheckt und Manni mit der Durchführung beauftragt: Ermorde den Professor, reiß Dir sein Haus und seine Kunstwerke unter den Nagel und wir haben für den Rest unseres Lebens ausgesorgt. Natürlich! Und Manni, der brave Trottel, hatte alles gemacht. Hatte den Professor nach Connys Plan ermordet. Und dann alles vermasselt. Gertrud hatte ihm das Haus abgeluchst, Dr. Uhlmann die Kunst versilbert und Manni war wieder leer ausgegangen, wie so häufig in seinem Leben.

Ich war dermaßen aufgeregt über meine Schlussfolgerung, ich rief sofort Harko an.

»Papa ist nicht da,« sagte mir Tina am Telefon, »der ist in Athen. Mama ist auch nicht da, die arbeitet wieder. Sie will eine eigene Praxis aufmachen. Ist das nicht toll?«

Ob Marianne wieder als Tierärztin arbeitete oder nicht, war mir gleichgültig, ich wollte mit Harko sprechen. Ich versuchte es auf seinem Mobiltelefon, das war abgeschaltet. Nicht mal die Mailbox ging ran.

Ich musste mit jemandem über meine Entdeckung reden. Ich rief Daphni an. Es wurde unser kürzestes Telefonat. Sie hörte mir nicht einmal zu, sagte nur: »Es ist aus mit uns« und legte auf. Als ich sofort noch einmal anrief, hörte ich nur das Besetztzeichen.

Wie ein Adler hatte ich mich in den letzten beiden Tagen in die Luft geschwungen, hatte mir meinen Platz im Reich der Phantasie zurückerobert, hatte mit stolz ausgebreiteten Schwingen über meinem kleinen Reich geschwebt. Mitten im Flug hatte mich nun ein Pfeil getroffen, mein Herz durchbohrt und mich zu Boden stürzen lassen.

»Es ist aus mit uns.«

Die Worte dröhnten in meinen Ohren. Nahm mir Daphni übel, dass ich am Strand stürmisch geworden war? Hatte ich eine Grenze überschritten, die ich nicht hätte überschreiten dürfen? Das hätte sie doch sagen können!

Mit einem Schlag verspürte ich wieder die Schwermut, die mich in den letzten Wochen umfangen hatte, meine Welt, noch vor wenigen Minuten so farbenprächtig, war wieder grau in grau.

»NEIN!!!« sagte, nein, schrie ich mich selbst an, »so geht das nicht. Daphni hat mich aus meinem Tief herausgeholt, sie wird mich jetzt nicht wieder hineinstoßen wollen. Es kann nur ein Missverständnis sein, darüber lässt sich reden.«

Kurzentschlossen setzte ich mich in meinen Wagen und fuhr in die Stadt. An Daphnis Wohnungstür klingelte ich Sturm. So lange, bis ein anderer Hausbewohner wutend das Fenster aufriss und brüllte: »Hören Sie auf! Frau Stavropoulos ist nicht zu Hause.«

»Wo ist sie denn?«

»Weiß ich nicht,« kam als Antwort zurück, dann wurde das Fenster zugeknallt.

Ich war entschlossen, Daphni zu finden und sie zur Rede zu stellen. Zuerst versuchte ich es bei Konstantinos, doch der war auch nicht zu Hause, danach ging ich zu allen Orten, an denen ich mit Daphni gewesen war. Sie war nicht am Liston, nicht im Kokoria, auch nicht in einem der vielen Cafés oder einer der Tavernen, in denen ich nach ihr suchte. Um elf stand ich wieder vor ihrem Haus, klingelte, bekam wieder keine Antwort. Nicht einmal das Fenster wurde geöffnet. Zum erstenmal, seit ich auf Korfu lebe, fühlte ich mich einsam und allein.

Vernünftig wäre es gewesen, in den Wagen zu steigen, nach Hause zu fahren und eine Flasche Whisky zu trinken. Am nächsten Morgen könnte ich Daphni im Büro anrufen. Doch mir graute vor der Fahrt nach Afionas, mir graute vor der Nacht in meinem Haus. Und auf den Whisky hatte ich nicht die geringste Lust.

Mutlos und deprimiert setzte ich mich vor Daphnis Tür auf den Boden. Jetzt müsste es nur noch regnen, dachte ich frustriert, dann wäre das Bild des Jammers perfekt. Petrus hielt an diesem Abend nichts von melodramatischen Effekten, es regnete nicht, war nur lausig kalt.

Mitternacht ging vorüber, es wurde ein Uhr, zwei Uhr, die Stadt wurde ruhig, doch Daphni kam nicht. Irgendwann nickte ich ein.

»Was machst Du denn hier?«

Schlaftrunken öffnete ich die Augen.

»Daphni?«

Sie stand vor mir, sah mich kopfschüttelnd an. Ich wollte aufspringen, sie umarmen, doch mein rechtes Bein war eingeschlafen. Kaum dass ich stand, kippte ich um, fiel gegen sie und riss sie mit mir zu Boden. Daphni fiel unsanft auf ihren Allerwertesten, ich landete bedeutend weicher auf ihr, bekam aber schon im nächsten Moment einen heftigen Stoß in die Rippen, der mich neben ihr auf die Straße rollen ließ. Sie setzte sich auf und sah mich mit finsterem Blick an.

»Such Dir eine argentinische Schlampe, die auf sowas steht.«

»Mein Bein,« sagte ich, »es ist eingeschlafen.«

Der Fuß brannte wie Feuer, als das Blut wieder richtig zu zirkulieren begann, mühsam versuchte ich aufzustehen.

»Was tust Du hier?« fragte sie zum zweitenmal. »Es ist fast vier Uhr morgens.«

»Ich wollte mit Dir reden.«

»Es gibt nichts mehr zu reden. Es ist aus. Habe ich Dir das nicht klar und deutlich gesagt?«

Ich wollte mich verteidigen. »Ich habe es doch nicht böse gemeint. Ich war nur übermütig. Und glücklich.«

»Von was sprichst Du jetzt?«

»Freitag am Strand,« sagte ich schnell, »als ich Dich in den Sand warf. Deshalb bist Du mir doch böse.«

Sie sah mich verdutzt an. »Wie kommst Du darauf?«

Ich massierte mein schmerzendes Bein. »Mir fällt nichts anderes ein, weshalb Du auf mich wütend sein könntest. Freitag warst Du noch in mich verliebt, zwei Tage später machst Du Schluss mit mir. Dafür muss es doch einen Grund geben.«

»Du bist ein Idiot« sagte sie. Harko hielt mich gelegentlich für einen Idioten, ich selbst hielt mich oft dafür, und nun auch noch Daphni. Vielleicht war ich wirklich einer. »Bei Dir dreht sich alles um Dich selbst. Kannst Du Dir nicht vorstellen, dass…«

Sie konnte den Satz nicht vollenden, in diesem Moment wurde im ersten Stock ein Fenster aufgerissen und ein Mann brüllte: »Ruhe! Streitet euch, soviel ihr wollt, aber leise. Ich will schlafen.«

Daphni stand auf. Sie schien unentschlossen, ob sie mich zum Teufel jagen oder in ihre Wohnung bitten sollte. Zum Glück entschied sie sich für das zweite. »Komm rein,« sagte sie und öffnete die Tür.

Humpelnd folgte ich ihr durch ein spärlich beleuchtetes Treppenhaus in den zweiten Stock des alten venezianischen Stadthauses. So hatte ich mir meinen ersten Besuch in ihrer Wohnung nicht vorgestellt.

Sie führte mich ins Wohnzimmer, das mit einer kleinen Couch und zwei Sesseln ausgestattet war, und bat mich, Platz zu nehmen.

»Warum willst Du Schluss machen?« fragte ich.

»Ich will nicht,« sagte sie, und ich fasste wieder Hoffnung. Nur für eine Sekunde, sie hatte den Satz noch nicht beendet. »Ich habe es bereits getan.« Kaum hörbar fügte sie hinzu: »Es musste sein.«

»Aber warum?«

Zum erstenmal in dieser Nacht verschwand der Zorn aus ihrem Gesicht, stattdessen sah ich Verzweiflung. »Ich bin schwanger.«

Mit allem hatte ich gerechnet, nur damit nicht. In meinem Kopf drehte sich alles, ich konnte keinen klaren Gedanken fassen. Dafür sah ich, wie der Zorn in Daphnis Augen zurückkehrte.

»Siehst Du jetzt ein, was für ein Idiot Du bist? Es hat überhaupt nichts mit Dir zu tun. Ich wollte es Dir so einfach wie möglich machen, Du solltest mich wenigstens in guter Erinnerung behalten. Und jetzt? Jetzt weißt Du, dass ich der letzte Dreck bin.«

Ihre Augen füllten sich mit Tränen.

»Ich… ich… ich wusste nicht, dass es noch einen anderen Mann in Deinem Leben gibt.«

Diesmal drehte sich nichts in meinem Kopf, er war leer, als ich aufstand, um zu gehen. Ich war bereits an der Tür, als ich sie sagen hörte: »Es gibt keinen anderen Mann.«

Ich hielt inne, drehte mich um. »Gerade sagtest Du…«

»Es ist von meinem Ex-Freund. Ich weiß es erst seit gestern.«

Mein Kopf füllte sich wieder, die Worte, die mit »w« beginnen, rasten wie wild durch meine Gedanken. Einige davon fanden den Weg zu meinem Mund: »Wann? Wie? Warum?«

Ihre Antwort bestand zunächst aus einem tiefen Seufzen. Dann folgte die Erklärung. »Als mich mein Freund verließ, hörte ich auf, die Pille zu nehmen. Vor einem Monat wollten wir uns noch einmal aussprechen. Es ist nicht beim Reden geblieben. Ich wollte um ihn kämpfen und habe mit ihm geschlafen. Jetzt blieb meine Regel aus. Gestern habe ich einen Schwangerschaftstest gemacht. Er ist positiv.«

Sie seufzte erneut. »Ich habe mir immer ein Kind gewünscht. Jetzt musste ich mich entscheiden: Du oder das Kind. Ich habe lange darüber nachgedacht.« Sie sah mich mit einem gequälten Gesichtsausdruck an. »Ich will keine Abtreibung. Verstehst Du das?«

Ich kniete mich vor sie auf den Boden. »Warum konntest Du nicht mit mir darüber sprechen?«

Sie drehte den Kopf zur Seite, wollte mir nicht in die Augen sehen. »Du verdienst eine bessere Frau als mich. Keine, die versucht, Dir ein Kind unterzuschieben.«

Ich nahm ihren Kopf in meine Hände. »Du hättest mit mir schlafen können und es wäre mein Kind gewesen. Ich hätte es nie gemerkt.«

»Aber ich hätte es gewusst. Mit dieser Lüge könnte ich nicht leben.«

»Liebst Du mich?« fragte ich.

»Ja,« sagte sie leise. »Aber das spielt jetzt keine Rolle mehr. Du kannst mich nicht mehr lieben.«

Ich legte meine Arme um sie, zog sie an mich. Meine Freundin bekommt ein Kind, doch ich bin nicht der Vater. Die Frau, die ich liebe, ist verzweifelt, doch ich kann sie nicht trösten. Sie liebt mich, doch die Liebe zu ihrem ungeborenen Kind ist stärker. Unsere Träume zerstört, noch bevor wir sie leben konnten? Das hatte ich einmal erlebt und es war schrecklich gewesen. Ich wollte das kein zweitesmal mitmachen. War das schon wieder egoistisch gedacht? Ich wusste es nicht. Ich liebte Daphni und wollte sie nicht verlieren. Das wusste ich.

»Was wäre denn gewesen,« fragte ich sanft, »wenn wir uns erst in einem Jahr kennengelernt hätten? Wenn Du eine alleinstehende Mutter wärst? Und wir uns dann ineinander verliebt hätten?«

»Das wäre etwas vollkommen anderes. Du hättest gewusst, auf was Du Dich einlässt.«

»Und jetzt? Glaubst Du, ich weiß nicht, auf was ich mich jetzt einlasse?«

»Es ist nicht Dein Kind.«

»Willst Du es nicht mit mir teilen?«

Sie setzte sich mit einem Ruck aufrecht hin, sah mich mit großen Augen an. »Was meinst Du damit?«

Ich ergriff ihre Hände. »Hättest Du bereits ein Kind, müsste ich lernen, der Vater zu sein. Wenn Du mich noch immer willst, bleiben mir noch acht Monate, um mich auf diese Rolle vorzubereiten. Ich werde nicht der Erzeuger, aber vom ersten Moment an der Vater sein. Willst Du das? Gibst Du mir, gibst Du uns diese Chance?«

Wir redeten bis zum Morgen. Teils war es das, was sich Liebende zu sagen haben, teils kam ich mir vor wie ein Verschwörer. Daphni akzeptierte mich schließlich als werdenden Vater, kämpfte aber mit der Lüge, die damit verbunden sein sollte: Außer uns beiden würde niemand die Wahrheit erfahren.

Ich war glücklich, dass Daphni mich akzeptierte, ich spürte, wie das Band zwischen uns stärker wurde. Gleichzeitig sah ich in Gedanken Manousos Honigtopf: Ich hatte noch nicht einmal richtig geleckt und schon wurde ich mit der ganzen Verantwortung für eine Familie konfrontiert. Zumal Daphni in einem Punkt absolut strikt war: Intimitäten würde es erst geben, nachdem ich ihren Eltern vorgestellt war.

Wie Daphni den Montag überstand, ohne in der Nacht geschlafen zu haben, und nach all diesen Gesprächen, weiß ich nicht. Ich fiel, kaum nach Afionas zurückgekehrt, todmüde ins Bett und schlief bis zum Nachmittag. Am Abend hätte ich sie gerne gesehen, doch sie würde den Schlaf brauchen. Deshalb ging ich ins Xenichtis. Es war wie jeden Abend gut besucht, die Männer des Ortes tranken Bier und sahen sich ein Fußballspiel an. Seit Griechenland die Europameisterschaft gewonnen hatte, war jeder Grieche Fußballfan.

Ich versuchte, mit Manousos über den Mord an Professor Hintermooser zu sprechen, doch der war nicht interessiert. Der Professor war tot und bestattet, seine Tochter wohnte jetzt in dem Haus und damit war der Fall erledigt. Tote soll man ruhen lassen.

Gegen zehn kam Marianne mit zwei deutschen Freundinnen, die drei setzten sich in eine Ecke des Xenichtis, tranken Daiquiri, den sie selbst mitgebracht hatten, legten eine CD mit heißen Südseerhythmen auf und amüsierten sich prächtig. Innerhalb von zehn Minuten waren der Wirt und ich die einzigen Männer im Xenichtis, alle anderen zog es plötzlich unwiderstehlich nach Hause.

Die Welten von Männern und Frauen sind nicht die gleichen, sagte Manousos zum Abschied, nur unter der Bettdecke gibt es gelegentlich gemeinsame Interessen. Ich mochte es nicht glauben, bis Marianne kurz darauf den Beweis für diese Theorie lieferte: Stolz berichtete sie mir, dass sie Harkos Abwesenheit nutze, um im Haus ihre Tierpraxis zu eröffnen, Harko würde nach seiner Rückkehr vor vollendete Tatsachen gestellt werden.

Die drei Frauen wurden immer fröhlicher, ich immer nachdenklicher. Harko lebte mit einer Sparringspartnerin zusammen, Manousos wühlte sich durch seinen Honigtopf mit Scheiße, ich selbst war in eine keusche werdende Mutter verliebt, die mich, ohne mich zu fragen, fast aus ihrem Leben hinausgeworfen hätte. Doch den Mord an Professor Hintermooser sollten eine Frau und ein Mann gemeinsam ausgeheckt und ausgeführt haben? War so etwas überhaupt denkbar?

Nach einer Stunde kapitulierte auch Konelis, der Wirt des Xenichtis, er überließ den Damen das Feld und bat mich, ein Auge auf die Frauen zu haben, dafür dürfe ich soviel Bier trinken, wie ich wolle. Als er ging, sagte er nur ein Wort: »Weiber«.

Ich saß in einer Ecke, trank mein Bier, ärgerte mich, dass Konelis mir den schwarzen Peter zugeschoben hatte, und dachte nach. Dann hatte ich, wie ich glaubte, eine geniale Idee. Ich fragte Marianne, warum sie nicht auch Conny zu der Party einladen würden. Die Antwort bestand in einem fröhlichen Kreischen, wie die Furien stürzten sie sich zu dritt auf Mariannes Mobiltelefon und riefen Conny an.

»Hallo Conny,« säuselte Marianne deutlich angeheitert, »hier steigt eine Fete. Komm doch rüber… Was wir feiern?« Die drei Frauen sahen sich an. »Was feiern wir eigentlich?« Eine sagte: »Dass heute Montag ist?« Woraufhin alle drei grölten. »Wir feiern, weil heute Montag ist!… Du willst schlafen? Ach komm, Du alte Langweilerin, schlafen kannst Du auch morgen noch. Komm lieber her und schwing das Tanzbein.«

Conny kam, wenn auch mit verschlafenem Gesicht, und mit ihr kam Manni. Das war mehr als ich zu hoffen gewagt hatte: Mein Killer-Duo und das in einer Umgebung, in der ich bestimmt etwas von den Beiden erfahren konnte. Im Geiste rieb ich mir erwartungsvoll die Hände.

Drei Stunden und acht Biere später war ich genauso schlau wie vorher. Manni schluckte ein Bier nach dem anderen, ohne Anzeichen eines Rausches erkennen zu lassen, während sich die Welt um mich herum bereits drehte. Immerhin löste der Alkohol seine Zunge, der große Schweiger wurde redselig. Leider warf er dabei alle meine Theorien über den Haufen. Er schimpfte auf den Professor, kritisierte aber nur seine Arbeit und seine Sturheit, schwärmte jedoch von ihrem guten Verhältnis und klagte, wie sehr ihm der Professor fehlen würde. Den Doktor lobte er über den grünen Klee, der habe erkannt, welches Genie im Professor schlummerte und endlich das getan, was Professor Hintermooser in seinem elitären, künstlerischen Denken nie zuwege gebracht hatte: Er hatte die Kunst bekannt gemacht.

Auf Conny angesprochen, bekannte sich Manni zu seiner Liebe, warf ihr aber vor, nicht energisch genug zu sein. »Die ist so bescheiden, die gibt sich mit allem zufrieden, was sie bekommt. Die haben sie in der DDR ganz schön versaut.« Als ich ihn wegen Gertrud fragte, lachte er zum erstenmal, seit ich ihn kannte, lauthals auf. »Die Spinatwachtel hat bekommen, was sie verdient,« sagte er prustend. »Die Galeristen sind noch am Freitag mit den besten Stücken abgereist, jetzt kommen nur noch Scharen von Neugierigen, die alles sehen, aber nichts kaufen wollen. Die hat kein einziges Stück mehr verkauft, seit sie den Doktor rausgeworfen hat.« Woher Manni das wusste, wo er doch Hausverbot hatte, diese naheliegende Frage kam mir nicht in den Sinn. Stattdessen freute ich mich, dass Gertrud über ihre eigene Habgier gestolpert war.

Manni wollte mit mir auf Gertruds Misserfolg anstoßen, nicht mit Bier, sondern mit Ouzo. Konelis hatte eine Zweiliterflasche Ouzo da, die zu drei Vierteln voll war. Ein Viertel tranken wir auf Gertrud, ein zweites Viertel auf den Professor und den Rest auf alle Frauen dieser Welt, die, darin waren wir uns einig, für viel Verdruss sorgten, ohne die das Leben aber nicht lebenswert wäre. Mit Conny sprach ich an diesem Abend kein Wort.

Es waren nur ein paar hundert Meter vom Xenichtis zu meinem Haus, doch als die Party morgens um fünf zu Ende ging, brauchte ich eine halbe Stunde für den Heimweg. Zweimal landete ich in einem Olivenhain und einmal im Graben – sch… Ouzo.

Die großen Sünden kommen auf die große Rechnung, die kleinen bestraft der liebe Gott sofort: Mein Kater am nächsten Mittag war rekordverdächtig. Ich schluckte eine halbe Packung Aspirin, trank Unmengen von Mineralwasser und wartete den ganzen Tag auf den Abend, um wieder ins Bett zu gehen.

Das aber war mir nicht vergönnt. Um sechs rief Harko an und teilte mir mit, der Doktor sei ein Lügner. Harko hatte sich in Deutschland erkundigt und dabei erfahren, dass ein Künstler nur dann Professor werden könne, wenn er auch als Künstler erfolgreich ist, mithin sei die Aussage des Doktors während der Vernehmung, Professor Hintermooser sei bislang engagiert, aber erfolglos gewesen, schlicht falsch. Was mein Weltbild heftig erschütterte. Um sieben erhielt ich einen Anruf von Daphni, sie habe für diesen Abend das Essen mit dem Doktor vereinbart, um acht stand der Doktor vor meiner Haustür. Seine Frau ließ sich entschuldigen, sie habe Migräne.

Auf der Fahrt in die Stadt erlebte ich den Doktor von einer neuen Seite: Er war so schweigsam wie sonst nur Manni. Kein Wort über Professor Hintermooser, kein Wort über die Beisetzung, kein Wort über den Verkauf der Kunstwerke. Er sah sich nur neugierig die Landschaft an. Es war die perfekte Gelegenheit, ihn auszuquetschen, ihm seine Lüge vorzuhalten, doch auch ich brachte kein Wort heraus – der Ouzo hatte wohl einige kleine graue Zellen erwischt und die Ersatzzellen waren noch nicht aktiviert.

Erst in der Stadt wurde er gesprächig. Als ich den Wagen am Liston parkte, sagte er: »Hier ist aber mächtig was los. Ich dachte, die Saison wäre vorbei.«

Die Cafés am Liston waren gut besucht, die Korfioten tranken ihren Kaffee, bewunderten die hübschen Mädchen und genossen den milden Abend: Das Thermometer stand sicher auf 20 Grad. Daphni hatte kein teures Restaurant ausgewählt, sondern sich für das Kokoria entschieden, Dr. Uhlmann sollte die echte griechische Küche kennenlernen.

Um diese Zeit, es war gerade neun, war das Kokoria noch leer, wir waren die einzigen Gäste. Daphni erwartete uns, nicht wie bei unserem ersten Abend im Hinterzimmer, diesmal hatte sie einen Tisch direkt an der kleinen Bühne gewählt.

Dr. Uhlmann war steif und förmlich, ein Deutscher in einem fremden Land. Er taute erst auf, als das Essen kam: Daphni hatte darauf verzichtet, ihn die teuersten Gerichte auswählen zu lassen, sondern darauf bestanden, da sie und ich die Eingeladenen waren, selbst zu ordern. Zunächst war Dr. Uhlmann enttäuscht, als der Ober nur drei kleine Teller mit Vorspeisen brachte, er lobte höflich den Geschmack, doch ihm war anzusehen, er hatte an ein opulenteres Mahl gedacht.

Daphni hatte ihre Wahl jedoch mit Bedacht getroffen. Eine geschlagene Stunde lang brachte der Ober alle paar Minuten ein neues Gericht: Frische Tiropita, die typisch griechischen Blätterteigtaschen mit Schafskäse, Spanakopita, mit Spinat gefüllten Blätterteig, gebratene Würstchen, überbackenen Schafskäse, fritierte Zucchini, Auberginensalat, Tintenfischsalat, fritierten Tintenfisch, Lamm in Tomatensoße, Kokoretsi, die in Darm eingewickelten Innereien, die über dem Holzkohlengrill gebraten werden. Dazu frisch geröstetes Brot, Salat, Tsatsiki und einen kräftigen Rotwein.

Ich fand es faszinierend, zuzusehen, wie der Doktor, sicher ein Feinschmecker, zunächst skeptisch eine Speise nach der anderen probierte, dann aber, nach griechischer Sitte, von allem gleichzeitig aß.

Dann fing er an zu erzählen. Von seiner Zeit in München, von seinen eigenen Kunstwerken. Als Doktor hätte er eigentlich nicht an einer Hochschule unterrichten dürfen, doch das, so sagte er, gelte nicht für Kunst: Hier zähle nicht der Titel, sondern das Können. Staunend erfuhr ich, dass er keineswegs nur der Kunstkenner war, für den ich ihn gehalten hatte, er hatte eine beeindruckende Karriere als Künstler gehabt, bevor er sich für das Unterrichten entschied.

»Wissen Sie,« sagte er leicht angeheitert, »im Grunde ging es mir damals wie Xaver und vielleicht auch wie Ihnen. Ich träumte von einer Karriere als Künstler, in meinem Fall von der Malerei. Mein Name sollte eines Tages in einem Atemzug mit den großen Meistern des 20sten Jahrhunderts genannt werden, Picasso, Dali, Miro.« Er lachte. »Kennen Sie das Bild des armen Poeten von Carl Spitzweg? Der Dichter, der im Bett arbeitet, unter einem Regenschirm, weil das Dach undicht ist? Ist es nicht eine Ironie, dass ein Maler auf diese Art das Problem aller Künstler auf den Punkt bringt, dafür aber nicht einen armen Maler, sondern einen armen Dichter gewählt hat?«

Daphni widersprach. »Ging es Spitzweg wirklich darum, einen armen Künstler darzustellen? Ich meine, das Bild war in Wirklichkeit ein politischer Angriff auf die herrschende Klasse.«

»Sie meinen wegen der Zipfelmütze, die der Poet trägt? Die später zum Symbol des politischen Widerstands wurde?« Dr. Uhlmann sah mich an und schmunzelte. »Sie müssten dieses Problem doch kennen: Sieht nicht jeder Ihrer Leser nur das, was er sehen möchte?«

»Über Zipfelmützen habe ich noch nichts geschrieben und ich hoffe doch, dass meine Werke nicht so freizügig interpretiert werden, dass man mir ein Kleidungsstück als politischen Protest auslegt. Aber sonst haben Sie recht.«

Während ich an der literarischen Aufarbeitung des Mordfalls gearbeitet hatte, waren mir tausend Fragen durch den Kopf gegangen. Jetzt hätte ich sie stellen können. Doch was tat ich? Nichts. In meinem Kopf war alles leer.

»Für mich,« sagte der Doktor, »hat Spitzweg die Situation aller Künstler auf den Punkt gebracht: Viel Hoffnung, viele Träume, aber insgesamt eine brotlose Kunst. Als ich meine Frau kennenlernte, liebte sie den Künstler in mir, doch als es ans Heiraten ging, verlangte sie Sicherheit. Bei Xaver war es ähnlich: Auch er musste sich zwischen Kunst und Familie entscheiden. Wir sind den sicheren Weg gegangen, haben auf die künstlerische Karriere verzichtet und ein bürgerliches Leben gelebt.«

Ich dachte an Harkos letzte Information, konzentrierte mich und brachte endlich die entscheidende Frage heraus: »Bei der Vernehmung sagten Sie, Professor Hintermooser habe allenfalls Achtungserfolge bei Kollegen erzielt. Jetzt sagen Sie, er wäre erfolgreich gewesen. Was stimmt denn nun?« Harko hätte ihm auf den Kopf zugesagt, dass er lügt, doch ich wollte ihm wenigstens ein Hintertürchen offenlassen. Wie sich zeigte, brauchte er das gar nicht.

»Xaver war talentiert,« sagte Dr. Uhlmann mit wehmütigem Unterton, »ich würde sogar sagen, er war begnadet. Er hatte erste Erfolge und stand am Beginn einer vielversprechenden Karriere als Bildhauer, nur deshalb hat man ihm die Professur angeboten. Doch…« Er seufzte. »Wissen Sie, zu der Zeit kam Beuys in Mode und Xaver war fasziniert von ihm. Beuys behauptete, in jedem stecke ein Künstler und Begabung spiele keine Rolle. Xaver ging schließlich so weit, ein angeborenes Talent als unfairen Vorteil zu betrachten und widmete sich nur noch der Aktionskunst. Das Ergebnis können Sie sich vorstellen: Wer sich nackt und mit grellen Farben bemalt vor ein Monument stellt und behauptet, das sei Kunst, begeistert vielleicht eine Handvoll Kritiker, stößt aber das Publikum ab.«

»Sie konnten dem nichts abgewinnen?« fragte Daphni neugierig.

Der Doktor schmunzelte. »Auf einer Vernissage sagte vor Jahren eine dem Traditionellen verhaftete Künstlerin zu einer Freundin, die gerade von der Toilette zurückkam: Warum spülst Du das weg? Geh nach nebenan, da stellen sie Deine Scheiße als Kunst in einer Vitrine aus.«

Daphni lachte Tränen.

»Kunst muss neue Wege gehen, da gebe ich Xaver durchaus recht. Doch ich habe mich immer geweigert, derartige Auswüchse als Kunst zu bezeichnen. Das sind Eintagsfliegen. Letztendlich setzt sich immer das Talent durch – Kunst hat für mich etwas mit Schönheit und Faszination zu tun, nicht mit Schockieren. Dass Xaver das in seiner letzten Schaffensperiode endlich akzeptiert hat, hat mich wirklich gefreut.«

»Tut es Ihnen leid, dass Sie auf Ihre eigene Karriere verzichtet haben?«

Dem Horoskop nach, das Daphni von Dr. Uhlmann erstellt hatte, war ihm dieser Lebensweg vorgegeben.

Er wirkte melancholisch. »Sie meinen, ob es die richtige Entscheidung war, auf Sicherheit statt auf Selbstverwirklichung zu setzen?«

»Würden Sie sich, wenn Sie heute die Wahl noch einmal hätten, wieder so entscheiden?« Daphni sah den Doktor neugierig an.

Dr. Uhlmann nippte an seinem Glas. »Ganz ehrlich? Ich weiß es nicht. Eine Karriere als Künstler würde mich noch immer reizen, doch wenn ich sehe, welche Probleme Xaver mit seiner Selbstverwirklichung hatte, bin ich mir nicht mehr sicher. Andererseits war der Weg, den ich gegangen bin, auch nicht der beste – die Familie, von der ich geträumt habe, ist mir versagt geblieben. Ich schätze, wie man´s macht, ist es falsch – irgend etwas fehlt immer.«

Daphni lächelte. »Falls es Sie tröstet: Sie sind genau den Lebensweg gegangen, der Ihnen in Ihrem Horoskop vorgegeben wurde.«

Dr. Uhlmann sah sie überrascht an. »Das steht in meinem Horoskop?«

Daphni kam nicht dazu, die Frage zu beantworten, genau in diesem Moment fing die Musik an zu spielen. Die Band bestand aus drei Männern, zwei Gitarristen und einem Bouzouki-Spieler, die griechische Volksmusik darboten. Nicht die Lieder, die die Touristen gerne hören, sondern Musik für das griechische Publikum. Erst jetzt merkte ich, wie voll das Kokoria inzwischen geworden war.

Die ersten Songs dienten zum Aufwärmen, viele Gäste lauschten nur mit halbem Ohr. Dann sangen die ersten mit, auch Daphni stimmte mit ein. Erstaunt stellte ich fest, welch schöne Stimme sie hat.

Ungefähr nach einer Stunde trat ein Mann vor die Bühne, streckte seine Arme aus, begann sich im Takt der Musik zu wiegen. Ein Angeber, dachte ich, der sich produzieren will. Daphni aber sah fasziniert zu, als er die ersten angedeuteten Schritte machte, sich drehte und dann im Kreis ging.

»Ein hervorragender Tänzer,« sagte sie, »ich habe selten eine so gute Vorführung dieses Tanzes gesehen.«

Auch die anderen Gäste schienen dieser Meinung zu sein, der Tänzer bekam viel Applaus. Zwei Gäste warfen sogar Teller auf die Bühne, wo sie mit lautem Krachen in Scherben gingen.

Als Dr. Uhlmann eine abfällige Bemerkung ob dieses unglaublichen Benehmens machte, sagte Daphni: »Das ist das höchste Lob, das man in Griechenland einem Künstler zollen kann.«

Kurz nach Mitternacht warf auch Dr. Uhlmann seinen ersten Teller auf die Bühne, eine halbe Stunde später tanzten wir unter Daphnis Anleitung unseren ersten Rembetiko und als wir gegen vier Uhr morgens das Lokal verließen, waren wir völlig ausgelaugt, aber unglaublich zufrieden.

Wir begleiteten Daphni nach Hause. Dr. Uhlmann wartete taktvoll und geduldig, bis Daphni und ich unseren Abschiedskuss beendet hatten, dann gingen wir zurück zum Liston und zu meinem Wagen.

»Ich habe mich die ganze Zeit gefragt,« sagte Dr. Uhlmann, als wir schließlich im Wagen saßen, »was ein erfolgreicher argentinischer Schriftsteller auf einer Insel wie Korfu macht, wo ihn keiner kennt. Jetzt verstehe ich. Und frage mich, ob es auf dieser Welt noch einen anderen Ort gibt, an dem das Leben so intensiv ist, wie hier.« Glücklich lächelnd lehnte er sich seinem Sitz zurück und schlief ein.

Die Agios Georgios Bucht war totenstill, als ich den Professor morgens um fünf an seinem Appartement absetzte. Auf dem Weg zurück zu meinem Haus sah ich eine Gestalt im Halbdunkel am Strand entlang spazieren. Ich erkannte Frau Uhlmann. Trieb sie das schlechte Gewissen um diese Uhrzeit aus dem Bett oder trauerte sie wirklich um ihren ehemaligen Geliebten?

Ich saß auf meiner Terrasse und *genoss* mein seit zwei Tagen übliches Frühstück: Aspirin und Kaffee, dazu eine Zigarette. Mein lieber Roberto, sagte ich mir, wenn du in diesem Leben nochmal etwas schreiben willst, solltest du aufhören, dich nachts herumzutreiben. Und du solltest aufhören, dich mit wirklichen Kriminalfällen abzugeben. Denn sei doch mal ehrlich: Herausbekommen hast du nichts.

Manni hegt keinen Groll gegen den Professor, er war wirklich sein Freund, auch Dr. Uhlmann trägt keinen verborgenen Hass in sich. Conny hat nicht genügend Ehrgeiz, um kriminelle Energien freizusetzen, Frau Uhlmann ist eine frustrierte Klatschbase und Gertrud eine Spinatwachtel. Ich hatte das Wort nie zuvor gehört, doch es gefiel mir auf Anhieb. Habgierige Spinatwachtel mit Falten.

Plötzlich fuhr ein Wagen der OTE, der griechischen Telefongesellschaft, auf meinen Hof, ein amerikanischer Jeep Cherokee, hellblau mit einem gelben Streifen. Mein Telefon war in Ordnung, ich hatte erst vor einer halben Stunde versucht, Harko anzurufen, wieder einmal vergeblich.

Ich staunte nicht schlecht, als der Verschollene nun fröhlich grinsend aus dem OTE-Jeep kletterte.

»Wie gefällt Dir mein neues Gefährt?« fragte er, wie mir schien, ziemlich stolz. Harko tätschelte zärtlich die Kühlerhaube, bevor er sich zu mir an den Tisch setzte. »Manousos hat mir den Tipp gegeben: Die OTE mustert regelmäßig ihre alten Fahrzeuge aus und verkauft sie in Athen. 3.000 Euro habe ich für den Wagen bezahlt, dazu noch einmal 500 Euro für den Verkäufer, damit ich auch ein gutes Auto bekommen – jetzt bin ich wieder richtig motorisiert.«

Der Land-Cruiser, zumindest hatte ich das bisher geglaubt, sei ein Symbol für Harkos Lebenseinstellung: spartanisch, solide, ehrlich. Ein richtiger Geländewagen, keine Eierschaukel für Softies, wie Harko seinen Knochenbrecher oft verteidigt hatte. Jetzt durfte ich mir das Loblied über den Komfort eines Jeeps anhören, angefangen vom bulligen Sechszylinder über die butterweich schaltende Automatik bis hin zu solchem Luxus wie elektrischen Fensterhebern.

»Nur das OTE-Emblem muss ich noch überpinseln.«

Auf Weltbilder, dachte ich, ist in diesen Tagen einfach kein Verlass mehr. Was Harko auch sofort bestätigte, als ich ihn nach Mariannes Tierarzt-Praxis und vor allem seiner Haltung dazu befragte.

»Wenn es sie glücklich macht,« war sein einziger Kommentar.

Dann berichtete ich ihm, dass ich Vater wurde. Harkos Antwort bestand aus einem Grinsen. Er gratulierte mir, verkniff sich aber jeden Kommentar und war an weiteren Informationen über mein Privatleben herzlich wenig interessiert.

Munter wurde er erst, als ich ihm von meinen Überlegungen im Fall Professor Hintermooser berichtete. Ausnahmsweise hörte mir Harko sogar bis zum Ende meiner Ausführungen zu, ohne mich zu unterbrechen. Selbst die Erklärungen von Dr. Uhlmann zur Karriere von Professor Hintermooser nahm er kommentarlos zur Kenntnis.

»Kompliment,« sagte er, »für einen Laien nicht schlecht. Nur leider vollkommen falsch.«

Ich wollte protestieren, mich rechtfertigen, öffnete meinen Mund und schloss ihn wieder. Das wiederholte sich wohl mehrere Male, denn Harko sah mich an und fragte: »Hast Du Probleme mit der Atmung?«

Hering, dachte ich, ich bin kein Hering. Ich bin auch kein Ermittler, ich bin Schriftsteller. Und aus Sicht eines Schriftstellers waren meine Überlegungen vollkommen in Ordnung.

Statt mich seiner Kritik zu stellen, sagte ich: »Dann lass Deine Theorien hören.«

Harko streckte die Arme aus, verschränkte die Finger ineinander und ließ sie vernehmlich knacken. »Mit Manni hast Du recht, auch ich halte ihn für den Täter.« Ich war mir dessen inzwischen nicht mehr sicher. »Nur mit Conny liegst Du schief. Die hat damit nichts zu tun. Die liebe Frau Doktor ist seine Komplizin.«

»Frau Uhlmann?« Die sollte mit Manni…? Undenkbar.

»Genau die.« Harko strahlte über das ganze Gesicht. »Du glaubst doch nicht im Ernst, die wäre an Xaver interessiert gewesen? Der mag für seine 70 Jahre noch recht rüstig gewesen sein, aber er war eben schon 70. Mit dem hätte sie keine Zukunft gehabt. Nein: Die ist scharf auf Manni.«

»Aber die Beiden kennen sich doch erst seit ein paar Tagen!« Wie hätten sie da einen Mordplan aushecken können?

Harko beugte sich vor. »Wenn Dein Blick nicht von Deinen Horoskopen vernebelt wäre und Du stattdessen mehr auf Fakten achten würdest, wäre Dir aufgefallen, dass sich die Zwei seit Jahren kennen. Manni war schließlich Hausmeister in München. Wenn sie wirklich so mannstoll ist, hat sie sich Manni schon lange zur Brust genommen.«

»Jetzt hast Du Dich vergaloppiert. Was hätten die Beiden davon, wenn sie den Professor ermorden?«

Harko lehnte sich zurück. »Ich werde Dir sagen, was die Beiden davon haben. Manni bringt den Professor um und sorgt dafür, dass er das Haus bekommt. Aber…« Harko lächelte spöttisch. »… Manni ist nicht so habgierig wie Gertrud. Erst lassen die Beiden den Doktor die Kunst zu Geld machen. Dann wird das Ganze so gedeichselt, als sei der Doktor der Mörder. Schon ist die Gattin frei, hat einen Haufen Geld und kann sich mit Manni hier ein schönes Leben machen.«

»Du hast eine blühende Phantasie. Du solltest Schriftsteller werden. Gertrud hat sich das Haus angeeignet und daran können weder Manni noch Frau Uhlmann etwas ändern.«

»Glaubst Du? Der Mord und der Verkauf der Kunstwerke haben bereits funktioniert. Frau Doktor könnte schon lange wieder in Deutschland sein, doch sie ist noch immer hier, angeblich, um Urlaub zu machen. Eine Frau, die ihre große Liebe betrauert, macht direkt nach dem Hinscheiden des Geliebten keinen Urlaub wenige Meter von seinem Sarg entfernt. Nein, mein Lieber, die wartet darauf, dass ihr Mann als Mörder entlarvt wird und sie sich zusammen mit Manni das Haus holen kann. Ich wette mit Dir, das Pärchen hat den nächsten Schritt schon ausbaldowert.«

Plötzlich lachte ich laut auf.

Harko sah mich überrascht an. »Geht´s Dir noch gut?«

»Mir geht´s prächtig,« sagte ich, und versuchte dabei, das Sausen in meinem Kopf zu ignorieren. »Vermutlich werden in den nächsten Tagen Gertrud und Dr. Uhlmann beim Tête-à-tête erwischt und ermordet, er mit einem schriftlichen Geständnis und sie mit einem Testament zu Gunsten ihres Geliebten in der Tasche. Doch weil der gute Doktor nun tot ist, erbt seine Gattin alles.«

Allein die Vorstellung, sich Gertrud und Dr. Uhlmann in trauter Zweisamkeit vorzustellen, trieb mir Lachtränen in die Augen.

Harko sah mich grimmig an. »Du wirst schon sehen, dass ich recht habe. Ich garantiere Dir, in den nächsten Tagen wird es hier verdammt spannend. Wie Manni und Frau Uhlmann genau vorgehen, weiß ich nicht, aber ich gehe jede Wette ein, in einer Woche wohnen die Beiden und nicht mehr Gertrud in Xavers Villa.«

»Wenn Du ihnen nicht vorher einen Strich durch die Rechnung machst,« sagte ich noch immer amüsiert. »Doch wie, mein lieber Herr Kommissar, willst Du diese Ungeheuerlichkeit verhindern?«

Harko deutete auf den Jeep. »Mein Land-Cruiser hat mich auf die Idee gebracht. Ich habe früher oft Autos von Kriminellen präpariert. Das gleiche werde ich mit Mannis Wagen machen. Die notwendigen Geräte dafür habe ich mir in Athen besorgt.«

»Bei der Polizei?«

»Quatsch. Die gibt´s in jedem Elektronik-Shop.«

»Natürlich völlig legal.«

»Legal, illegal, scheißegal,« gab Harko fröhlich zurück. »Mord ist auch verboten. Aber schert das die Beiden?«

Den Rest der Woche verbrachte ich damit, Harkos Theorie vom Mörderduo Manni und Frau Uhlmann als Story durchzuspielen. Theoretisch, das musste ich zugeben, wäre es möglich. Ohne Gertrud, deren Habgier die Zwei wohl unterschätzt hatten, hätte es funktionieren können. Andererseits: Wenn Gertrud jetzt der einzige Störfaktor war – was hinderte das Mörderduo daran, Gertrud auszuschalten?

Hatte Harko recht mit seiner Vermutung, war Gertrud in Gefahr. An einen weiteren Doppelmord mochte ich nicht glauben; wenn Manni und Frau Uhlmann einen weiteren Mord planten, würden sie den Dr. Uhlmann in die Schuhe schieben. Der wurde als vermeintlicher Mörder gebraucht und war, dessen war ich mir sicher, nicht in Lebensgefahr. Gertrud dagegen musste gewarnt werden.

Ich fuhr zum Haus des Professors, um ihr das zu sagen, kam aber nicht einmal dazu, ihr einen guten Tag zu wünschen – lautstark warf sie mich sofort wieder hinaus. Was soll´s, dachte ich, ich habe es versucht. Wenn sie sich unbedingt umbringen lassen will, ist das ihre Sache. Schade, dachte ich, schade ist es um diese faltige Spinatwachtel nicht.

Am Wochenende fuhr ich mit Daphni nach Ioannina. Angesichts Harkos verschwundenem Land-Cruiser ließ ich den BMW in Korfu am Hafen stehen, wir nahmen uns in Igoumenitsa nach Ankunft der Fähre einen Mietwagen. Die beiden Tage waren wunderschön, wir schmiedeten Pläne für die Zukunft, kauften Babykleidung und achteten auf alle Paare mit Kleinkindern. Erstaunlich, wieviele es davon gab, die mir bislang nie aufgefallen waren – Daphnis Theorie mit den Filtern schien sich zu bestätigen.

Die Nacht verbrachten wir sogar im gleichen Bett: Wir waren Beide erregt, hatten große Lust, die letzte uns noch trennende Hürde zu überwinden, doch wir beließen es dabei, unsere Körper mit den Händen zu erforschen und uns zu liebkosen.

»Weihnachten,« sagte Daphni immer wieder, während wir uns küssten und streichelten, »Weihnachten lernst Du meine Eltern kennen. Und unsere erste Liebesnacht wird mein Weihnachtsgeschenk für Dich sein.«

Was zur Folge hatte, dass ich es wie in seligen Kindertagen gar nicht mehr erwarten konnte, bis das Christkind endlich kommt.

»Bist Du schon wach?« fragte Harko am Telefon. Mein Kopf dröhnte, die Augen brannten, nur mühsam konnte ich die Uhrzeit auf meiner Armbanduhr erkennen: fünf vor neun.

»Wenn ich ehrlich bin,« brummte ich, »schlafe ich noch. Was gibt es denn so dringendes, dass Du mich um diese Zeit aus dem Bett werfen musst?«

»In einer halben Stunde geht eine Bombe hoch. Ich dachte, das würde Dich interessieren.«

»Eine Bombe?« fragte ich entsetzt. »Wo?«

»Im Haus des Professors. Komm einfach hin.«

»Wenn eine Bombe explodiert? Spinnst Du?«

»Keine echte. Aber explosiv ist sie schon.«

Ich duschte kalt, schluckte zwei Aspirin und fuhr zur Villa des Professors. Harkos blau-gelber Jeep stand auf der Straße vor dem Anwesen.

»Du vergisst,« sagte ich, nachdem ich Harko begrüßt hatte, »dass ich Hausverbot habe. Ich darf nicht auf das Grundstück.«

»Kann sein, dass es dieses Verbot nicht mehr lange gibt. Außerdem wirst Du gleich als offizieller Dolmetscher von Georgos gebraucht.«

»Jetzt sag mir nicht, Du hast über das Wochenende herausgefunden, dass Gertrud ihren Vater ermordet hat. Wie hast Du das geschafft?«

Harko winkte ab. »Vergiss Gertrud. Die Rollbahnkrähe hat nichts im Hirn.« Rollbahnkrähe – das war fast noch besser als Spinatwachtel. »Manni war vor einer Stunde mit einem Rechtsanwalt bei Georgos. Er beschuldigt Gertrud, das Testament des Professors zu unterschlagen. Angeblich hat ihm der Professor versprochen, ihm den Inhalt der Werkstatt zu vermachen und ein Testament aufgesetzt. Dieses Testament, behauptet Manni, muss sich im Haus befinden. Georgos besorgt jetzt in der Stadt einen Durchsuchungsbefehl, wenn der da ist, gehen wir rein.«

»Du auch?«

»Georgos hat mich gebeten, als Zeuge mitzukommen.«

Wieder einmal war ich vollkommen durcheinander. Hatte Harko den sechsten Sinn oder war er wirklich nur ein verdammt guter Ermittler? Er hatte bereits vor drei Tagen gewusst, dass Manni etwas unternehmen würde. Nun war es soweit und Harko war auch sichtlich mit sich zufrieden. Ausführlich berichtete er mir, wie er die elektronischen Geräte in Mannis Wagen installiert hatte, doch er verriet mir nicht, was er durch sie erfahren hatte.

Es wurde fast elf, bis Georgos, Manni und der Rechtsanwalt kamen, eineinhalb Stunden Wartezeit, die ich lieber in meinem Bett als auf der Straße verbracht hätte. Harko und ich stiegen zu Georgos in den Polizei-Jeep, dann fuhr Georgos hoch zum Haus.

Nachdem wir ausgestiegen waren, schritt Georgos würdevoll zur Haustür und drückte energisch auf den Klingelknopf. Nichts rührte sich. Georgos pochte heftig gegen die Tür.

»Verschwinden Sie, oder ich rufe die Polizei!« ließ sich nach einigen Minuten Gertruds Stimme vernehmen.

Georgos sah mich fragend an: »Was hat sie gesagt?«

»Sie will die Polizei rufen, wenn wir nicht sofort verschwinden.«

»Dann sag ihr, hier ist die Polizei. Sie soll gefälligst aufmachen, sonst schlage ich die Tür ein.«

Das übersetzte ich sehr, sehr gern. Und ich sagte es nicht nur, ich rief es ziemlich laut.

Es dauerte noch zwei Minuten, bis wir Schritte auf der Treppe hörten, dann öffnete Gertrud die Tür. Als sie Georgos sah, zuckte sie zurück, doch als sie Manni und mich wahrnahm, verfinsterte sich Gertruds Gesicht.

»Sie haben Hausverbot,« zischte sie, »alle beide.«

Bevor ich für Georgos übersetzen konnte, hielt der ihr schon den Durchsuchungsbefehl unter die Nase. »Dies ist eine offizielle Durchsuchungsgenehmigung.«

Das übersetzte ich sehr schnell. Und fügte, ohne dass Georgos dies gesagt hätte, hinzu: »Sie werden beschuldigt, das Testament Ihres Vaters unterschlagen zu haben. In Griechenland eine ernste Anschuldigung, die Ihnen fünf Jahre Gefängnis einbringen kann.« Ob das stimmte, wusste ich nicht, aber wozu ist man schließlich Schriftsteller? Ein bisschen Phantasie gehört dazu.

Gertrud wurde so weiß wie eine frischgetünchte Wand.

»Dürfen wir eintreten?« fragte Georgos und ging ins Haus, ohne meine Übersetzung oder ihre Antwort abzuwarten.

Manni marschierte zielstrebig nach oben ins Büro des toten Professors und durchsuchte unter den strengen Augen von Georgos Katsatopoulos den Schreibtisch des Professors, allerdings ohne Ergebnis. Was dazu führte, dass Gertrud ihr Selbstvertrauen wiedererlangte.

»Das wird Sie teuer zu stehen kommen,« giftete sie, »sehr teuer.«

Manni war die Ruhe selbst. »In der Werkstatt steht noch ein Schreibtisch.«

»Da werden sie auch nichts finden,« sagte Gertrud höhnisch.

Harko kämpfte damit, nicht laut loszulachen. Manni hatte eine Gaunerei vor, dessen war er sich sicher, doch Gertrud hatte die Gaunerei bereits hinter sich: Wenn es jemals ein Testament gegeben hatte – und dessen war ich mir Gertruds Reaktionen nach sicher –, dann hatte sie es vernichtet. Ein Schwindler versuchte nun, den anderen Schwindler auszutricksen, ohne zu wissen, dass die Polizei, in diesem Fall in Gestalt von Harko, das Spiel lange schon durchschaut hatte.

Manni ließ sich von Gertrud nicht aus der Ruhe bringen, ging nach draußen zur Werkstatt, wir folgten ihm. Er öffnete das Rolltor, trat an einen alten, reichlich mitgenommenen Sekretär und durchsuchte auch hier alle Schubladen. Das Ergebnis war das gleiche wie im Haus: kein Testament

Gertrud grinste hämisch: Manni kam zu spät.

Manni sah Gertrud mit einem treuen Hundeblick an. »Haben Sie beim Aufräumen auch im Geheimfach nachgesehen?« Er zog eine der Schubladen heraus, steckte seine Hand in das leere Fach, drückte und eine bis dahin verborgene Klappe öffnete sich. In dem Hohlraum dahinter lag ein Stück Papier.

»Moment,« sagte Harko, »darf ich als offizieller Zeuge?«

Er griff vorsichtig mit spitzen Fingern hinein und holte das Papier heraus. In der anderen Hand hielt er plötzlich eine Schutzhülle aus Plastik.

»Wenn es das ist, was wir alle vermuten, ist es sicher gut, wenn es vom ersten Moment an geschützt ist.«

Vorsichtig führte er das Papier in die transparente Schutzhülle ein, dann legte er das Schriftstück auf den Tisch.

Das Dokument war mit blauer Tinte geschrieben, zur Hälfte in deutsch, zur Hälfte in griechisch. Ich las schnell beide Passagen durch, sie waren, sah man von einigen groben Übersetzungsfehlern ab, identisch.

»*Testament,*« las ich vor, »*hiermit vermache ich, Xaver Hintermooser, im Vollbesitz meiner geistigen Kräfte, mein Haus, mein Grundstück, meine gesamte feste und bewegliche Habe, mein sonstiges Vermögen sowie alle Rechte an meinem Namen und meinen Kunstwerken meinem guten Freund Manfred Kreiner, geboren am 12. September 1942, wohnhaft in Afionas. Geschrieben und unterzeichnet in Afionas am 8. November 2004.*« Darunter die Unterschrift des Professors.

»Wow!« sagte Manni. »Damit hätte ich nicht gerechnet.« So ein Schlitzohr, dachte ich.

»Das ist eine Fälschung!« kreischte Gertrud. »Das ist Betrug!«

Der Rechtsanwalt beugte sich über das Dokument. »Die Unterschrift ist echt, es ist seine Handschrift und alle juristisch notwendigen Punkte sind erfüllt: Das ist ein rechtsgültiges Testament.«

»Heißt das,« fragte Manni, »ab sofort bin ich der offizielle Besitzer dieses Hauses?«

Das war er, wie ich wusste, nicht: Er konnte jetzt seine Ansprüche vor Gericht geltend machen, doch es würde Monate dauern, bis ein Urteil gefällt war. Genügend Zeit für Harko, Manni den Betrug und in der Folge sicher auch den Mord nachzuweisen.

»Nein,« sagte der Rechtsanwalt denn auch mit klarer Stimme und Gertrud atmete hörbar auf. »Nicht ab sofort, sondern rückwirkend ab dem Zeitpunkt des Todes von Professor Hintermooser. Das heißt: Auch alle Gegenstände, die seitdem verkauft wurden, gehören Ihnen. Deren Verkauf war nicht rechtmäßig, sie müssen Ihnen zurückgegeben werden. Sie können sich aber auch mit dem Verkaufserlös zufriedengeben, wenn Ihnen dieser angemessen erscheint.«

Ich wollte sagen, dass das nicht stimmt, doch ein heftiger Rippenstoß von Harko ließ mich nur hilflos nach Luft schnappen. Wir mussten dringend eine Kommunikationsform finden, die weniger schmerzhaft für mich war.

»Ich gebe mich mit dem Verkaufserlös zufrieden,« sagte Manni. Er drehte sich zu Gertrud um. »Sie schulden mir 120.000 Euro.« Zum zweitenmal sah ich Manni lächeln. »Außerdem gebe ich Ihnen genau eine halbe Stunde, Ihre Koffer zu packen und zu verschwinden.«

»Das… das… das können Sie nicht machen! Das ist mein Haus!«

»Nein,« sagte der Rechtsanwalt freundlich, aber bestimmt, »es ist Herrn Kreiners Haus. Und er kann Sie sehr wohl des Hauses verweisen.«

Gertrud sah mich hilfesuchend an, ausgerechnet mich. Ich hätte ihr helfen können, doch wenn ich es mir recht überlegte, gab es dafür keinen Grund. So zuckte ich nur bedauernd die Schultern. »Sie sind hier die Expertin für Rauswürfe. Ich fürchte, diesmal ist die Reihe an Ihnen, das Feld zu räumen. Aber…« Ich lächelte sie an. »Sie könnten griechisch lernen und sich einen Job als Dolmetscherin bei der Polizei suchen, dann dürfen Sie wenigstens gelegentlich herkommen.«

Ich drehte mich um und ging hinaus. Harko kam wenig später nach, fröhlich pfeifend ging er mit mir den Weg hinunter zu unseren Autos.

»Verrate mir doch bitte eins,« sagte ich. »Warum bist Du so ungemein fröhlich darüber, dass Gertrud des Hauses verwiesen wurde? Dir hat sie doch nichts getan. Wenn hier einer das Recht hat zu pfeifen, dann bin ich das.«

»Steig in Deinen Wagen und komm zu mir, dann erkläre ich Dir alles.«

»Dir ist hoffentlich klar, dass sich soeben der mutmaßliche Mörder von Professor Hintermooser den gesamten Besitz seines Opfers angeeignet hat?« fragte ich, als wir auf Harkos Turmterrasse saßen. »Nicht wegen des Testaments, sondern weil der Rechtsanwalt die Unwahrheit gesagt hat. Manni kann Gertrud keineswegs sofort rauswerfen, erst müssen seine Ansprüche gerichtlich bestätigt werden. Gib´s zu: Du hast den Anwalt zu dieser falschen Auskunft angestiftet.«

»Ja,« sagte Harko fröhlich.

»Du hast kein schlechtes Gewissen wegen dieses Rechtsbruchs?«

»Nein. Ich habe Dir schon oft gesagt, im Kampf gegen Verbrecher muss man gelegentlich zu außergewöhnlichen Methoden greifen.« Dann berichtete er. »Vor drei Tagen habe ich Mannis Wagen präpariert: Mikrofon im Wageninneren, dazu ein Sender, der zu arbeiten beginnt, sobald jemand auf dem Fahrersitz Platz nimmt. Außerdem ein kleiner Peilsender, der die Position des Wagens angibt. Nun,« sagte Harko betont langsam, »heute Nacht um drei Uhr hatte unser lieber Freund Manni plötzlich Lust auf eine Spazierfahrt. Dreimal darfst Du raten, wohin er gefahren ist.«

»Zum Anwesen des Professors.«

»Genau. Ich bin natürlich sofort hingefahren.«

»Jetzt sag mir nicht, Du bist die letzten Tage ständig vor Deinen Überwachungsgeräten gesessen.«

»Natürlich nicht. In dem Moment, in dem Manni seinen Wagen startet, geht bei mir ein Alarm los. Wie heute Nacht. Ich also raus und runter zur Villa. Die letzten hundert Meter habe ich mich natürlich zu Fuß angeschlichen.«

Ob Harko als Kind häufig Cowboy und Indianer gespielt hatte?

»Ich komme gerade rechtzeitig, um zu sehen, wie Manni aus der Werkstatt läuft. Interessant, nicht?«

Ich war wütend. »Er hat ein gefälschtes Testament reingeschmuggelt! Genau wie Du vorhergesagt hast. Warum hast Du nichts dagegen unternommen?«

»Als Schriftsteller solltest Du ein besserer Beobachter sein.« Er warf einen Blick auf seine Uhr.

Ich wollte protestieren, überlegte es mir aber anders. Wenn Harko so fragte, hatte ich etwas übersehen. »Du hast das Testament herausgeholt und in einen Umschlag gesteckt, aber nichts gesagt. Du hast Gertrud ins offene Messer laufen lassen.«

Ohne den Blick von seiner Uhr zu wenden, sagte er: »Mal ehrlich: Das hatte sie doch verdient, oder?«

»Ja,« bestätigte ich, »das hatte sie verdient. Trotzdem, Du hast die Chance vertan, Manni das Verbrechen nachzuweisen.«

Harko sagte nichts, pfiff fröhlich vor sich hin. Der Halunke hatte etwas getan, was ich nicht mitbekommen hatte. Erst als ich mir die ganze Szene noch einmal vor Augen rief – Manni, der das Geheimfach öffnet, Harko, der das Dokument herausholt und in die Plastikhülle steckt –, erst da merkte ich, was er wirklich getan hatte. »Du hast Spuren gesichert.«

»Endlich!« sagte Harko und blickte wieder von der Uhr auf. »Zwei Minuten und 40 Sekunden hast Du dafür gebraucht. Blitzmerker bist Du keiner, aber noch ist nicht Hopfen und Malz verloren.«

»Wenn jetzt Georges oder der Rechtsanwalt das Dokument anfassen? Was dann? Die Beiden wissen ja nicht, dass der Schutzumschlag dazu dient, mögliche Spuren zu sichern.«

Kaum war es heraus, begriff ich, welchen Unsinn ich da sagte. Wenn der Rechtsanwalt Gertrud eine falsche Auskunft gab, musste er von Harko eingeweiht sein.

»Georgos und der Rechtsanwalt wissen natürlich Bescheid. In diesem Moment ist das Testament auf dem Weg in die Stadt, wo es auf Fingerabdrücke hin untersucht wird. Was glaubst Du, wird die Polizei finden?«

»Am Rand einige Fingerabdrücke, von denen sich herausstellen wird, dass sie Dir gehören. Auf dem Blatt eine Menge Fingerabdrücke von Manni, aber keine vom Professor. Und die graphologische Untersuchung wird zeigen, dass die Schrift des Professors gefälscht ist.«

»Genau,« sagte Harko. »Der Rest ist dann Formsache. Wieder ein Fall gelöst.«

Harkos Hochstimmung dauerte genau 24 Stunden. Dann wurde er von Georgos auf das Polizeirevier nach Karousades bestellt. Harko rief mich an, und bat mich, ihn zu begleiten.

Georgos begrüßte uns mit ausdrucksloser Miene, stellte zwei Tassen Heleniko vor uns auf den Tisch, und reichte Harko den Untersuchungsbericht des Testaments. Harko las erst neugierig, dann verdüsterte sich seine Miene und sein abschließender Kommentar bestand aus einem einzigen Wort: »Scheiße!«

Auch ich las den Bericht. In einem Punkt stimmte unsere Prognose: Am Rand des Dokuments hatte die Polizei Fingerabdrücke gefunden, von denen angenommen wurde, dass sie dem Deutschen gehören, der offiziell als Zeuge das Testament aus seinem Versteck geholt hatte. Alle anderen Fingerabdrücke gehörten Professor Hintermooser, das war durch Vergleichsabdrücke, die der Rechtsanwalt beigesteuert hatte, zweifelsfrei festgestellt worden. Mannis Fingerabdrücke, ebenfalls als Vergleichsobjekte vorhanden, waren nicht zu finden gewesen. Auch die Schrift war als die des toten Professors bestätigt worden.

»Das Testament ist echt!« sagte ich erstaunt. »Was hat Manni dann in der Nacht dort gemacht?«

Harko war niedergeschlagen, Georgos Katsatopoulos äußerst ungehalten.

»Harko,« sagte er, »Du weißt, ich gebe viel auf Deine Fähigkeiten und Deinen Instinkt. Doch so, wie es aussieht, hast Du Dich diesmal getäuscht: Das war kein Mord, das war ein Selbstmord, als angeblicher Unfall getarnt.«

Harko schüttelte den Kopf. »Aber das Gespräch...«

»Vielleicht war es doch ein Fernseher? Ein Krimi?«

Harko sagte nichts, starrte nur düster vor sich hin.

»Und wenn Du doch recht hast? Wenn das Testament echt ist? Es ist am 8. November geschrieben worden, an dem Tag, an dem Du das Gespräch belauscht hast. Manni könnte den letzten Willen gesehen und beschlossen haben, ihn zurückzuhalten, bis die Kunstwerke verkauft sind. Vielleicht hat auch Frau Uhlmann das Testament gesehen.«

Harko warf mir einen wütenden Blick zu. »Und wenn schon. Das Testament ist echt. Den Beiden ist nichts nachzuweisen. Sie haben gewonnen.« Er lachte gequält. »Jetzt hast Du Deinen perfekten Mord.«

Ich trank meinen Heleniko, stand auf, nickte Georgos zu und sah Harko an. Auch er erhob sich und folgte mir, ohne sich von Georgos zu verabschieden. Georgos würde es ihm nachsehen.

Ich brachte Harko nach Hause, er stieg aus und ging ins Haus, ohne ein Wort zu sagen. So niedergeschlagen hatte ich ihn lange nicht mehr gesehen.

Mittwochmorgen kam Conny zu mir, ihr Gesicht vom Weinen ganz verquollen.

»Was ist los?« fragte ich besorgt. »Ärger mit Manni? Ist ihm der plötzliche Reichtum zu Kopf gestiegen?«

Sie setzte sich auf die Bank vor meinem Haus und schluchzte. »Das Geld ist es nicht. Manni ist ein Esel. Wir leben in einer winzigen Wohnung, und Manni besitzt jetzt ein schönes Haus.

Zwei Tage habe ich auf ihn eingeredet, wir sollten dort einziehen. Er hat sich geweigert. Und was macht er jetzt? Vermietet es für ein Butterbrot. Ist das nicht schrecklich? Kannst Du nicht mit ihm reden, damit er sich das nochmal überlegt?«

Ich wollte Conny nicht sagen, dass sie sich keine Hoffnung zu machen brauchte. Jetzt zeigten Manni und Frau Uhlmann ihr wahres Gesicht. Ich versprach Conny, mit Manni darüber zu reden, dann rief ich Harko an und sagte ihm, Frau Uhlmann wäre jetzt bei Manni eingezogen. Wenn ich geglaubt hatte, das würde sein Interesse wecken, hatte ich mich getäuscht.

»Ich denke,« sagte er, »ich brauche jetzt meine Ruhe.« Dann legte er auf.

So fuhr ich allein zu Manni. Auf dem Anwesen war Ruhe eingekehrt, Manni arbeitete wie in alten Zeiten in der Werkstatt.

»Hallo,« sagte ich. Manni hob nur kurz den Kopf zur Begrüßung.

»Was gibt´s Neues?«

Er zuckte mit den Schultern. »Nichts.«

»Du bist beschäftigt. Neue Kunstwerke? Im Stil von Professor Hintermooser?«

Manni machte eine ausholende Handbewegung in Richtung auf die herumliegenden Edelstahlteile. »Gibt noch ne Menge angefangener Werke, die mach ich fertig. Viele Anfragen aus Deutschland.«

»Der Professor ist jetzt berühmt?« Es war halb Frage, halb Feststellung. Manni hielt es nicht für nötig, zu antworten.

»Wie lebt es sich im Haus? Schöner als oben in der alten Wohnung?«

»Weiß nicht,« sagte Manni. »Kann im Haus nicht leben. Zu viele Erinnerungen. Hab´s vermietet.«

»Darf ich fragen, an wen?«

Die Antwort war typisch Manni. »An jemand, der ne Bleibe suchte.«

Mehr war aus Manni nicht herauszubringen. Ich setzte mich wieder in den Wagen. In einem Fenster sah ich eine Gestalt – und mir stockte der Atem: Es war nicht Frau Uhlmann, sondern der alte Mann, der auf der Beerdigung für Aufregung gesorgt hatte. Auf schnellstem Weg fuhr ich zu Harko.

»Du hattest recht,« sagte ich aufgeregt, »es war Mord und Manni ist einer der Drahtzieher. Doch nicht Frau Uhlmann ist seine Komplizin, es ist ein alter Mann.«

Harko saß auf der großen Terrasse, las eine Zeitung. Er legte sie nicht einmal zur Seite, sagte nur: »Tust Du mir einen Gefallen? Lass mich mit Manni in Ruhe. Ich finde, ich habe mich genug blamiert. Du und Deine Scheiß-Horoskope – ihr habt mich ordentlich aufs Glatteis geführt.«

Oho, dachte ich, so läuft das also. Die Erfolge sind das Ergebnis der ausgezeichneten Ermittlungsarbeit des Herrn Kommissars, Misserfolge aber gehen auf das Konto des verrückten Schriftstellers.

»Vielen Dank für das angenehme Gespräch,« sagte ich und ging hinaus. Draußen traf ich Marianne, die sich gerade um einen verletzten Hund kümmerte.

»Nimm´s nicht so tragisch,« sagte sie, »Harko hat einen Durchhänger. Das wird schon wieder.«

»Hoffentlich. Im Moment ist er unleidlich.«

»Wem sagst Du das?«

III

Die Unsterblichkeit

»Kannst Du mich in fünf Minuten abholen?« fragte Harko am Telefon. Es war zehn Uhr morgens, er hatte mich erneut aus dem Schlaf gerissen. Zu meiner Entschuldigung konnte ich anführen, dass ich bis weit nach Mitternacht mit Daphni telefoniert und danach geschrieben hatte, bis die Hähne krähten. Die neue Geschichte, ein Action-Krimi mit viel Blut und vielen Toten, entwickelte sich prächtig.

»Du redest wieder mit mir?« fragte ich schlaftrunken. »Das ist schön.«

»Ein Mord ist passiert. Georgos sagt, wir sollen sofort in die Stadt kommen.«

Ich gähnte ausgiebig, antwortete mit verschlafener Stimme: »Weißt Du was? Lös Du den Fall diesmal allein. Ich pausiere. Ruf mich nächstes Jahr an, wenn es wieder einen Toten gibt, der nicht friedlich in seinem Bett entschlafen ist. Falls ich dann Zeit habe, helfe ich Dir. Vielleicht.«

»Xaver ist ermordet worden.«

Ich stutzte, dann lachte ich schallend. »Ach Alter, der Witz ist auch nicht neu. Ist er aus seinem Sarg geklettert und jemand hat den Zombie erschlagen? Ist das in Griechenland überhaupt verboten?«

»Jetzt hör mir mal zu, Du Schnarchtüte: Xaver war nicht in seinem Sarg. Er war der alte Mann, den Du im Haus gesehen hast. Kommst Du nun mit oder nicht?«

Die Zeit, die ich brauchte, um aus dem Bett und in meine Kleider zu klettern, war rekordverdächtig.

»Was ist los?« fragte ich, nachdem Harko zu mir in den Wagen gestiegen war und wir zusammen in die Stadt fuhren.

»Das weiß ich selbst nicht genau,« gestand er. »Georgos sagte, man hat Xaver heute Morgen am Strand von Agios Georgios gefunden. Diesmal nicht erschlagen, sondern erstochen. Zunächst hat ihn niemand erkannt, denn er sah aus wie ein Penner – lange Haare, von Narben verunstaltetes Gesicht. Doch als sie ihn in den Krankenwagen legen wollten, fiel eine Perücke herunter. Dann haben sie ihn genauer untersucht und festgestellt, die Narben waren nur aufgeschminkt. Da hat Georgos den Professor erkannt und mich angerufen.«

Harkos Schilderung klang nüchtern und präzise, ließ nicht erkennen, ob er um den zum zweitenmal verstorbenen Freund trauerte.

Auf mich machte Harko eher den Eindruck, wütend zu sein, weil er hinters Licht geführt worden war.

Doch ich konnte Harko keinen Vorwurf deshalb machen, mir ging es ähnlich. Die Trauer um das Dahinscheiden von Professor Hintermooser hatte ich verarbeitet; jetzt sagte allenfalls der Verstand, dass Betroffenheit angezeigt wäre, doch das Gefühl weigerte sich, noch einmal mit der Trauerarbeit von vorne zu beginnen. Stattdessen schwankte ich zwischen Ungläubigkeit, Staunen und Bewunderung: Wenn stimmte, was Harko sagte, hatte der Professor tatsächlich sein eigenes Ableben wie eine Art Performance inszeniert, um so den Durchbruch als Künstler zu erzwingen.

Harko und ich hingen die ganze Fahrt über unseren eigenen Gedanken nach. Eine knappe Stunde später standen wir vor der Pathologie. Doch weder Georgos noch der Professor waren da, und der Pförtner wusste nichts von einer anzuliefernden Leiche. Mir schwante ein fürchterlicher Verdacht.

»Bist Du sicher, dass sich Georgos keinen Scherz mit uns erlaubt? Eine kleine Revanche für Deine letzte Aktion?« Mist, dachte ich im gleichen Moment, jetzt mache ich den gleichen Fehler wie Harko und schiebe ihm die Schuld in die Schuhe. »Für *unsere* letzte Aktion,« fügte ich deshalb schnell hinzu.

»Ich wüsste nicht, dass Georgos rachsüchtig ist. Am Telefon klang er nicht, als würde er einen Scherz machen.«

»Dann ruf ihn an,« drängte ich.

Harko wählte die Nummer der Polizeistation in Karousades, niemand meldete sich. Er versuchte es mit Georgos Privatnummer, ebenfalls ohne Erfolg.

»Wo steckt der Mensch nur?« fragte Harko.

In diesem Moment klingelte Harkos Mobiltelefon.

»Wo bleibst Du denn?« hörte ich Georgos fragen.

»Verrat mir lieber, wo Du bist.«

»Im Krankenhaus – der Professor lebt. Komm her, ich sage an der Pforte Bescheid.«

Bislang wusste ich nur von Katzen, dass sie sieben Leben haben sollen; dass es bei Kunstprofessoren ein ähnliches Phänomen gab, war mir neu. Doch ich hatte wenig Zeit, darüber nachzudenken. Harko drängte darauf, so schnell wie möglich den Professor zu sehen.

Ich hoffte, Georgos würde seine schützende Hand über mich halten, denn ich fuhr mit überhöhter Geschwindigkeit, aufgeblendeten Scheinwerfern und unter Missachtung aller roten Ampeln so schnell wie möglich zum Krankenhaus, das sich in der Nähe des San Rocco Platzes befindet, mitten im Stadtzentrum.

»Geh Du schon vor, während ich einen Parkplatz suche,« sagte ich, als wir bei der Pforte ankamen. Ein Polizist erwartete uns bereits.

»Kommissar Kolbe?«

Harko nickte.

»Kommen Sie bitte gleich mit.«

Ich wollte gerade den Rückwärtsgang einlegen, als der Beamte sagte: »Señor Bardéz? Sie werden ebenfalls erwartet. Lassen Sie den Wagen einfach stehen, wir parken ihn für Sie.«

Er sagte einige Worte zu dem Mann in der Pforte, der kam heraus und trat an meinen BMW. Ich ließ die Schlüssel stecken, folgte Harko und dem Beamten im Laufschritt ins Krankenhaus. Wir hasteten durch dunkelgrüne Flure in den dritten Stock, bis der Beamte vor einem Zimmer stehenblieb.

»Hier drin.«

Wir traten ein. Georgos Katsatopoulos stand an einem Bett, darin lag Professor Hintermooser, dick verbunden und an eine Menge Apparate angeschlossen.

Georgos bedeutete uns durch eine Geste, still zu sein, während wir nähertraten.

»Was ist los?« fragte Harko leise. »Ich dachte, er wäre tot?«

»Das war er auch,« sagte Georgos mit einem finsteren Gesicht. »Zumindest dachten wir das, als wir ihn fanden. Er war über und über mit Blut bedeckt und zwar mit getrocknetem. Doch als ihn die Sanitäter in den Krankenwagen legten, merkten sie, wie warm sein Körper noch war.«

Georgos stockte. »Er muss gestorben sein, während wir ihn fanden.«

Harko schüttelte ungläubig den Kopf. »Erst sagst Du am Telefon, er ist tot, dann rufst Du mich ein zweitesmal an und sagst, er lebt, nun erzählst Du mir, er wäre gestorben, doch ich sehe ihn mit eigenen Augen lebend hier in einem Krankenbett liegen. Ist Dir nicht gut?«

Georgos bedeutete uns mit einer Geste, das Zimmer zu verlassen. Auf dem Flur sagte er leise: »Ich fürchte, der Professor ist ein lebender Toter.«

Harko sah mich an und sein Blick sprach Bände: Georgos war offenbar verwirrt. Leider stellte sich schnell das Gegenteil heraus.

Georgos holte tief Luft. »Jemand hat mehrfach auf ihn eingestochen. Aber nicht mit einem Messer, sondern mit einem Stück Bambus – was auf das gleiche hinausläuft.«

Ich dachte an das Stück Bambus, mit dem ich mich am Strand geschnitten hatte – scharf wie ein Messer. Nicht umsonst werden im Dschungel oft Fallen mit angespitzten Bambuspfählen präpariert.

»Die Ärzte sagen, keine dieser Wunden ist tödlich. Er fiel unglücklich auf einen Stein und war wohl sofort bewußtlos. Gestorben ist er am Blutverlust. «

»Aber er lebt doch!« insistierte Harko.

Traurig schüttelte Georgos den Kopf. »Wir haben ihn im Krankenwagen reanimiert, doch zu spät: Sein Körper lebt, aber nur, weil er jetzt künstlich beatmet wird. Sein Gehirn ist tot.«

Georgos sah uns mit gequältem Gesichtsausdruck an: »Versteht ihr: Wenn wir nur fünf Minuten früher gekommen wären und sofort mit der Wiederbelebung begonnen hätten – wir hätten ihn retten können.«

»Heißt das,« sagte ich, als wir das Krankenhaus wieder verlassen hatten, »wir haben zwei Wochen lang einen Mörder gesucht für einen Mord, den es niemals gab, und jetzt suchen wir einen Mörder, der den Professor ermordet, aber nicht getötet hat?«

»So sieht es aus,« sagte Georgos. »Die Sache ist ziemlich kompliziert.« Dann fragte er: »Könnte es sein, dass einer der bisherigen Verdächtigen für diesen Anschlag verantwortlich ist?«

Harko und ich sahen uns an.

»Manni.«

»Nein,« sagte Harko, »Manni war es nicht. Der wusste, dass Xaver der alte Mann war, sonst hätte er ihm nicht sein eigenes Haus vermietet. Und wenn Manni zusticht, überlebt das keiner. Nein, da war jemand ziemlich wütend, der sonst nicht gewalttätig ist.«

Ich denke, wir wussten beide gleichzeitig, wer es getan hatte und warum.

Harko sagte Georgos, was zu tun war, und Georgos veranlasste sofort alles Notwendige. Wir gingen zur Pforte, der Pförtner zeigte uns, wo mein Wagen stand, dann fuhren wir zurück nach Agios Georgios.

»Jetzt gehen wir zu Manni,« sagte ich. »Der hat uns einiges zu erklären.«

Doch Manni war weder im Haus des Professors noch in seiner eigenen Wohnung. Conny wusste auch nicht, wo er sich aufhielt. Mannis Wagen war jedoch noch immer mit einem Peilsender ausgestattet, die Geräte zur Überwachung standen bei Harko. Wir fuhren zu ihm: In der Einfahrt parkte Mannis Wagen, wir sahen ihn vor dem Haus auf und ab gehen.

»Jetzt wird´s spannend,« sagte Harko grimmig.

Bislang hatte ich Manni als Mann ohne Emotionen kennengelernt, ein schweigsamer, vierschrötiger Mensch, der seine Arbeit macht, aber nichts von sich preisgibt. Nun stand er als zitterndes Häuflein Elend vor uns.

»Harko,« sagte er, »Du musst mir helfen. Ich glaube, ich habe eine große Dummheit gemacht.«

Er erzählte uns die ganze Geschichte. Xaver Hintermooser war tatsächlich während seines Ausflugs mit mir nach Sokraki auf die Idee gekommen, seinem bis dahin erfolglosen Leben als Künstler ein Ende zu bereiten. Sein 70ster Geburtstag schien ihm dazu der geeignete Zeitpunkt zu sein. Doch der Professor dachte gar nicht daran, wirklich aus dem Leben zu scheiden, ihm schwebte nur ein vorgetäuschtes Ende vor.

»Es schien alles so einfach,« sagte Manni mit einem gequälten Gesichtsausdruck. »Der Professor kannte das Verkaufstalent seines Kollegen Dr. Uhlmann, und wusste, der würde Himmel und Hölle in Bewegung setzen, die Kunst des Professors nach dessen Ableben bekannt zu machen. Vorausgesetzt, er macht dabei selbst einen guten Schnitt.«

Was der gute Doktor auch getan hatte, einschließlich des ordentlichen Gewinns für sich selbst.

»Der stählerne Sarg, der inmitten der Kunstwerke aufgebahrt ist, sollte zusätzlich für Wirbel sorgen. Wir bauten den Sarg und der Professor besorgte die Sondergenehmigung für die Bestattung im Haus. Dann inszenierten wir in der Nacht den Unfall.«

»Moment mal,« unterbrach ihn Harko. »Der Arzt hat damals Xavers Tod einwandfrei festgestellt. Und sechs andere Menschen haben gesehen, dass er wirklich tot war. Roberto und ich haben sogar seine kalte Leiche in die Werkstatt getragen.«

»Alles nur vorgetäuscht,« sagte Manni. »Der Professor ging morgens um fünf eine halbe Stunde schwimmen, danach war er wirklich ausgekühlt. Um halb sechs nahm er zunächst eine Tablette Valium, dann eine abgeschwächte Form von Curare, das die Muskeln lähmt. Ihr könnt euch gar nicht vorstellen, wie schwer es war, ihn ruhigzustellen – er lag unter der Statue und hat kräftig geschnarcht. Erst als das Curare zu wirken begann, wurde es besser. Für einen halben Tag war er praktisch scheintot – erst gegen Abend wurde er wieder munter. Er hat sich bei der ganzen Geschichte prompt eine saubere Erkältung zugezogen.«

»Und der Arzt hat sich täuschen lassen?« fragte ich überrascht. »Was ist das für ein Arzt?«

»Einer, der Spaß versteht und Geld mag,« antwortete Manni. »Er war von Anfang an eingeweiht. Von ihm hatte der Professor ja auch die Medikamente.«

Harko zog erstaunt die Augenbrauen hoch. »Das kann den Arzt die Zulassung kosten.«

»Daran hat er wohl nicht gedacht,« sagte Manni kleinlaut.

»Und das Blut?« fragte ich. »Das schien mir echt zu sein.« Ich hatte mit eigenen Augen den Blutstrom gesehen, der dem Professor aus dem Mundwinkel gelaufen war.

»Echtes Hühnerblut.«

»Wie hattet ihr Euch den weiteren Verlauf dieser Aktion gedacht?« fragte Harko.

Manni räusperte sich. »Der Professor wollte so lange tot sein, bis er bekannt war. Dann hätten wir den Schwindel auffliegen lassen. Wir dachten, die Griechen nehmen es mit Humor, schließlich greifen sie selbst gern zu allerlei Tricks.«

Da hatte Manni allerdings recht.

»Aber der Plan hat nicht funktioniert,« sagte Harko.

Manni seufzte. »Anfangs schon. Dr. Uhlmann hat wie gewünscht reagiert, und der Zeitungsbericht hat uns auch geholfen. Zumindest dachten wir das. Doch in Wirklichkeit fingen mit dem Artikel die Schwierigkeiten an.«

Er sah Harko verbittert an. »Warum musste auch so ein Trottel behaupten, es sei Mord gewesen? Dafür gab es doch gar keinen Grund!«

Harko musterte Manni intensiv. »Zunächst einmal: Der Trottel war ich. Und einen Grund dafür gab es sehr wohl: Ich habe nämlich zwei Mörder gehört, die einen Mordplan ausheckten. Jetzt glaube ich, ich habe zwei Pappenheimer dabei belauscht, wie sie sich einen großen Blödsinn ausdachten. Und einer dieser Pappenheimer warst Du.«

»Du hast den Professor und mich belauscht? Und nichts gesagt?« Manni war fassungslos.

Harko berichtete ihm von dem zufällig gehörten Gespräch, das er nicht wirklich belauscht, sondern nur durch eine akustische Besonderheit der Agios Georgios Bucht mitbekommen hatte. Und deshalb auch nicht wissen konnte, wer gesprochen hatte.

Manni stöhnte laut auf. »Jetzt wird mir einiges klar.«

»Mir leider noch nicht,« sagte Harko. »Denn wir fanden nicht nur einen oder zwei mögliche Täter, wie ich anfangs dachte, sondern sechs, die ein Motiv und die Möglichkeit zu dem Mord gehabt hätten, der dann gar keiner war.«

»Und der Hauptverdächtige bin jetzt ich,« sagte Manni niedergeschlagen.

»Erzähl weiter,« drängte ich.

Manni strich sich nervös über den Rest von Haar. »Das größte Problem war Gertrud. Der Professor hatte nicht damit gerechnet, dass sie das Testament unterschlägt und mich an die frische Luft setzt. Wir mussten uns etwas einfallen lassen.«

»Es gab ein zweites Testament?« fragte Harko.

»Ja, es lag im Schreibtisch im Arbeitszimmer. Dort hätte es nach dem vorgetäuschten Tod gefunden werden müssen.«

»Warum hat der Professor das Testament nicht bei seinem Rechtsanwalt aufgesetzt?« fragte ich. »Wie es in Griechenland üblich ist? Dann hatte Gertrud nichts ausrichten können.«

Manni verdrehte die Augen. »Wir hatten das Haus voller Gäste und alle Hände voll zu tun, heimlich den Sarg zu bauen und alles für den Unfall vorzubereiten. Und wir standen unter Druck, das Unglück musste natürlich stattfinden, solange der Doktor noch da war. Ich denke, der Professor hat einfach vergessen, zum Anwalt zu gehen.«

»Und das zweite Testament?« fragte Harko.

»Das hat der Professor am Tag nach meinem Hinauswurf geschrieben. Ich bin nachts eingebrochen und habe es im Sekretär in der Werkstatt versteckt. Und dann am nächsten Tag ganz offiziell im Beisein der Polizei gefunden.«

Ich war ein Idiot, stellte ich in diesem Moment zum wiederholten Mal fest. Da machte ich mir Gedanken über mehr Tiefe bei meinen erfundenen Figuren, versuchte ihre Motivation zu ergründen, und dabei spielten sich direkt unter meiner Nase die tollsten Schurkenstücke ab. In Zukunft würde ich mich wieder mehr auf die Inhalte in meinen Büchern konzentrieren – und künstlerischen Ansprüchen ein ehrenvolles Seemannsgrab in der Agios Georgios Bucht bereiten. Direkt neben dem Agenten aus Hollywood.

»Hast Du überhaupt eine Vorstellung davon, wieviele Gesetze Du mit all diesen Gaunereien gebrochen hast?« fragte Harko.

Mannis Blick wurde immer verzweifelter. »Wenn ich dafür ein oder zwei Jahre ins Gefängnis muss, dann macht mir das nichts aus – dann habe ich das verdient. Aber jetzt stehe ich doch als Mörder da! Das Testament macht mich zum Alleinerben – das bin ich doch erst, seit der Professor wirklich tot ist.«

Das, dachte ich, ist Dein Problem. Was, wie sich in den folgenden Tagen zeigte, keineswegs der Fall war.

»Bisher war das Testament nichts weiter als ein Teil der Komödie,« fuhr Manni fort. »Doch jetzt? Harko: Ich will das Haus und auch das Geld nicht, ich habe das alles aus Freundschaft zum Professor getan. Er hat mir, als ich aus dem Gefängnis kam, eine Chance gegeben – er hat mir die Stelle an der Hochschule besorgt und mich hier in Afionas beschäftigt. Nun sieht es so aus, als hätte ich es ihm gedankt, indem ich ihn umbrachte. Wer glaubt mir denn, dass er den Plan ausgeheckt hat? Jeder wird denken, ich hätte das ausbaldowert, den Professor überredet, mitzumachen und nachdem er mir das Haus vermacht hat, umgebracht.«

Daphni hatte mir in Zusammenhang mit den Horoskopen etwas interessantes verraten. Sie sagte, Skorpione seien von Haus aus die perfekten Ränkeschmiede, sie würden gern um die Ecke denken und liebten komplizierte Pläne. Das mache sie gleichermaßen zu guten Verbrechern wie auch zu guten Polizisten und es sei oft reiner Zufall, für welchen dieser beiden Wege sie sich entschieden. Der Professor war Skorpion, ihm war so eine Gaunerkomödie zuzutrauen. Manni war viel zu geradlinig; er war oft mit dem Gesetz in Konflikt geraten, aber prompt jedesmal geschnappt worden. Als Paar jedoch? Ohne Harkos Hartnäckigkeit hätte ihre Scharade funktioniert.

Harko holte mich zurück in die Realität. »Wenn ich nicht wüsste, dass Xaver gelegentlich ein echtes Schlitzohr war, würde auch ich glauben, dass Du hinter der Sache steckst. Aber der Plan stammt sicher von Xaver. Nur wird es schwer sein, das zu beweisen. Gibt es irgend etwas Schriftliches?«

Manni schüttelte traurig den Kopf. »Überhaupt nichts. Wir dachten ja nicht, dass es so enden würde.«

»Warum ist der Professor als alter Mann wieder aufgetaucht?« fragte ich. »War das Teil eures Plans?«

»Ursprünglich nicht,« sagte Manni. »Auf die Idee kam er erst, als die Zwillinge ihr Theaterstück aufführten. Sie haben so überzeugend gespielt, da dachte der Professor, auch er könne in eine andere Rolle schlüpfen. Eigentlich wollte er den Alten nur einmal spielen, um sich seine eigene Beerdigung anzusehen. Das konnte er sich nicht verkneifen. Weil ihn dabei niemand erkannt hat, wurde er mutiger. Noch vor zwei Tagen sagte er zu mir, wir könnten die Maskerade noch eine Weile aufrecht erhalten und er könne als mein Gehilfe in der Werkstatt arbeiten. Auf diese Weise hätten wir immer wieder neue Plastiken anfertigen können.«

Manni war fertig mit seinen Ausführungen, doch von der Erleichterung, die man laut Harko nach einem abgelegten Geständnis bei einem Täter sehen konnte, war nichts zu spüren: Manni war noch genauso verzweifelt wie zu Beginn seiner Offenbarung.

»Was soll ich jetzt tun?« fragte er.

Harko dachte laut nach. »Abhauen bringt Dir nichts. Diesmal ist wirklich ein Kapitalverbrechen geschehen und – fast möchte ich sagen: ausnahmsweise einmal – ist die Leiche auch wirklich tot.«

War sie das wirklich, dachte ich. In welche Kategorie fallen lebende Tote?

»Sei mir nicht böse,« fuhr Harko fort, »Du bist in der Tat der Hauptverdächtige. Wenn Du jetzt das Land verlässt, schreibt Dich die griechische Polizei zur internationalen Fahndung aus. Ich fürchte, Dir bleibt nur eine Möglichkeit: Du musst Dich stellen.«

»Und einen Mord zugeben, den ich gar nicht begangen habe?« Manni war entsetzt.

»Du brauchst keinen Mord zugeben, wenn Du Xaver nicht umgebracht hast. Aber all Deine anderen Gaunereien musst Du gestehen – und zwar rückhaltlos. Bei Deiner Vergangenheit bringt Dir das sicher zwei bis drei Jahre ein, doch wenn Du alles gestehst, wirkt das vermutlich strafmindernd.«

Während Harko mit Manni nach Karousades fuhr, bereitete ich den Zwillingen etwas zu Essen zu – Pfannkuchen mit Apfelmus, etwas anderes fiel mir auf die Schnelle nicht ein. Marianne war in der Stadt und würde erst am Abend wieder hier sein. Tina und Sina waren gerade beim Essen, als Harko zurückkam.

»Georgos hat Manni in die Arrestzelle gesteckt, da soll er eine Nacht lang brummen. Ob Anklage erhoben wird, ist noch nicht sicher. Aber das hat er Manni nicht gesagt.«

»Und der echte Beinah-Mörder?« Den durften wir nicht vergessen.

»Wenn Du Zeit hast,« sagte Harko, »schreiten wir jetzt zur Verhaftung. Georgos wartet im Wagen.«

Ich ging zum Fenster und sah, dass der Polizei-Jeep draußen stand.

»Dürfen wir mit?« fragte Sina, doch Harko lehnte ab. »Das ist kein Spaß, Kinder.«

Wir gingen nach draußen und stiegen wortlos in den Jeep, dann fuhr Georgos nach Agios Georgios. Vor dem Ferienhaus, in dem Dr. Uhlmann mit seiner Gattin derzeit lebte, hielt er an. Dr. Uhlmann und seine Frau wohnten im ersten Stock eines Appartementhauses direkt an der Straße und nur wenige Meter vom Strand entfernt, der Zugang führte über einen davorliegenden Balkon, der wiederum nur über eine außenliegende Treppe zu erreichen war. An der Treppe stand ein Polizeibeamter, der jetzt zu uns an den Wagen kam.

»Sie sind beide drin,« sagte er.

Georgos schickte den Beamten wieder weg, wir stiegen aus und gingen nach oben zu der Ferienwohnung.

Dr. Uhlmann schien uns erwartet zu haben, er stand ernst und würdevoll vor uns in der Tür. »Meine Herren,« sagte er, »ich bin bereit. Ich gestehe, meinen alten Freund und Kollegen Xaver Hintermooser getötet zu haben.«

Ich ging zu ihm, legte ihm meinen Arm um die Schulter. »Mein lieber Doktor, Sie sind ein hervorragender Kunstexperte, aber ein noch schlechterer Menschenkenner als ich. Es tut mir wirklich leid für Sie, das müssen Sie mir glauben. Wo ist sie?«

Er schlug die Hände vors Gesicht. »Sie schläft. Ich... Ich konnte es nicht verhindern.«

Georgos und Harko gingen ins Schlafzimmer, weckten Frau Uhlmann und führten sie durch das Wohnzimmer nach draußen zum

Polizei-Jeep. Zum zweitenmal an diesem Tag sah ich eine lebende Leiche: Der Blick von Frau Uhlmann war leer, als wäre auch sie gestorben.

»Sie wollte ihn nicht töten,« sagte der Doktor, als die anderen weg waren. »Sie hat ihn am Strand in seiner Maskerade erkannt und war so froh, als sie ihn lebend sah. Doch Xaver muss sie ausgelacht haben, als sie ihm ihre Liebe gestand, er sagte wohl, er wäre ihrer schon vor zwölf Jahren überdrüssig gewesen. Da hat sie ein Stück Bambus genommen, das auf dem Boden lag, und nach ihm geschlagen. Doch der Bambus muss abgebrochen sein. Sie sagte, sie wisse nicht mehr, was dann geschehen sei, doch auf einmal sei Xaver blutend am Boden gelegen. Da ist sie weggelaufen. Es war kein Mord – jedenfalls kein vorsätzlicher.«

»Das wissen wir,« sagte ich. Leise fügte ich hinzu: »Sie hat ihn nicht getötet, der Professor lebt. Aber sein Zustand ist sehr kritisch.«

Dr. Uhlmann schloss die Augen und stöhnte. Er setzte sich und weinte. »Was geschieht jetzt mit ihr?« fragte er nach einer Weile mit zitternder Stimme.

»Das weiß ich nicht, das zu entscheiden ist Sache der Justiz.«

Er nickte, müde und traurig.

»Darf ich Ihnen eine Frage stellen? Sie müssen nicht antworten, wenn Sie nicht wollen.«

»Fragen Sie.«

»Warum machen Sie das alles mit? Sie hätten wahrlich eine andere Frau verdient.«

Er sah mich an, und ich erkannte unglaublich viel Schmerz in seinen Augen. »Ich liebe sie. Können Sie das verstehen?«

Ich dachte an all die vermeintlich glücklichen Beziehungen, die in Wirklichkeit voller Probleme waren, an die Kombination von intensivem Glück und intensivem Schmerz, die ich mit Daphni erlebte, und daran, dass ich das nie wieder für einen bloßen Traum von der idealen Beziehung aufgeben würde.

»Ja,« sagte ich leise, »das kann ich verstehen.«

Einen Tag nach Daphnis Geburtstag war Professor Xaver Hintermooser zum erstenmal gestorben, einen Tag nach meinem Geburtstag starb er zum letztenmal: Am 8. Dezember 2004 um 14 Uhr 25 schalteten die Ärzte in Korfu-Stadt die Maschinen ab, die den

Körper des Professors künstlich am Leben hielten, sie wurden gebraucht, um anderes Leben zu retten. Das Gehirn des Professors war seit dem Unfall tot.

Georgos Katsatopoulos, Harko, Manni, Daphni und ich waren dabei, als sich der Brustkorb des zu Lebzeiten so streitbaren Professor zum letztenmal senkte. Georgos versteckte seine Gefühle hinter einem unbewegten Gesicht, Harko hatte Tränen in den Augen, Manni weinte offen. Daphni hielt meine Hand. Als es still war im Krankenzimmer, sagte sie leise: »Sein Körper ist von uns gegangen, sein Geist wird für uns immer lebendig sein.«

Die griechische Justiz stand bei diesem Fall, der als Tragödie begonnen hatte, kurzzeitig das Zeug zu einer Komödie hatte und dann doch tragisch endete, vor einer ganzen Reihe von Problemen. Der erste Todesfall, der keiner war, hätte als vorgetäuschtes Verbrechen Manni und dem Professor zur Last gelegt werden können. Doch der Professor war tot und Manni selbst hatte niemanden geschädigt, weshalb auf eine offizielle Anklage verzichtet wurde. Manni war auch so gestraft genug: Er litt unter dem Verlust und machte sich selbst heftige Vorwürfe.

Frau Uhlmann vor Gericht zu stellen, erschien dem zuständigen Staatsanwalt juristisch bedenklich. Sie war zwar die eigentlich Verantwortliche für das endgültige Dahinscheiden des Professors, doch es war kein Mord, nur ein Angriff mit Todesfolge, was juristisch allenfalls als Totschlag zu behandeln war. Bei einem Prozess wäre jedoch zur Sprache gekommen, warum sie überhaupt einen amtlich für tot erklärten Menschen angreifen konnte. Auch das Abschalten der Maschinen, die den Körper des Professors am Leben erhielten, war kritisch: Medizinisch stand fest, es gab keine Hoffnung mehr, und die Ärzte hatten richtig gehandelt, indem sie die teuren Apparate für Patienten bereithalten wollten, denen noch zu helfen war. Ein Anwalt aus Deutschland, den medizinische Notwendigkeiten nicht interessieren, hätte jedoch mit Hinweis auf Euthanasie-Verbrechen im Dritten Reich einen internationalen Skandal heraufbeschwören können. Als zwei Psychiater Frau Uhlmann für geistig unzurechnungsfähig erklärten, stellte der Staatsanwalt den Fall ein und verfügte die Überweisung von Frau Uhlmann nach Deutschland.

Der Einzige, der für den vorgetäuschten Todesfall wirklich belangt wurde, war der Arzt, der den Totenschein ausgestellt hatte –

er verlor seine Zulassung als Amtsarzt und musste eine Geldstrafe bezahlen.

»Bist Du traurig, dass der Professor nun wirklich tot ist?« fragte mich Daphni während der Beisetzung, die diesmal in dörflicher Beschaulichkeit stattfand – ohne Medienrummel und wirklich nur mit Trauergästen, die tatsächlich um den Professor als Mensch trauerten.
»Ich weiß nicht, ob ich traurig bin,« sagte ich und meinte es auch so. »Der Professor hat alles getan, um unsterblich zu werden. Vielleicht hatte Homer in seiner Ilias recht und die Unsterblichkeit ist wirklich den Toten vorbehalten.«
Ich tröstete mich damit, dass der Professor der einzige Künstler war, den ich kannte, der noch zu Lebzeiten den posthumen Ruhm genießen konnte.

Tatsächlich ging es mit der Unsterblichkeit von Professor Hintermooser nach seinem echten Ableben rapide bergauf. Seine Werke waren nun erst recht gefragt und erzielten Spitzenpreise. Manni setzte dem Künstler sein eigenes Grabmal – ein schlichtes Grabkreuz, natürlich aus poliertem Edelstahl, mannitypisch perfekt gearbeitet, aber mit einer stilisierten Zunge von Albert Einstein in Bronze: Ein Rest von Provokation sollte auch das Grab schmücken.
Das eigentliche Denkmal aber verdankte Professor Hintermooser seiner Tochter Gertrud. Sie hatte es weder für nötig befunden, zu seinem Ableben im Krankenhaus zu kommen, noch war sie auf seiner zweiten Beerdigung erschienen – sie meldete sich bei Manni per Telefon und kündigte an, das Testament anzufechten und um ihr Erbe zu kämpfen.
Manni war weder am Haus noch am Vermögen des Professors interessiert, fürchtete aber aus gutem Grund, Gertrud könne das Andenken an ihren Vater in den Schmutz ziehen. Deshalb überschrieb er das Haus der Gemeinde von Afionas mit der Auflage, ein Museum daraus zu machen, und stellte Gertrud vor die Wahl, entweder jahrelang um ihr Erbe zu prozessieren oder sich mit den 120.000 Euro zufriedenzugeben, die sie bereits für den Verkauf von Kunstwerken erhalten hatte. Da Gertrud kein Geld für einen längeren Rechtsstreit besaß und dessen Ausgang angesichts des gültigen Testaments ohnehin fraglich war, willigte sie schließlich ein.

Ich selbst wusste lange nicht, was ich machen sollte. Ich hatte ein angefangenes Manuskript über den fiktiven Mord an Professor

Hintermooser vorliegen, doch es erschien mir nicht richtig, angesichts der wirklichen Ereignisse eine erfundene Geschichte über ihn zu schreiben. Ich diskutierte lange mit Harko, Daphni, Georgos und Manni darüber und schließlich einigten wir uns darauf, ich solle die Geschichte so aufschreiben, wie sie sich tatsächlich ereignet hatte – auch wenn sich dabei keiner von uns mit Ruhm bekleckert hatte. Doch wir fanden, das seien wir dem Professor schuldig.

Harko fragte mich spöttisch, ob ich meine Schreibprobleme inzwischen überwunden habe und mich einer solchen Aufgabe stellen könne, doch ich konnte ihn beruhigen. Jeremy Byron, mein Verleger aus New York, hatte vor wenigen Tagen erneut angerufen und mir den aktuellen Stand der Verfilmung mitgeteilt. Ein Mitarbeiter eines Studios, der das Buch kannte, hatte Jeremy angerufen und ihm gesagt, ein zwielichtiger Agent habe ein interessantes Konzept vorgelegt, das jedoch eindeutig auf meinem Roman basiere – nur einige Örtlichkeiten und die Namen der Hauptfiguren waren geändert worden. Jetzt hatte der Agent eine Anzeige am Hals und Jeremy war bereits in Vertragsverhandlungen wegen der Filmrechte.

Epilog

Daphni, Harko und ich brachten Dr. Uhlmann Mitte Dezember in Korfu zum Flughafen. Seine Frau sollte in einigen Tagen in eine Klinik nach München überführt werden, ihr Zustand hatte sich mittlerweile gebessert, doch sie brauchte viel Ruhe.

»Ich weiß nicht,« sagte Daphni Dr. Uhlmann zum Abschied, »ob wir unserem Schicksal entfliehen können, aber den Versuch ist es sicher wert.« Sie reichte ihm sein Horoskop. Er steckte es in eine Tasche seines Jacketts und versprach, es während des Fluges zu lesen.

Der Abschied war herzlich, aber traurig: Ich hatte den kleinen Mann mit dem Spitzbart liebgewonnen.

»Berichten Sie mir, wie die Ausstellung mit den Bildern von Juanita Soaréz läuft?« bat ich ihn zum Schluss.

Er sah mich erstaunt an. »Habe ich vergessen, Ihnen zu sagen, dass es keine Vernissage geben wird?«

Ich war enttäuscht. Gehörte die Entdeckung von Juanita zu den wenigen Fehlgriffen dieses Kunstexperten?

Dr. Uhlmann sah meine Enttäuschung und ein schwaches Lächeln huschte über sein Gesicht. »Eine Vernissage ist nur notwendig, wenn man etwas verkaufen möchte. Da aber bereits alle Bilder einen Käufer gefunden haben, hat sich die Veranstaltung erübrigt – wie ich vom ersten Moment an wußte, stößt ihr Farbgefühl auf große Begeisterung, die Galeristen, denen ich die Werke angeboten habe, haben sie mir förmlich aus der Hand gerissen.«

Er zögerte, dann holte er seine Brieftasche heraus. »Sie haben Juanita entdeckt, daher ist es nur gerecht, wenn ich Ihnen die Hälfte vom Gewinn abgebe.« Er füllte einen Scheck aus, faltete ihn zusammen und reichte ihn mir.

»Eine Bedingung habe ich,« sagte er und zog den Scheck wieder zurück.

»Und die wäre?« fragte ich.

»Mag sein, dass ich mich vor 35 Jahren in die falsche Frau verliebt habe, aber ich habe mich nun einmal in sie verliebt und ich stehe dazu.« Er sah zu Daphni und lächelte mich dann wehmütig an. »Sie scheinen eine bessere Wahl getroffen zu haben. Verwenden Sie das Geld nicht für sich allein, sondern kaufen Sie sich damit gemeinsam etwas. Akzeptieren Sie diese Bedingung?«

Ich sah Daphni an. »Ich akzeptiere, aber ich möchte, dass Du den Scheck annimmst. Bist Du damit einverstanden?«

Sie nickte eifrig. »Natürlich.«

Dr. Uhlmann gab Daphni den Scheck, drückte uns allen noch einmal die Hand, drehte sich um, ging durch die Sicherheitskontrolle, winkte zum Abschied und war verschwunden.

»Was werdet ihr euch für das Geld kaufen?« fragte Harko und fügte lästernd hinzu: »Reicht es als Anzahlung für einen Kinderwagen?«

Daphni warf einen Blick auf den Scheck, runzelte die Stirn – und lachte, scheinbar amüsiert. »Für eine Anzahlung dürfte es gerade eben reichen.«

Neugierig warf auch ich einen Blick auf den Scheck. »So ein verrückter Hund. Das hätte ich ihm nicht zugetraut.«

»Was ist denn?« fragte Harko. »Hat er sich einen Scherz erlaubt und euch einen Scheck über fünf Euro gegeben?«

»So ungefähr,« sagte ich. »Doch es sind nicht fünf, sondern sechs Euro.«

»Wusste ich es doch. Das war mir sofort klar, als ich das Bild von der geistig Behinderten sah. Völliger Mumpitz.«

Daphni knuffte mich in die Seite. »Darf ich ihn fragen?«

»Was willst Du wen fragen?«

»Ich möchte Harko fragen, ob er errät, wieviele Nullen hinter der sechs stehen.«

»Nur zu.«

Harko brauchte ziemlich viele Versuche, bis er es erraten hatte. Er schluckte. Und sagte: »Wisst ihr was, Leute? Ich glaube, ich habe mich für den falschen Beruf entschieden. Weiß zufällig einer von euch, wann das nächste Flugzeug nach Argentinien geht?«

Danksagung

Wie immer haben viele Menschen dazu beigetragen, dass aus einer Idee ein Buch wurde.

Ganz besonders bedanken möchte ich mich bei Prof. Günter Hagedorn, der als Edelstahlkünstler in Afionas viel zur Figur des Xaver Hintermooser und seiner Werke beigetragen hat. Sehr wertvoll waren für mich auch die vielen anregenden Diskussion über Literatur und Kunst, die wir seit vielen Jahren führen und die in diesem Werk teilweise ihren Niederschlag fanden.

Dank auch an Alekos Stogiannos, für seine Einladung nach Sokraki und die vielen Informationen über Korfu und das Leben eines Journalisten auf der Insel.

Ein spezieller Dank an Alex und sein Ilios – nicht nur für Ouzo und Mese, sondern für Freundschaft und Unterstützung bei dem schwierigen Versuch der Abgrenzung zwischen Handwerk und Kunst.

Kathrin und Winni – ihr habt Conny und Manni so viel Leben eingehaucht. Das war einfach Spitze!

Euch und allen anderen, die an diesem Buch mitgeholfen haben:

Efcharisto para poli!

Korfu selbst erleben

Neugierig auf Korfu? Die grünste Insel Griechenlands? Dann finden Sie hier einige Tipps – vielleicht für Ihren nächsten Urlaub auf den Spuren von Harko und Roberto.

Korfu wird durch Korfu-Stadt für die Korfioten in zwei Hälften geteilt: Den Norden, der mit einer überwältigenden Landschaft verwöhnt, und den Süden, in dem die Unterhaltung dominiert.

Die Saison auf Korfu dauert von Mai bis Oktober, in dieser Zeit fliegen Dienstags und Samstags von fast allen deutschen Flughäfen Charterflieger die Insel direkt an, die Flugzeit beträgt rund zwei Stunden. In der restlichen Zeit bestehen von Olympic www.olympic-airways.gr und Aegean Airlines www.aegeanair.com tägliche Verbindungen über Athen. Seit dem Herbst 2005 bietet auch LTU zweimal wöchentlich, dienstags und donnerstags, Flüge von Düsseldorf nach Korfu, wobei Passagiere das innerdeutsche Flugnetz der LTU für günstige Anschlussflüge nutzen können www.ltu.de.

Für die Anreise mit dem eigenen Wagen empfiehlt sich die Fährverbindung ab Venedig, Minoan Lines www.minoan.gr bietet im Winter vier, von März bis Ende Oktober sechs Direktverbindungen wöchentlich.

Pauschaltouristen finden ein reichhaltiges Angebot in ihrem Reisebüro. Wer sich jedoch direkt für Afionas und die Agios Georgios Bucht interessiert, ist bei speziellen Korfu-Veranstaltern gut aufgehoben.

Wolfgang Gaiser lebt das ganze Jahr auf der Insel und bietet neben der Vermittlung von Appartements auf Korfu - von Pelekas über Paleokastritsa und Agios Georgios bis Acharavi/Almiros - auch viel Beratung und individuellen Service vor Ort: www.korfu-appartements.com Er bietet weiterhin geführte Mountainbike- oder Endurotouren auf Korfu und den anderen Ionischen Inseln an: www.korfu-biker.de

Corfelios-Reisen hat sich auf die Agios Georgios Bucht spezialisiert. Neben Appartements bietet die Crew aus jungen und engagierten Urlaubsbetreuern viel Freizeitprogramm – Segeln, Surfen, Biken. www.urlaub-griechenland.de

Andreas und Tom Seefried wussten schon vor vielen Jahren, dass Korfu »Ihre« Insel ist – sie haben zunächst an Freunde Ferienwohnungen vermittelt und später aus dem Hobby einen Beruf gemacht. Heute bieten sie unter www.korfunet.de ein reichhaltiges Angebot an Ferienwohnungen und Immobilien auf der ganzen Insel an – alle persönlich ausgesucht und während des Urlaubs mit individueller Betreuung vor Ort.

Wer sich generell für Korfu interessiert, sollte unbedingt auf www.corfu.de vorbeischauen. Andreas Pech hatte vor Jahren das Pech, sich nicht nur in seine Frau, sondern auch noch in Kerkira unsterblich zu verlieben – und das Glück, dass die Liebe zu seiner Geliebten von seiner Frau geteilt wird. Heute sind Andi´s Korfu-Page sowie sein dort eingebundenes Korfu-Portal für viele Korfu-Fans die erste Anlaufstelle, wenn es um Informationen und den Austausch mit anderen Korfu-Fans geht.

Reiseführer gibt es buchstäblich wie Sand am Meer. Einer der besten für Korfu ist im Michael Müller Verlag erschienen: Neben Informationen über Orte und touristisch sehenswerte Ziele bietet er auch viel Wissenswertes über Land und Leute. www.michael-mueller-verlag.de

Das Three Brothers, die Lieblingstaverne von Manousos, lockt ganzjährig mit kühlem Bier, griechischer Küche und einer phantastischen Aussicht. Und Besucher, die sich als Harkos Freunde zu erkennen geben, können den Wirt um ein Gläschen seines selbstgemachten Rotweins bitten.

Three Brothers
Afionas
49081 Korfu

Das Xenichtis, The Night Owl, hat sich innerhalb eines Jahres einen festen Platz im afionitischen Nachtleben erobert: Keine Luxus-Taverne, sondern ein Platz, um zu reden, sein Bier zu trinken und Griechenland in seiner ursprünglichsten Form zu erleben - einfach und schlicht, aber voller menschlicher Wärme und Gastfreundschaft.

Xenichtis, Afionas

Wenn Manousos nicht gerade im Three Brothers sein abendliches Bier genießt, ist er mit seinem Bruder damit beschäftigt, Häuser zu bauen – mit griechischem Flair, aber deutscher Gründlichkeit gebaut.

Bardis Brothers
Afionas
49081 Korfu
Tel.:+30-6972819421

Die Nordwest-Ecke von Korfu ist bei vielen Künstlern beliebt. Einer von ihnen ist Alex, ein deutschsprechender Goldschmied, der seinen Kunden neben einer großen Auswahl an einmaligen Schmuckstücken zwei Besonderheiten bietet: Auf Wunsch fertigt Alex nach den Vorstellungen seiner Kunden individuelle Schmuckstücke an. Und wer sich genügend eigenes handwerkliches Geschick zutraut, kann bei Alex an einem Goldschmiedekurs teilnehmen und sich den gewünschten Schmuck – unter seiner Anleitung und mit seiner tatkräftigen Unterstützung – selbst anfertigen.

ILIOS

GOLDSCHMIEDE

Unikatschmuck und Anfertigungen der ausgefallen modernen Art

GALERIE

Thematische Sonderausstellungen verschiedener Kunstrichtungen

SEMINARE

www.ilios-living-art.de

Ag. Georgios - Pagi 49083 Kerkyra Tel.:+30 26630 96043

Kunst ist ein zentrales Thema in Band III. Bei den Recherchen wurde klar, wie stark sich viele Künstler auf Korfu von der besonderen Atmosphäre anregen lassen, aber auch, wie schwer es ist, diese Künstler als Besucher zu finden. Aus diesem Problem heraus entstand die Idee für ein spezielles Kunst-Portal im Internet, das Besuchern einen schnellen Überblick über das vielfältige künstlerische Angebot auf Korfu bietet und es ihnen erlaubt, über eine einzige Seite die gesamte lokale Kunst-Szene zu entdecken. Der HSB-Verlag hat sich deshalb der Aufgabe gestellt, ein solches Portal zu schaffen: www.korfu-kunst.com

Prof. Dr. phil. Günter Hagedorn ist ein bekannter Edelstahlkünstler in Afionas. Seine Werke sind direkt vor Ort, aber auch im Internet unter www.kirart.de zu besichtigen. Prof. Hagedorn ist immer zu einer anregenden Diskussion über Kunst aufgelegt...

Prof. Günter Hagedorn
Villa Sterneri
Kir Art
Afionas
49081 Korfu
Tel: +30-26630-51925

Perdita bietet in ihrem Shop in Agios Stefanos eine große Auswahl von anspruchsvollen Glaswaren – Tiffany- Lampen, Glasbilder und natürlich selbstgemachten Glasschmuck, wie ihn Roberto seiner Daphni zum Geburtstag überreichte.

Einen Teil der Kollektion stellt Perdita im Internet vor unter www.lichtquellen.com.

Perdita Mouzakiti
Perditas Glass Art
49081 Agios Stefanos
Tel.: +30-26630-51384

Einst eine alte Scheune, hat sich das Finix Art Café in St. Stephanos buchstäblich wie Phoenix aus der Asche erhoben – heute ist es ein beliebter Treffpunkt für Künstler und Kunstliebhaber. Vernissagen lokaler Künstler erfreuen das Auge (gelegentlich), Cocktails, wie man sie sonst nur in den besten Cocktail-Bars in New York findet, den Gaumen (immer).

Finix Art Café
St. Stephanos
Tel.:+30-26630-51790

Wort-Schatz – das etwas andere Wörterbuch

Roberto Bardéz ist nicht nur im Leben ein streitbarer Geist, er hat auch in Bezug auf Sprache seine eigenen Ansichten. Für ihn ist Sprache ein lebendiges Werkzeug, mit dem er seine Ideen für seine Leser in Worte kleidet. Wort-Schatz – das etwas andere Wörterbuch, ein Synonym-Programm für die deutsche Sprache, wurde mit seiner Hilfe konsequent für alle Schreiber entwickelt, die Wert auf treffende Formulierungen legen und die den ganzen Reichtum der deutschen Sprache in ihren Texten nutzen wollen. Es bietet 300.000 Synonyme, nach Sprachebenen gegliedert, 17.000 Redewendungen, viele Hilfen speziell für Autoren und Kreativitätstools, mit denen sich unter anderem vollkommen neue Worte generieren lassen.

Wort-Schatz ist direkt im Internet unter www.wort-schatz.com (ISBN: 3-00-013335-6) verfügbar, wer nur mal reinschnuppern möchte, findet hier auch eine kostenlose Demoversion mit 30 Tagen Laufzeit.

Band 1: Harko und das tote Mädchen am Strand

Anna Bardis, Tavernenbesitzerin in Agios Georgios, macht eine schreckliche Entdeckung: Genau vor ihrer Taverne findet sie ein totes Mädchen, ihr mutmaßlicher Mörder liegt daneben und schläft seinen Rausch aus. Für die griechische Polizei ist der Fall klar. Nicht jedoch für Harko, den Ex-Kommissar aus Deutschland, der seit einigen Jahren auf Korfu lebt. Er kennt den angeblichen Mörder und findet schnell Ungereimtheiten. Zusammen mit Roberto Bardéz, einem argentinischen Krimi-Autor, macht er sich auf die Suche nach dem wahren Täter. Bei ihren Ermittlungen stoßen sie auf mehr als ein Geheimnis in dem scheinbar friedlichen kleinen Dorf.

ISBN: 3-9810177-0-6

Band 2: Harko und der V-Mann

Harko wird mit seiner Vergangenheit konfrontiert: Rudi, einer seiner früheren V-Leute, ist bei einem Freigang geflüchtet und bittet Harko um Hilfe – er fürchtet um sein Leben. Gemeinsam mit Roberto Bardéz, einem argentinischen Krimiautor, reist Harko nach Stuttgart zu seiner alten Dienststelle, um dort mehr über die Hintergründe von Rudis Fall zu erfahren. Ihre Ermittlungen führen sie ins Rotlichtmilieu, und bald wird deutlich, Rudis Fall hat eine weit größere Dimension als angenommen: Harko und Roberto müssen tief in die Trickkiste greifen, bevor sie der Wahrheit auf die Spur kommen.

ISBN: 3-9810177-1-4

Der HSB-Verlag stellt sich vor

Unsere Produkte:

Romane und Krimis

Romane mit regionaler oder branchenspezifischer Ausprägung, spannende und fachlich fundierte Krimis aus Urlaubslandschaften mit Lokalkolorit oder bewegendem sozialkritischem Hintergrund, Themen die interessieren, Kenntnisse vermitteln und atemberaubende Spannung erzeugen.

Biographien

Interessante Geschichten, lebendig erzählt.

Firmengeschichten

Spannende Unternehmensportraits, informativ aufbereitet.

Interessante Geschichten

Ihre Ideen für eine spannende Geschichte.

Krimi Events

Unvergessliche Krimi-Events für Firmen- und Gruppenanlässe.

Unser Konzept

- Der HSB-Verlag ist ein junger Verlag mit modernen Ideen.
- Nutzung unserer Produkte als wertvolle Geschenke und Events für Freunde, Kunden und Geschäftspartner.
- Wir setzen auf den klassischen Vertrieb über den Buchhandel.
- Wir nutzen das Internet als wesentliches Element zur Präsentation für den Vertrieb.

    - Web-Präsenz für Bücher
    - Portale zu interessanten Themen
    - Internet-Marketing

Ihre Ideen

Sie haben eine gute Idee für eine spannende Geschichte, im Rahmen unserer Produktzielgruppe, vielleicht schon ein fertiges Manuskript? Lassen Sie es nicht in der Schublade verstauben, setzen Sie sich lieber mit uns in Verbindung.

Ihr HSB-Verlag

Kontakt: Harald.Braun@hsb-verlag.com
Internet: www.hsb-verlag.com